MÉMOIRES

DE

LOUIS XVIII.

IMPRIMERIE DE VANDERBORGHT FILS.

MÉMOIRES

DE

LOUIS XVIII,

RECUEILLIS ET MIS EN ORDRE

PAR M. LE DUC DE D****.

TOME CINQUIÈME.

Bruxelles.
LOUIS HAUMAN ET COMP^e.

1832

MÉMOIRES DE LOUIS XVIII.

CHAPITRE PREMIER.

Le comte de Provence songe à son évasion. — Son valet de chambre Péronnet. — Il veut d'abord partir avec madame de Balby. — La reine le décide à attendre. — Refus d'un ami, qui a peur. — Dévouement d'un autre ami, *le cher* d'Avaray. — Préparatifs de fuite. — Divers désappointemens. — Madame de Balby précède Monsieur à Bruxelles. — Ce que lui dit la reine. — Le jour du départ est fixé. — Conseil tenu avec d'Avaray sur la sortie du Luxembourg et de Paris. — Nécessité de se procurer un passeport. — Monsieur corrige la fameuse déclaration du roi. — D'Avaray falsificateur par sentiment d'un acte public. — On décide le voyage par Mons. — Détails. — Avis que donne le médecin Beauchêne. — Lettre énigmatique de d'Avaray. — Motifs d'inquiétude. — Tout est prêt.

Les bruits répandus au mois de novembre 1790 de la prochaine évasion du roi m'avaient fait songer à la mienne. J'avais cru devoir mettre Péronnet, alors mon garçon de garde-robe, dans ma confidence, parce qu'il était plus à portée qu'un autre d'arranger tout ce qu'il me fallait relativement à mes paquets, et que d'ailleurs j'étais dès lors aussi sûr de sa fidélité que je le suis aujourd'hui qu'il m'a si bien servi. Les bruits se dissipèrent, et, comme de raison, nous remîmes l'exécution du plan à un moment plus favorable. J'en parlai à la reine, qui m'assura que ni le roi ni elle n'avaient donné aucun fondement à cette nouvelle ; mais elle ajouta que tôt ou tard cela arriverait sûrement, me promit de m'avertir à temps, et me conseilla d'être toujours prêt.

La persécution qui s'alluma vers Pâques de cette année (1791), et la détermination que le roi fut contraint de prendre, me firent croire que je n'avais guère de choix qu'entre l'apostasie et le martyre. La première me faisait horreur, je ne me sentais pas grande vocation pour le second. Nous en raisonnâmes beaucoup, madame de Balby et moi, et nous conclûmes qu'il y avait un troisième parti à prendre, qui était de quitter un pays où il était impossible d'exercer sa religion. Le temps pressait, nous étions au vendredi-saint ; le jour de Pâques était l'époque fatale. Nous convînmes de partir dans la nuit même dans la voiture de madame de Balby, elle, Madame, moi, et un quatrième. Ce n'était pas, comme on peut bien l'imaginer, la première fois que je songeais à mon compagnon de voyage, et ma première pensée avait été pour d'Avaray, dont j'étais aussi sûr que de moi-même ; mais, entouré et chéri d'une famille nombreuse qui vivait dans la plus parfaite union, son évasion me semblait aussi difficile que la mienne. D'ailleurs (et ce fut là mon principal motif pour en choisir un autre) la délicatesse de sa santé me faisait craindre qu'il ne pût supporter les fatigues d'une pareille entreprise. Je jetai les yeux sur... Mais pourquoi le nommer ? si cette relation passe sous ses yeux, il verra qu'un refus, fondé d'ailleurs sur de très-bonnes raisons, c'est un hommage que je dois à la vérité, ne m'a pas fait oublier vingt années d'amitié, et je me plais à croire qu'il me saura gré de mon silence. Je partis pour les Tuileries, en laissant à madame de Balby une espèce de lettre de créance pour lui, et j'allai instruire le roi et la reine de mon dessein : occupés dès lors de leur projet d'évasion, dont ils ne m'avaient pas communiqué le plan, et sur lequel ils ne m'avaient pas fait d'autres ouvertures que de me demander des matériaux qui n'ont servi à rien pour la déclaration que le roi a laissée à son départ, ils craignirent que mon évasion à cette époque ne nuisît à la leur, et cherchèrent à m'en détourner. Ma raison fut peu ébranlée par leurs discours, mais mon cœur fut ébranlé, et je cédai.

Cependant madame de Balby ayant éprouvé un refus de l'homme en question, se trouvait dans le plus cruel embarras, lorsque la Providence (car j'oserai défier l'incrédule le plus obstiné d'en accorder l'honneur au hasard) amena d'Avaray chez elle. Ce n'est pas qu'il n'eût depuis long-temps le désir de faire ce qu'il a fait pour moi, qu'il n'eût même, quoique avec modestie, fait pressentir ce désir plusieurs fois à madame de Balby, et qu'il ne vînt souvent chez elle, mais il n'y venait pas ordinairement à cette heure, et je ne puis qu'attribuer à la Providence de l'y avoir conduit ce jour-là au moment où sa présence y était le plus nécessaire. Elle n'hésita pas à lui faire la proposition; et, quoique ce fût une tâche pénible de n'être que l'agent pour ainsi dire passif d'un plan qu'il n'avait pas concerté, et qu'il n'eût pas le temps de prendre la moindre mesure, ni pour lui-même, ni pour moi, il n'hésita pas un seul instant à l'accepter; la seule peine qu'il éprouva fut de ce que j'en avais choisi un autre que lui. Il courut aussitôt rassembler pour moi ce que le peu de temps qu'il avait lui permettait de rassembler; mais, lorsqu'il revint au Luxembourg, ma résolution était déjà changée. Je n'appris non plus qu'en y arrivant le refus et l'acceptation qui avaient eu lieu pendant mon absence. Le premier m'étonna; il m'aurait peut-être affecté si j'avais été moins touché de la seconde. J'éprouvai cependant un moment d'embarras en voyant d'Avaray; mais son amitié pour moi, le plaisir qu'il ressentait de m'en donner la preuve la plus éclatante, étaient si bien exprimés dans ce qu'il me dit, qu'il me fit bien vite oublier l'injustice que je lui avais faite en ne suivant pas ma première impulsion.

Je crois, avant de pousser plus loin ce récit, devoir prévenir un reproche que mes lecteurs sont en droit de me faire. Comment est-il possible que, connaissant une grande partie des liens que d'Avaray allait rompre pour moi, je ne lui aie témoigné aucune sensibilité à cet égard, et que dans tout le cours de cette relation je parle toujours de sa joie comme si elle était pure et sans mélange d'amertume? Avant de me juger, je demande qu'on se mette à ma place. Ma captivité m'était devenue si insupportable, surtout dans les derniers temps, que je n'avais plus qu'une passion : le désir de la liberté. Je ne pensais qu'à elle ; je voyais tous les objets, s'il m'est permis de m'exprimer ainsi, à travers le prisme qu'elle mettait devant mes yeux. Ceux qui ont éprouvé les tourmens de la captivité, ou qui ont bien compris par les récits des autres de quelle nature sont ces tourmens, m'excuseront, au moins, s'ils ne peuvent m'absoudre entièrement. D'Avaray lui-même m'a jugé ainsi : j'en ai pour garant certain sa tendre amitié pour moi; et si je peins la situation de son ame bien différente de ce qu'elle était en effet, c'est que je la peins, non telle qu'elle était, mais telle que je la voyais.

Cependant nous ne renonçames pas pour toujours à notre projet ; mais ayant du temps devant nous, nous nous mîmes à y réfléchir, et ne tardâmes pas à reconnaître qu'il était défectueux en plusieurs points, surtout en ce que nous comptions partir tous ensemble, et il fut arrêté, d'après l'avis de d'Avaray, que nous nous séparerions. Il se chargea d'avoir une diligence pour lui et pour moi ; il s'occupa également du déguisement qui m'était nécessaire, et il me prit lui-même la mesure d'une perruque. Mais comme il ne pouvait pas tout faire par lui-même, il me demanda si je ne pouvais pas lui donner quelqu'un pour l'aider. Je lui indiquai Péronnet, et je lui proposai, comme j'avais fait au mois de novembre précédent, de le mettre dans notre confidence. Il ne voulut pas ; il se contenta de le charger, en ne lui disant que des choses assez vagues, des détails relatifs à mon habillement, se réservant de l'instruire davantage par la suite, suivant le degré de confiance qu'il lui paraîtrait mériter.

De notre côté il survint des choses qui nous inquiétèrent : soit que notre projet eût été un peu éventé, soit que tout simplement nos geôliers fussent devenus plus soupçonneux, nous remarquâmes qu'on nous épiait avec plus de soin, et que M. de Romeuf, aide-de-camp de M. de Lafayette, venait de temps en temps se promener dans les cours du Luxembourg. Nous sûmes aussi que la ville de Valenciennes, par laquelle nous comptions passer, et qui jusque là avait été une des plus tranquilles du royaume, était totalement changée ; qu'on y arrêtait les voyageurs, qu'on les fouillait ; que quelques personnes y avaient même été maltraitées. Voyant par la première observation qu'il nous serait difficile de partir de chez madame de Balby, comme nous l'avions projeté, elle s'occupa, mais sans succès, à chercher une maison de campagne aux environs de Paris. Madame de Maurepas refusa de lui prêter sa maison de Madrid ; M. d'Étioles, qui avait d'abord envie de louer sa maison à Neuilly, se rétracta ; milady Kerry s'avisa de louer celle de madame de Roussillon à Auteuil, et les gens d'affaires du comte d'Artois refusèrent de prêter Bagatelle sans son autorisation, ou du moins sans celle de M. de Bonnières, qui pour lors était allé le rejoindre à Ulm.

Cela ne laissa pas que de nous embarrasser. Cependant, madame de Balby s'était précautionnée, à telle fin que de raison, d'un passeport en toute règle pour aller à Spa ; et dans l'hypothèse que le moment était prochain, elle avait songé à emprunter la maison de M. Foulette, qui donne sur la jardin du Luxembourg, et par où nous pouvions facilement sortir sans être aperçus. Elle reçut à la fin de mai des nouvelles qui l'engagèrent à aller passer quelques jours à Bruxelles. La reine, à qui je demandai si elle avait quelque ordre à lui donner pour M. de Mercy, me demanda à son tour si elle comptait rester long-temps aux Pays-Bas ; et sur ce que je lui dis qu'elle n'y passerait que dix ou douze jours : *Tant mieux*, me dit-elle ; *mais que cela ne soit pas plus long*. Elle partit le jour de l'Ascension (2 juin). Je comptais qu'elle reviendrait la veille de la Pentecôte ; mais au lieu de cela, je reçus une lettre d'elle où elle me marquait que son retour était différé. On sent bien qu'en son absence d'Avaray ne s'oubliait pas ; et pour ce qui regarde madame, il est bon de dire ici, une fois pour toutes, que madame Gourbillion, sa lectrice, était chargée de tout, et qu'elle s'en est acquittée avec autant d'intelligence que de succès.

Le lundi de la Pentecôte, en revenant de la messe, la reine me dit :

— Le roi a donné l'ordre pour aller à la procession de la Fête-Dieu, à Saint-Germain-l'Auxerrois. Ayez l'air d'en être fâché.

Ce peu de mots me fit d'abord impression ; mais elle ne dura guère. Je restai jusqu'à jeudi sans voir la reine en particulier ; et ce jour-là, elle déclara que le départ était fixé au lundi suivant. J'espérais que d'Avaray viendrait à mon coucher ; mais son cabriolet ayant cassé, il ne vint pas. Le vendredi matin, je lui écrivis de venir à six heures. Il s'y rendit.

— Faut-il graisser mes bottes ? me dit-il en entrant.

— Oui, lui répondis-je, et pour lundi.

Alors nous entrâmes en détails, et nous examinâmes trois points principaux :

1º La manière de sortir du Luxembourg ;

2º Celle de sortir de Paris ;

3º La route que nous tiendrions pour sortir du royaume.

Il était fort en peine du premier de ces trois points, parce qu'il ne connaissait pas tous les détails de mon appartement, et qu'il ne me croyait d'issue que par mon antichambre, ce qui était impossible, ou par le jardin, ce qui était fort difficile. Je le rassurai promptement en lui faisant connaître ce qu'on appelle mon petit appartement, et qui communique absolument au Luxembourg, où il n'y a pas de garde nationale (je ne le lui avais pas fait connaître plus tôt, parce que mon projet n'était pas d'en faire usage, comptant partir de chez madame de Balby ou de la campagne). Je ne peux m'empêcher de m'arrêter ici pour admirer comment, pendant plus de vingt mois que j'ai habité Paris, cette issue, qui était connue de plusieurs de mes gens, n'a pas même été soupçonnée par mes geôliers, et comment je ne l'ai pas fait connaître moi-même en m'en servant dans le temps de la plus forte persécution, pour aller à ma chapelle qui est au grand Luxembourg.

Cette difficulté levée, il en restait une autre, c'était la voiture dont nous nous servirions pour aller gagner celle de voyage, car nous ne songeâmes même pas à faire venir celle-ci au Luxembourg. Un fiacre était bien ce qu'il y avait de plus sûr, mais ils n'entraient pas dans la cour du Luxembourg, et jamais d'Avaray ne voulut consentir, quelque bien déguisé que je pusse être, que je sortisse à pied. Il fallait donc choisir, du carrosse de remise ou du cabriolet, et nous préférâmes le premier, parce qu'indépendamment de ce que je suis un peu trop lourd pour monter ou descendre facilement d'un cabriolet, il faut un homme pour le garder, et cela ne nous convenait pas. Ce point arrêté, nous agitâmes s'il valait mieux sortir de Paris avec des chevaux de louage, ou en poste, et nous nous décidâmes pour la poste :

1° Parce que c'est la manière la moins suspecte de voyager ;

2° Parce qu'en prenant des chevaux de louage, il aurait fallu placer des relais sur la route, ou demander un ordre pour avoir des chevaux de poste.

Le premier parti eût été suspect, et le second eût pu l'être aussi ; et de plus il ajoutait un rouage à une machine que nous pensions, avec raison, qu'on ne pouvait trop simplifier. Enfin, nous nous occupâmes de la sortie du royaume. Je pensais qu'il nous fallait un passeport, mais la difficulté était de l'avoir sans nous compromettre. Ma première idée fut d'envoyer chercher Beauchêne, médecin de mes écuries, qui avait des rapports avec M. de Montmorin et M. de La Fayette, et de lui dire que deux prêtres non sermentaires de ma connaissance, effrayés de ce qui venait de se passer si récemment aux Théatins, voulaient sortir du royaume sous le nom de deux Anglais, et que je le chargeais de faire avoir un passeport au bureau de M. de Montmorin. D'Avaray ne goûta pas cette idée ; il me représenta que Beauchêne, qui était fin, pourrait avoir quelque soupçon de ce que nous avions tant d'intérêt à cacher, et j'abandonnai ce projet ; mais d'Avaray, qui connaissait beaucoup milord Robert Fitz-Gerald, me dit qu'il tâcherait d'obtenir un passeport par son moyen. Quant à la route à tenir, mon premier projet était de passer par Douai et Orchies; mais après plus de réflexion, je résolus de faire passer madame par cette route, comme la plus sûre, et je dis à d'Avaray que le lendemain nous arrêterions la nôtre.

En le quittant, je me rendis aux Tuileries, où la reine me communiqua le projet de déclaration que le roi avait préparé et qu'il venait de lui remettre; nous le lûmes ensemble, j'y trouvai quelques incorrections de style, c'était un petit inconvénient; mais, outre que nous trouvâmes la pièce un peu trop longue, il y manquait un point essentiel, qui était une protestation contre tous les actes émanés du roi pendant sa captivité. Après le souper, je lui fis quelques observations sur son ouvrage; il me dit de l'emporter et de le lui rendre le lendemain. Le samedi, je me mis dès le matin au travail le plus ingrat qui existe, qui est celui de corriger l'ouvrage d'un autre et de faire cadrer les phrases que j'étais obligé d'intercaler, tant avec le style qu'avec le fond des pensées; la plume me tombait à chaque instant des mains; cependant j'en vins à bout, tant bien que mal. Pendant ce temps d'Avaray avait écrit à milord Robert; il avait été chez son sellier pour voir si la voiture était en bon état, et pour le tromper sans devenir suspect, il lui avait dit que, obligé de partir pour son régiment, il voulait tromper ses parens sur son départ, et lui avait recommandé le secret, dont le prétexte était très-plausible; il avait pris avec Péronnet tous les arrangemens nécessaires pour mon habillement, et il était de retour chez moi à six heures.

Il était assez triste : mylord Robert avait répondu qu'il n'était plus en droit de donner des passeports ; mais que mylord Gowen n'en donnerait certainement à personne qui ne fût Anglais ; et d'autres moyens que d'Avaray avait employés n'avaient pas eu plus de succès. Heureusement madame de Balby lui avait laissé en partant un vieux passeport qu'elle avait eu de l'ambassadeur d'Angleterre, sous le nom de M. et de mademoiselle Foster; mais ce passeport, valable seulement pour quinze jours, était daté du 23 avril, et il était pour un homme et pour une femme, au lieu de deux hommes : je ne croyais pas qu'il fût possible d'en tirer parti. Mais d'Avaray, auquel il m'est bien doux de rendre le témoignage de dire qu'il n'était pas plus troublé des difficultés que si un jeune homme de ses amis l'avait prié de le mener au bal de l'Opéra à l'insu de ses parens ; d'Avaray, dis-je, me fit bientôt voir que j'avais tort, et, quoique ce qu'il grattait fût dans un pli, et que le papier fût mince, en moins d'un quart d'heure le passeport fut sous le nom de MM. et mademoiselle Foster ; et daté du 13 juin au lieu du 23 avril. Cet obstacle vaincu, nous n'étions pas encore sans quelque autre embarras ; nous ne savions pas s'il fallait ou non que le passeport fût visé par le ministre des affaires étrangères, et nous n'étions pas d'avis d'en produire un dont, malgré l'adresse de d'Avaray et l'encre qu'il avait abondamment répandue par derrière, non-seulement aux endroits grattés, mais encore ailleurs, pour être moins suspect, la falsification pouvait se reconnaître. Nous résolûmes donc de nous en contenter, espérant qu'on ne serait pas surpris que deux Anglais, tels que nous avions résolu de le paraître, eussent cru qu'un passeport de l'ambassadeur d'Angleterre fût suffisant, et que les municipalités qui viendraient à l'examiner ne s'apercevraient pas de ses défauts.

Ensuite nous songeâmes à la route que nous tiendrions. J'avais cédé celle d'Orchies à madame ; je ne voulais pas de celle de Valenciennes pour les raisons que j'ai déjà dites plus haut ; nous nous arrêtâmes à celle de Mons, par Soissons, Laon et Maubeuge, et voici les raisons qui nous déterminèrent :

1º Cette route étant peu fréquentée, nous espérions y trouver plus facilement des chevaux ;

2º Jusqu'à Soissons, on pouvait croire que nous allions à Reims, et jusqu'à Laon, que nous allions à Givet, ce qui pourrait dérouter ceux qui auraient couru après nous ;

3º Enfin, les villes de guerre où la poste est dans l'intérieur de la ville sont marquées sur le livre de poste d'une manière particulière : or, d'après cette marque, nous calculâmes que, d'après l'heure à laquelle nous partirions, nous passerions à Avesnes avant les portes fermées, et que nous n'arriverions à Maubeuge qu'après leur fermeture ; que nous n'y aurions affaire qu'au maître de poste, et que nous éviterions par là les villes frontières, que la faiblesse de notre passeport nous faisait toujours un peu redouter.

Le soir, je portai mon travail aux Tuileries; je demandai à la reine si elle croyait qu'un passeport de l'ambassadeur d'Angleterre fût suffisant; elle m'assura que le roi lui-même n'en avait pas d'autre que du ministre de Russie, ce qui me tranquillisa beaucoup. (Je m'étais sans doute mal expliqué, car le passeport sous le nom de madame la baronne de Korff, demandé à la vérité par M. de Simolen, avait été réellement expédié au bureau des affaires étrangères; mais la reine n'avait aucune raison de vouloir me tromper, et je ne rapporterais pas cette circonstance si je ne m'étais promis de tout dire).

Cependant, l'ouvrage sur lequel le roi m'avait ordonné de travailler ne contenait encore que la première partie, c'est-à-dire les vices de la constitution; il y manquait l'abrégé des outrages personnels que le roi avait soufferts depuis l'ouverture des états-généraux; il m'ordonna de faire cet abrégé, et de le lui apporter le lendemain au soir. On pourrait croire, d'après ce que j'ai rapporté plus haut, et ce que je dis ici, que je suis l'auteur de la déclaration du 20 juin. Je dois à la vérité de déclarer que je n'en ai été que le correcteur: que plusieurs de mes corrections n'ont pas été adoptées; que tout ce qui l'a terminée a été ajouté depuis la fin de mon travail, et que je ne l'ai connue telle qu'elle est qu'à Bruxelles.

A cet ouvrage près, et à deux circonstances que je rapporterai ensuite, la journée du dimanche fut nulle pour moi. Il n'en fut pas de même de d'Avaray; il courut toute la journée, ne se montra qu'un moment au Luxembourg, en public, comme nous en étions convenus la veille, et nous ne nous vîmes point en particulier. Cette visite publique, que nous avions regardée comme nécessaire, lui était fort incommode, et lui dérobait une partie du peu de temps qu'il s'était réservé à lui-même. De mon côté, il m'était pénible de le laisser confondu dans la foule, et de ne lui adresser qu'une de ces phrases insignifiantes dont les princes sont obligés de se servir lorsqu'ils tiennent leur cour. Mais la prudence m'ordonnait d'être prince en ce moment, et je me promettais bien intérieurement que ce serait la dernière fois que je le serais avec lui.

Il avait déjà fait une demi-confidence à Sayer, son domestique anglais, pareille à celle qu'il avait faite au sellier, et il lui déclara qu'il partait le lendemain pour son régiment, en lui défendant d'en rien dire à ses parens, ni dans sa maison; il lui ajouta qu'ayant cherché un compagnon de voyage, il avait eu le bonheur d'en rencontrer un qui était un bon garçon; mais que, comme en général on avait plus de considération aux postes pour les étrangers que pour les Français, nous étions convenus de voyager sous les noms de MM. Michel et David Foster,

Anglais. Enfin, il lui fit faire connaissance de Péronnet, sous le nom de Perron, valet de chambre de son camarade de voyage. Les noms de Michel et de David n'avaient pas été pris sans raison. Mon linge était marqué M. et le sien D. A. Il jugea qu'en cas qu'on vînt à y regarder, il fallait que nos noms correspondissent à ces marques.

Je reviens maintenant aux circonstances dont j'ai parlé plus haut. Le matin de ce même jour, je trouvai Beauchêne à la toilette de Madame, et il me dit qu'un homme était venu trouver un nommé Audouin, un de ces journalistes qui faisaient tous les jours débiter leurs poisons à deux sous dans Paris; qu'il lui avait apporté un plan d'évasion du roi et de nous tous, en disant qu'il était sûr que ce plan avait été adopté aux Tuileries; qu'il l'avait prié de l'insérer dans sa feuille, et qu'il paraîtrait le lendemain. Cet avis m'inquiéta, ou peut-être même que je pâlis en le recevant. Je ne le crois pas; mais ce dont je suis sûr, c'est que je me remis assez promptement pour demander en riant à Beauchêne des détails sur ce prétendu plan. Il m'en apprit dont la fausseté m'était si bien connue, que je vis bien que si l'on savait quelque chose, il s'en fallait bien qu'on sût tout, et je me rassurai entièrement. La seconde circonstance fut un billet en langage mystérieux que je reçus le matin de d'Avaray, qui se *plaignait d'un verrou que j'avais mis.* Je croyais être bien sûr qu'il n'y en avait pas à la porte de mon petit appartement qui donne dans le Luxembourg.

Je courus m'en assurer, et voyant que j'avais raison, je résolus d'attendre le moment où je pourrais voir d'Avaray pour avoir le mot de l'énigme.

Le lundi matin, le bruit se répandit que la reine avait été arrêtée dans la nuit en se sauvant dans un fiacre avec ma sœur. Je ne m'en inquiétai guère ; mais, en y réfléchissant, je crus apercevoir deux choses dans le bruit combiné avec ce que m'avait dit Beauchêne : la première, que nos geôliers avaient de l'inquiétude ; la seconde, que ce n'était encore qu'une inquiétude vague. J'en conclus que nous aurions encore le temps de nous sauver ; mais que le moment était bien choisi, et que si nous le laissions échapper il ne reparaîtrait plus. J'eus bientôt une autre alarme. Madame de Sourdis, venant chez Madame pour la suivre à la messe, on lui refusa la porte du petit Luxembourg. Mais j'appris bientôt que c'était une bêtise du suisse. Cela me rassura, et j'attendis d'Avaray pour avoir l'explication de son billet. Cependant je fis réflexion qu'il serait à propos de noircir un peu mes sourcils pour mieux déguiser ma figure, et en conséquence, je mis, à dîner, dans ma poche, un bouchon de liége que je destinai à cet usage.

D'Avaray se fit attendre jusqu'à près de sept heures, et j'avoue que le temps me parut long ; car, indépendamment de l'inquiétude que j'avais pour lui toutes les fois que j'en étais séparé, et des derniers arrangemens qui nous restaient à prendre, c'était le seul être à qui je pusse parler de l'objet qui occupait toutes mes pensées. Il m'expliqua ce que c'était que le verrou dont il s'était plaint, en me disant que Péronnet, à qui il avait confié la clef du petit appartement, étant venu pour y déposer tout mon costume de voyage, n'avait pu y entrer, et qu'il avait cru qu'il y avait un verrou ; nous y courûmes aussitôt, et ayant trouvé le paquet, nous vîmes que Péronnet y était entré ; ensuite nous essayâmes la clef dans la serrure, et nous nous assurâmes qu'elle allait bien. Nous nous mîmes ensuite à faire l'inventaire des paquets, que nous trouvâmes complet ; j'essayai des bottes, qui m'allèrent bien ; nous plaçâmes tout par ordre dans l'endroit où j'avais résolu de faire ma toilette. D'Avaray me promit d'y être à onze heures précises ; nous nous embrassâmes de bien bon cœur, et nous nous séparâmes pour ne plus nous revoir qu'au moment de l'exécution. (Il y a dans tous les soins que d'Avaray s'est donnés une infinité de détails que lui seul sait bien, parce que lui seul a tout fait ; je les laisse à sa relation, je suis bien sûr qu'il sera exact en ce point ; mon objet n'étant que de rapporter ce que j'ai fait ou vu, et surtout d'empêcher qu'il ne se rende pas justice sur des points essentiels.)

CHAPITRE II.

L'huissier de mon cabinet apprend à d'Avaray que je dois me mettre en route cette nuit. — Madame Élisabeth me donne une image de dévotion. — Dernier souper en famille. — Le duc de Lévis exact mal à propos. — Je m'escamote à mon valet de chambre de service. — Détails de ma sortie du Luxembourg et de Paris. — Madame s'évade de son côté. — Rencontre de voitures. — Crainte de d'Avaray. — L'image perdue et retrouvée. — Incidens de la route. — Danger évité à Soissons. — M. de Tourzel. — La croûte de pâté et Marie-Mhérèse. — Le domestique anglais de d'Avaray jase politique. — D'Avaray crache le sang. — Désespoir. — Je m'amuse à jouer ma tête contre dix sous. — Passage périlleux dans Avesnes.

En sortant de chez moi, d'Avaray fut arrêté par un homme que je crois, sur le signalement qu'il m'en a donné, être Desportes, mon huissier de cabinet, qui lui dit qu'il avait quelque chose de pressé et d'important à lui dire; il le mena dans le corridor qui conduit du petit au grand Luxembourg, et là cet homme, après un long préambule d'attachement pour le roi et pour moi, lui dit qu'un de ses amis, homme très-digne de foi, lui avait confié qu'on était venu lui emprunter de l'argent pour faciliter l'évasion de toute la famille royale, qui devait avoir lieu dans la nuit même; qu'il croyait devoir lui donner cet avis, et qu'il le priait de vouloir bien rentrer sur-le-champ pour me le donner aussi. D'Avaray ne se démonta pas; il lui dit que c'était un de ces mille projets dont on berçait le public depuis un an; mais l'autre insista, et il ne put s'en débarrasser qu'en lui promettant de m'en parler le soir même à mon coucher, ou au plus tard le lendemain : cependant il crut la chose assez sérieuse pour m'en avertir; il rentra par mon petit appartement, et vint frapper à la porte de mon cabinet; mais ce fut en vain, j'étais déjà parti pour les Tuileries. Alors il agita en lui-même s'il ne ferait pas mieux d'y aller aussi, et d'y faire demander, soit la première femme de la reine, soit moi-même, pour instruire la reine ou moi de ce qu'il venait d'apprendre ; mais il fit réflexion que cela pourrait faire événement, d'autant plus que, s'abstenant depuis long-temps d'aller dans le monde afin d'éviter des questions, on serait surpris de le voir aux Tuileries, et que d'ailleurs les choses étaient si avancées, qu'il n'y avait plus moyen de reculer; toutes ces considérations le portèrent à garder l'avis pour lui seul, à ne pas même m'en parler avant que nous fussions en sûreté, et à remettre le succès entre les mains de la Providence.

J'avais une impatience d'autant plus grande d'arriver aux Tuileries, que je savais que ma sœur devait enfin, depuis l'après-midi du même jour, être instruite du secret qu'il me coûtait de lui garder depuis si long-temps. Je la trouvai tranquille, soumise à la volonté de Dieu, satisfaite, mais sans explosion de joie, aussi calme en un mot que si elle eût été instruite du projet depuis un an ; nous nous embrassâmes bien tendrement, ensuite elle me dit :

— Mon frère, vous avez de la religion, permettez-moi de vous donner cette image, elle peut vous porter bonheur.

Je l'acceptai, comme on peut bien le croire, avec autant de plaisir que de reconnaissance ; nous causâmes quelque temps de la grande entreprise, et, sans me laisser aveugler par ma tendresse pour elle, je puis dire qu'il est impossible de raisonner avec plus de sang-froid et de raison qu'elle le fit : je ne pouvais me lasser de l'admirer. Je descendis chez la reine, que j'attendis quelque temps, parce qu'elle était enfermée avec trois gardes-du-corps, qui lui ont donné, ainsi qu'au roi, la dernière et malheureuse preuve de leur zèle. Enfin, elle parut ; je courus l'embrasser.

— Prenez garde de m'attendrir, dit-elle. Je ne veux pas qu'on dise que j'ai pleuré.

Nous soupâmes et nous restâmes tous les cinq ensemble jusqu'à près de onze heures. Quand le moment de la disparition fut venu, le roi, qui jusque-là ne m'avait pas fait part du lieu où il allait, me déclara qu'il allait à Montmédy, m'ordonna positivement de me rendre à Longwy, en passant par les Pays-Bas autrichiens ; enfin nous nous embrassâmes bien tendrement, et nous nous séparâmes très-persuadés, au moins de ma part, qu'avant quatre jours nous nous reverrions en lieu de sûreté.

Il n'était pas onze heures quand je sortis des Tuileries, et j'en étais bien aise, parce que j'espérais que le duc de Lévis, qui me reconduisait ordinairement tous les soirs, ne serait pas arrivé ; je le désirais pour deux raisons :

1º Parce que je ne me souciais pas qu'on me fît des questions, qui, tout éloignées qu'elles fussent, auraient pu m'embarrasser ;

2º Parce que j'étais dans l'usage de causer assez long-temps avant que de me coucher et que je craignais, en me couchant tout de suite, comme cela était nécessaire, de lui donner quelques soupçons.

Mon attente fut trompée ; il me fit même remarquer une exactitude dont je l'aurais volontiers dispensé ; je me possédai cependant, et je causai tranquillement avec lui, tout le long du chemin. En arrivant chez moi, je commençai à me déshabiller ; il en parut surpris ; je lui dis que j'avais mal dormi la nuit précédente, et que je voulais m'en dédommager ; il se paya de cette raison, j'achevai ma toilette, et je me mis au lit. Avant d'aller plus loin, il est bon d'observer que mon premier valet de chambre couchait toujours dans ma chambre, ce qui semblait être un obstacle à ma sortie, à moins que de le mettre dans ma confidence ; mais je m'étais assuré, par une répétition faite deux jours auparavant, que j'avais beaucoup plus de temps qu'il ne m'en fallait pour me lever, allumer de la lumière, et passer dans mon cabinet, avant qu'il fût déshabillé et revenu dans ma chambre.

A peine était-il sorti que je me levai, je refermai les rideaux de mon lit, et ayant pris le peu d'effets que je voulais emporter, j'entrai dans mon cabinet, dont je repoussai la porte, et dès lors, soit pressentiment, soit juste confiance en d'Avaray, je me crus hors du royaume. Je mis dans les poches de ma robe de chambre trois cents louis que j'emportai avec moi; j'entrai dans le petit appartement où d'Avaray m'attendait après avoir eu une rude alarme, car, en y entrant, la clef avait refusé de tourner dans la serrure; mille idées, pires les unes que les autres, lui avaient passé par la tête : enfin il avait essayé de tourner en dedans, et c'était précisément le sens de la serrure. Il m'habilla, et quand je le fus, je me souvins que j'avais oublié ma canne et une seconde tabatière que je voulais emporter : je voulais les aller chercher.

— Point de témérité, me dit-il.

Je n'insistai pas davantage. L'habillement m'allait fort bien; mais la perruque m'était un peu trop étroite; cependant, comme elle allait tant bien que mal, et que j'étais résolu, dans les occasions un peu importantes, à garder sur ma tête un grand chapeau rond, garni d'une large cocarde tricolore, cet inconvénient ne nous fit pas grand'chose. En traversant le petit appartement, d'Avaray me dit qu'il y avait dans la cour du grand Luxembourg une voiture de remise pareille à la nôtre, qui l'inquiétait ; je le tranquillisai en lui apprenant que c'était celle de Madame. Cependant, lorsque nous fûmes sur l'escalier, il me dit d'attendre, et il alla voir si elle y était encore ; ne l'y ayant plus trouvée, il revint en me disant :

—*Come along with me.*
—*I am ready*, lui répondis-je.

Et nous allâmes prendre la voiture, qui était un vis-à-vis. Le hasard fit qu'en y entrant je me plaçai sur le devant.

— Quoi ! des complimens ! me dit-il.

— Ma foi, répondis-je, m'y voilà.

Il n'insista pas, et ayant ordonné au cocher de nous mener au Pont-Neuf, nous sortîmes ainsi du Luxembourg. La joie de me voir échappé à mes geôliers, joie que d'Avaray partageait bien sincèrement, tourna toutes nos idées du côté de la gaieté ; aussi notre premier mouvement, après avoir passé la porte, fut-il de chanter un couplet de la parodie de *Pénélope*, qui dit :

Ça va bien,
Ça prend bien,
Ils ne se doutent de rien.

Nous rencontrâmes dans les rues du peuple et une patrouille de garde nationale. Personne ne s'avisa de venir seulement regarder s'il y avait quelqu'un dans la voiture. Auprès du Pont-Neuf, d'Avaray dit au cocher de nous mener aux Quatre-Nations. Nous recontrâmes notre voiture qui nous attendait entre la Monnaie et les Quatre-Nations, dans l'espèce de petite rue qui forme les angles de ces deux bâtimens. Le cocher, qui y avait déjà débarqué d'Avaray dans l'après-midi du même jour, crut que c'était là où nous allions, et voulut arrêter. Mais d'Avaray lui dit d'aller vis-à-vis du collége. Ce fut là que nous sortîmes de voiture. Le cocher demanda si nous étions contens.

— Très-contens, répondit d'Avaray. Je me servirai peut-être de vous après-demain.

Nous reprîmes à pied le chemin de la voiture du voyage. D'Avaray m'avertit de prendre garde de dandiner en marchant. Enfin nous la joignîmes : j'y montai le premier, ensuite Sayer, enfin d'Avaray. Péronnet monta à cheval. Nous prîmes l'accent anglais pour dire d'aller au Bourget, et nous partîmes.

En arrivant au Pont-Neuf, nous fûmes pressés par deux voitures de poste, ce qui commença à déplaire à d'Avaray. Mais ce fut bien pis quand, après avoir changé de chemin pour les éviter, elles nous repassèrent à la porte Saint-Martin, et qu'il vit qu'elles prenaient la même route que nous. Il ne pouvait pas douter que ce ne fût quelqu'un de ma famille, et il pestait en lui-même contre les princes qui, faute de s'entendre, font manquer les plus beaux arrangemens du monde ; car il jugeait, avec raison, que si nous allions ainsi de conserve, outre que nous nous ferions manquer de chevaux les uns aux autres, cela serait suspect ; que nous serions infailliblement arrêtés. Je ne partageais pas ses inquiétudes, sachant très-bien que c'était Madame, et que, passé le Bourget, nous n'avions plus rien à craindre. Mais je ne pouvais pas m'expliquer devant un homme qui n'était pas dans le secret. Heureusement d'Avaray ne parlait que du manque de chevaux, et je lui représentai qu'il faudrait bien du malheur si ces voitures allaient précisément à Soissons, puisque la route que nous tenions était aussi celle de Flandre, de Metz et de Nancy. Quand nous eûmes croisé le chemin de Châlons, ses inquiétudes et ses impatiences redoublèrent. Alors je crus devoir lui en dire un peu davantage ; et prenant un ton prophétique, j'affirmai positivement que ces deux voitures allaient à Douai. Cela commença à le calmer pour la conserve. Mais voulant gagner du temps, il offrit six francs au postillon pour passer les deux voitures. Cela nous réussit un moment ; mais elles nous repassèrent bientôt, et nous arrivâmes ensemble au Bourget. Alors d'Avaray fit descendre Sayer, sous prétexte d'aller voir qui était dans ces deux voitures, et restés seuls, je lui dis clairement ce que je n'avais pu que lui dire en termes ambigus, et cela acheva de le tranquilliser.

Le jour nous prit auprès de Nanteuil. Là Sayer

monta à cheval. Péronnet le remplaça dans la voiture. Alors il tira de sa poche mes diamans qu'il avait emportés, et nous les cachâmes entre le dossier et la doublure de la voiture, que nous recollâmes par-dessus. Je pris aussi le bouchon de liége, dont j'ai parlé plus haut, que d'Avaray avait eu le soin de noircir, et je me peignis les sourcils, sans caricature, mais de manière à me rendre absolument méconnaissable. De plus, je pris le parti de faire semblant de dormir à toutes les postes, du moins jusqu'à ce que nous fussions éloignés de Paris. J'avais la prétention, et effectivement je ne me suis pas trompé une seule fois, de prédire, en partant de chaque poste, sur la mine des postillons, s'ils nous mèneraient bien ou mal. Nous avions été à merveille jusqu'à Vertefeuille; mais là j'assurai que nous irions fort mal jusqu'à Soissons, et je ne me trompai pas. Pendant cette poste, d'Avaray me parla du projet qu'il avait de donner sa démission de son régiment. Je n'étais pas trop de cet avis; mais je me rendis à ses raisons. Ensuite il me dit qu'il avait envie de l'envoyer de Soissons à M. du Portail. Je le plaisantai sur l'endroit en lui demandant s'il croyait y avoir plus de temps qu'aux autres postes. Je ne voulais pas trop non plus qu'il l'adressât à M. du Portail, sachant que le roi devait avoir congédié tout son ministère en partant. Mais, comme il ajouta qu'il comptait la dater du 18 juin, je n'eus plus rien à répliquer. Cependant le postillon ne justifiait que trop l'augure que j'avais tiré de lui, car il est impossible de mener plus mal. Aussi nous conclûmes qu'il était sûrement président du club de Soissons. Mais quoique je plaisantasse ainsi, j'avais une véritable inquiétude. Depuis quelques heures je m'étais aperçu que j'avais laissé à Paris l'image que ma sœur m'avait donnée; et, sans être plus dévot qu'un autre, cette perte me tourmentait réellement, et me faisait bien plus de peine que celle de ma canne et de ma tabatière.

En arrivant à Soissons, on nous annonça qu'une des bandes de la petite roue gauche était cassée : cela nous déplut; mais ce fut bien pire un moment après, lorsque, en examinant davantage la roue, on découvrit que non-seulement la bande était cassée, mais que la jante l'était aussi. d'Avaray ne témoigna rien, mais je devinai parfaitement ce qui se passait dans son ame; non moins inquiet que lui, je tâchais aussi de me maîtriser. Vraisemblablement j'y réussis, car il m'a assuré depuis que la sérénité qu'il me voyait lui avait rendu la sienne. On nous proposa de refaire une nouvelle jante. Nous demandâmes combien de temps il faudrait pour cette opération; on nous répondit qu'il fallait au moins deux heures et demie. Peu au fait du charronnage et des autres ressources que nous pouvions avoir, j'envisageais cette perte de temps avec d'autant plus de peine qu'il était huit heures et demie, que notre évasion devait être sue à Paris, et que chaque instant de retard nous faisait perdre une partie de l'avance que la nuit nous avait procurée ; mais d'Avaray, qui, comme je l'ai dit, avait repris son sang-froid, imagina un autre expédient, qui était d'attacher la jante avec un double lien de fer, et on consentit à l'adopter.

Pendant le temps que dura cet ouvrage il écrivit sa lettre à M. du Portail, qu'il renferma dans une autre qu'il adressa à M. de Sourdis, son beau-frère ; ensuite il alla faire dépêcher le maréchal. Pendant son absence je m'avisai de regarder dans son portefeuille, qu'il avait oublié dans la voiture, et j'y trouvai avec autant de surprise que de joie l'image que je croyais avoir laissée à Paris ; mais ce qui acheva de combler ma surprise, ce fut ce qu'il m'assura depuis, que, en ouvrant son portefeuille, il n'avait pas moins été surpris que moi de l'y trouver, ne se souvenant nullement de l'y avoir mise. Le maître de poste était auprès de la voiture, et, me fiant avec raison à mon accent anglais, je causai assez long-temps avec lui, sans qu'aucun geste, aucun mouvement de sa part pût me faire craindre qu'il soupçonnât seulement qui j'étais. Enfin notre roue fut raccommodée ; on nous assura qu'elle pouvait faire encore douze à quinze lieues. Ce n'était pas à beaucoup près notre compte, car nous en avions trente à faire jusqu'à Mons ; mais, nous fiant un peu à notre bonne fortune, nous ne nous inquiétâmes pas beaucoup, et nous partîmes. Mais avant d'aller plus loin, il faut que je raconte un danger auquel nous échappâmes sans le savoir ; et qui certainement était le plus grand que nous ayons couru.

M. de Tourzel était parti de Paris le jeudi ou le vendredi, et, pour ne donner aucun soupçon, il était allé passer deux jours à Haute-Fontaine, chez M. l'archevêque de Narbonne. Son domestique, qui ne se souciait pas trop de sortir de France, imagina, étant ivre, d'aller le dénoncer au club d'Attichy, qui est très-près de Haute-Fontaine, comme un aristocrate qui allait en pays étranger faire une contre-révolution. Aussitôt le club fit passer à tous ceux des villes voisines, et nottamment à celui de Soissons, l'avis d'arrêter tous les voyageurs ; ensuite des chefs se mirent à la tête d'une soixantaine de gardes nationaux, et allèrent à Haute-Fontaine pour s'assurer de Tourzel ; mais ayant vu que c'était un jeune homme qui avait même l'air d'un enfant, et qui voyageait modestement dans un cabriolet, ils méprisèrent l'avis du domestique, et laissèrent aller le maître. Vraisemblablement ils donnèrent contre-ordre aux clubs voisins, sans quoi nous aurions infailliblement été arrêtés ; mais, malgré cela, je n'ai pas tort de dire que c'est le plus grand danger que nous ayons couru, et si je l'avais su, nous aurions certainement passé par une autre route.

La poste de Vaurains, qui est entre Soissons et Laon, est une maison isolée, et il n'y a absolument que les gens de la poste, qui étaient tous occupés à leurs chevaux. L'occasion me parut si belle pour mettre pied à terre et me dégourdir un peu les jambes, que j'en fis sur-le-champ la motion ; mais d'Avaray s'y opposa avec tant de fermeté, que je fus obligé de céder. Alors, je proposai de déjeûner ; nous avions un pâté et du vin de Bordeaux, mais nous avions oublié d'avoir du pain ; aussi, en mangeant la croûte avec le pâté, nous songeâmes à la reine Marie-Thérèse, qui répondit, un jour que l'on plaignait devant elle les pauvres gens qui n'ont pas de pain : « Mais, mon Dieu ! que ne mangent-ils de la croûte de pâté ! » D'Avaray eut alors la plus belle invention du monde, qui fut de reprendre Sayer avec nous, d'envoyer Péronnet avec la mesure de notre jante pour en faire une pareille, en cas que le licou de fer ne fût pas suffisant, afin d'éviter le danger d'attendre deux heures, comme nous venions de l'échapper. Sayer nous apprit en chemin que tout le monde était bien portant, et que nous étions véritablement Anglais, ce qui nous fit grand plaisir ; il ajouta qu'on lui disait partout que nous allions à Bruxelles. Si nous avions passé pour Français, cette opinion nous aurait fort déplu ; mais passant pour Anglais, elle nous devenait fort indifférente. D'Avaray le voyant en train de causer, le prit sur les affaires du moment, dont il parla fort librement, et entre autres choses, il m'en dit une qui m'a bien frappé depuis, c'est que l'on commençait à traiter le roi de fou ; il est bon d'observer que Sayer parle mal français, et que le mot anglais *fool*, qu'il avait sûrement en vue, signifie encore bien autre chose que fou. Il fit aussi une réflexion dont la justesse me frappa : c'est qu'on ne peut pas dire qu'il y a véritablement d'aristocrates ni de démocrates, parce que l'homme qui ne possède que *six pence* traite d'aristocrate celui qui possède *un shilling*. Cependant Péronnet était arrivé trois grands quarts d'heure avant nous à Laon ; mais le charron était monté à la ville, et n'était pas revenu. Quand nous arrivâmes, nous fîmes scrupuleusement visiter notre roue, et nous étant assurés qu'elle était en bon état, nous continuâmes notre route sans songer davantage à faire faire une nouvelle jante.

Il est impossible d'être plus mal menés que nous le fûmes depuis Vaurains, mais surtout depuis Laon jusque à La Capelle. Je commençai à craindre que nous ne pussions pas arriver à Avesnes avant les portes fermées, et je méditais de passer par Landrecies, où la poste est hors de la ville ; cela nous aurait, à la vérité, alongés de quatre lieues ; mais cet inconvénient était bien peu de chose comparé à celui de rester tout-à-fait ; mais l'inquiétude que la lenteur des postillons me donnait fut bientôt absorbée par une plus cruelle.

D'Avaray, qui depuis quelque temps était devenu sérieux et taciturne, de gai et de parlant qu'il avait été tout le long du chemin, m'avoua, entre Marle et Vervins, qu'il crachait le sang, et je n'en vis que trop la preuve dans son mouchoir, dont je me saisis par un instinct machinal. Aussitôt qu'il m'en eut fait l'aveu, qu'on se figure un peu ce qui se passa dans mon ame! Je ne pouvais pas douter que ce ne fussent les peines d'esprit et de corps qu'il s'était données pour préparer notre départ, jointes à la nuit qu'il venait de passer blanche, et à la fatigue du voyage, qui ne lui eussent valu cet accident. Je savais que, lorsqu'il en avait, ils lui duraient plusieurs jours, et j'avais assez de connaissance en médecine pour savoir qu'en pareil cas le repos absolu est le premier et le plus indispensable de tous les remèdes. Dieu m'est témoin que, s'il eût couru, en cas d'arrestation, plus de dangers que moi, rien au monde ne m'aurait fait faire un pas de plus; mais je ne l'avais que trop cette cruelle certitude. Ainsi, de toutes les façons, je me voyais l'assassin de celui que j'aimais d'amitié avant de l'aimer de reconnaissance, et qui me donnait en ce moment la preuve d'une amitié fidèle et courageuse. Quelques efforts que je fisse sur moi-même, mon ame ne se peignait que trop sur mon visage; il s'en aperçut, et, oubliant ce qu'il souffrait, surmontant le trouble qui est propre aux accidens de cette espèce, il ne s'occupa plus qu'à me consoler, qu'à me rassurer pour lui, en me disant que ce n'était rien, que cela ne venait que d'un peu d'échauffement, et qu'il sentait que cela allait se passer. Je n'écoutais plus ce qu'il me disait; je m'étais tourné vers Dieu, je le priais avec une ardeur que sûrement je n'aurais jamais eue en le priant pour moi. Enfin, je n'ose pas croire que mes vœux aient été exaucés; mais ce qu'il y a de sûr, c'est que le crachement de sang s'arrêta, et n'a plus reparu. Je peindrais bien mal ce que j'éprouvai au premier crachat blanc que je vis dans son mouchoir, que j'examinais à chaque instant. Les cœurs froids et insensibles trouveront peut-être ces détails ignobles, peut-être même dégoûtans; mais ce n'est pas pour eux que j'écris, et les cœurs sensibles en jugeront autrement.

En arrivant à La Capelle, nous demandâmes à foi et à serment à la maîtresse de poste si nous arriverions à Avesnes avant les portes fermées; elle nous assura que nous pourrions non-seulement entrer, mais encore sortir, ce qui nous fit grand plaisir, car nous étions bien assurés que nous n'avions que cet endroit à craindre. Bientôt j'entendis une dispute s'élever entre elle et Péronnet, qui descendait à chaque poste pour payer, et en voici le sujet : nous courions à trois chevaux, que nous payions généreusement trente sous; elle prétendait (et en cela elle avait raison) que comme nous étions trois dans la voiture, nous devions payer quatre chevaux. Péronnet soutenait le contraire, et elle menaçait de nous donner quatre chevaux et deux postillons. Il nous parut plaisant de jouer un moment notre vie contre dix sous; car il n'y a que cette différence entre trois chevaux à trente sous, et quatre à vingt-cinq sous. D'Avaray lui dit que c'était parce que nous étions étrangers qu'elle nous traitait ainsi.

— Non, dit-elle, je serais en droit de vous en mettre six si je le voulais.

— Eh bien, répondis-je (certain par tous les rires des postillons à qui j'avais parlé que mon accent me faisait passer pour un véritable Anglais), mette six chevaux, je paie que cinq.

Elle se mit à rire ; alors m'adressant très-sérieusement à Péronnet :

— Monsieur Perron, dis-je, paie ce que madame demande ; il ne sera pas dit que Michel Foster il ait une dispute avec une dame pour l'intérêt.

Le ton que je prenais, le sérieux, les gestes, enfin mille choses qu'on ne peut croire, rendaient cette scène la plus plaisante du monde ; mais nous n'avions garde de rire. Nous nous informâmes quel était le régiment en garnison à Avesnes, on nous dit que c'était celui de Vintimille ; cela déplut à d'Avaray, qui précisément avait donné à dîner deux ans auparavant aux officiers de ce régiment. Il fut convenu qu'il se tapirait le plus qu'il pourrait dans la voiture, et nous partîmes. En chemin, le soleil, qui n'avait pas paru de toute la journée, se fit voir assez pour m'obliger à lever la jalousie pour m'en garantir : cette circonstance paraît peu importante.

On nous demanda, selon l'usage, à la porte d'Avesnes, nos noms, et si nous restions dans la ville. Nous répondîmes que nous étions deux Anglais, et que nous passions notre chemin ; nous présentâmes nos passeports, qu'on ne regarda seulement pas, et nous arrivâmes à la poste ; mais Sayer, qui était extrêmement las, et auquel tout le monde, et surtout un Anglais qui le trouva là par hasard, avait persuadé que c'était folie à nous d'aller plus loin, ne pouvant pas espérer d'entrer dans Maubeuge, s'était laissé aller à ces conseils, et n'avait pas commandé de chevaux. Nous en demandâmes aussitôt ; mais il fallut les attendre un gros quart d'heure, placés entre la poste et le café militaire, qui était rempli d'officiers ; heureusement la jalousie dont j'ai parlé plus haut nous garantissait du côté du café, et les officiers eurent même l'attention d'empêcher plusieurs bourgeois de venir regarder dans la voiture. Mais je n'en voyais pas moins tout ce que souffrait d'Avaray, partagé entre l'inquiétude que lui causait notre position et sa colère contre Sayer, qui nous y avait mis. Je tâchai à mon tour de le calmer, et j'en vins facilement à bout. Enfin, nous partîmes, et, dès que nous fûmes hors de la ville, nous chantâmes de bon cœur,

La victoire est à nous.

CHAPITRE III.

Je cause avec le postillon du dernier relais. — Nous le décidons à tourner Maubeuge. — Adieux à la cocarde tricolore. — Plaisanteries. — Repos dans un village. — Le postillon est homme de sens. — Arrivée à Mons. — Quiproquo d'auberge. — On me refuse un lit parce que je ne suis pas le comte de Fersen. — Je trouve madame de Balby *à la Couronne impériale.* — Je me couche citoyen anglais. — Lever du frère du roi de France. — Réception qu'on m'a faite à Namur. — La mère, la fille, la bonne hôtesse, anecdote sentimentale du voyage. — D'Avaray pleure. — Et j'embrasse les dames. — Effroi que cause l'annonce d'un mauvais souper. — Il se trouve bon.

Le postillon qui nous menait allait bon train, et paraissait être ce qu'on appelle un gaillard bien déterminé ; mais nous remarquâmes avec un peu de peine qu'il regardait souvent derrière lui. Enfin il s'arrêta, et nous demanda où nous voulions qu'il nous menât.

— A la Poste, lui dis-je.

— Bon ! me répondit-il ; la Poste est une mauvaise auberge. Je vous mènerai au Grand-Cerf, où vous serez bien.

— Mais, lui dis-je, il n'est pas question d'être

bien ou mal. Nous ne voulons pas coucher à Maubeuge.

— Et où voulez-vous donc aller? me demanda-t-il.

— A Mons, répondis-je.

— A Mons! reprit-il en riant. Ah! vous n'y arriverez pas d'aujourd'hui.

— Et pourquoi? demandai-je à mon tour.

— Parce que c'est tout au plus si on ouvre les portes pour entrer, et qu'on ne vous les ouvrira sûrement pas pour ressortir.

— Mais, lui dis-je, que nous font les portes ouvertes ou fermées, puisque la poste n'est pas dans Maubeuge?

— Elle y est depuis six mois, me répondit-il.

— Comment, lui dis-je; est-ce qu'il n'y a pas un chemin pour tourner la ville?

— Si fait, me répondit-il.

— Eh bien! mon ami, ajoutai-je, comme nous sommes fort pressés, et que vos chevaux sont bons, est-ce que vous ne pourriez pas nous faire tourner la ville, et doubler la poste? nous vous paierions bien.

— Moi! s'écria-t-il, je ne le ferais pas pour toutes choses au monde.

Ce peu de mots nous fit voir toute l'horreur de notre situation. Ne voyant aucune espérance, je ne songeai plus qu'à me résigner au sort que je ne prévoyais que trop. Mon sacrifice était aisé à faire : celui de d'Avaray seul me déchirait l'ame. Mais, lui, toujours aussi calme que s'il n'y avait pas eu le moindre danger, prit la parole en mauvais français, mais avec une éloquence que je n'essayai pas même d'imiter, et il dit au postillon que nous étions extrêmement pressés d'arriver à Mons, parce que nous avions laissé sa sœur, qui était ma cousine, une fille charmante, que nous aimions tous les deux de tout notre cœur, bien malade à Soissons, et que le seul médecin en qui elle eût confiance était à Mons ; que si nous perdions du temps pour le ramener, sa sœur était morte, et nous les plus malheureux du monde. Enfin, que s'il nous passait il lui donnerait une guinée, deux guinées, trois guinées. Cette harangue, jointe à la promesse de trois guinées, produisit un effet merveilleux sur le postillon. Il réfléchit un moment, puis il nous dit :

— Eh bien ! je vous passerai.

Cependant, l'instant d'après, il nous proposa, non pas d'entrer dans Maubeuge, mais d'en faire sortir des chevaux. Nous lui fîmes sentir que ce serait là aussi difficile. Enfin il nous dit qu'il ne connaissait pas très-bien le chemin dans le faubourg, mais qu'il prendrait un guide. Nous reprîmes Sayer dans la voiture, en faisant monter Péronnet à cheval pour veiller sur le postillon, et nous repartîmes.

Aussitôt que nous fûmes dans le faubourg, le postillon s'arrêta et descendit pour se rafraîchir, et demanda un guide. Des femmes qui s'y trouvèrent, et auxquelles il fit partager l'attendrissement de notre situation, lui dirent qu'il ne pouvait point passer.

— Pourquoi donc? demanda-t-il; est-ce que le Pont-Rouge n'existe plus?

— Si fait, répondit une femme; mais c'est qu'on fait des travaux à la nouvelle Sambre. On dit qu'ils y ont mis trois cents ouvriers. Il y a des fossés dont vous ne vous tirerez jamais.

— Faites-moi seulement venir un guide, c'est tout ce qu'il me faut.

La femme qui lui avait parlé alla chercher son frère, qui était précisément un des travailleurs; il offrit de nous mener jusqu'au fossé; mais il confirma ce que sa sœur avait dit de l'impossibilité de le passer.

— Quand ce serait le diable! s'écria le postillon, j'y passerai; prenez une lanterne, et conduisez-moi.

Ce colloque, comme on peut bien le croire, ne nous faisait aucun plaisir; mais la résolution que le postillon témoignait nous rassurait.

Nous voilà à travers champs, à cent pas d'une ville de guerre, et à peu près sûrs d'être arrêtés, s'il y avait une sentinelle qui vît notre lumière et qui sût son métier. Nous nous serions abandonnés volontiers à ce qu'on nous tirât à mitraille du haut des remparts, à condition qu'on ne sortirait pas. Arrivé au fossé, je voulais le passer à pied, le postillon ne le voulut pas; il mit pied à terre, alla reconnaître le fossé, trouva un endroit où, quoique profond, il n'était pas large, remonta à cheval, et nous passa avec toute l'adresse imaginable. Le guide nous conduisit encore tant que nous fûmes dans les champs, ne nous quitta qu'au grand chemin, et nous prîmes enfin celui de Mons avec la certitude absolue d'y arriver sans obstacle.

Avant de me livrer à ma joie, je remerciai Dieu du recouvrement de ma liberté, ensuite je voulus m'en réjouir avec d'Avaray; comme nous n'étions pas encore hors de France, il voulut arrêter mes transports à cause de Sayer, qui ne me connaissait pas encore; mais ce dernier dormait profondément sur mon épaule, et d'Avaray lui-même était trop content pour ne pas se laisser entraîner par moi. Je commençai par me saisir de ma maudite cocarde tricolore, et, lui adressant ce vers d'Armide,

Vains ornemens d'une indigne molesse, etc.,

je l'arrachai de mon chapeau (j'ai prié d'Avaray de la conserver soigneusement, comme Christophe Colomb voulut conserver ses chaînes); ensuite nous agitâmes ce que nous ferions en arrivant à Mons, que nous croyions encore place de guerre, et dont nous supposions que les portes seraient fermées. Nous arrêtâmes de nous loger dans le faubourg; et, si nous ne pouvions pas y trouver de gîte, il fut convenu que j'écrirais au commandant, en me nommant, pour lui demander les portes. Nous prévîmes aussi le cas où nous ne trouverions qu'un seul lit ; je dis à d'Avaray que je le lui céderais, et qu'en ma qualité du plus fort, je passerais la nuit dans mon fauteuil. Il me déclara qu'il ne le souffrirait pas, et qu'il prendrait plutôt un matelas à terre à côté de mon lit. J'insistai pour qu'il partageât au moins le lit que nous n'étions pas sûrs d'avoir, et, comme tout se tournait en gai dans mon esprit, je parodiai des vers d'Hyppolite et Aricie, qui commencent par :

Sous les drapeaux de Mars,

en mettant *matelas* au lieu de *malheur*, ce qui nous fit beaucoup rire.

Ces projets, ces disputes, les souvenirs de notre voyage, mille autres qui tous se peignaient en beau dans l'ame de deux êtres les plus contens qui furent jamais, nous conduisirent au village de Dolles, à un quart de lieue de Mons. Notre postillon, qui n'y était jamais venu, se crut dans le faubourg, et nous frappâmes à plusieurs portes sans pouvoir nous en faire ouvrir une seule. Enfin, il nous dit qu'il apercevait la cathédrale de Mons ; nous allâmes de ce côté, c'était un pigeonnier. Cependant, à force d'avancer, nous arrivâmes réellement dans le faubourg, et un maréchal ferrant, que nous parvînmes à réveiller, nous indiqua une auberge ; mais elle avait si mauvaise mine, que nous résolûmes de ne nous en servir que pour écrire au commandant de Mons. Je sortis pour la première fois de voiture depuis vingt-quatre heures ; nous frappâmes à la porte, une servante vint nous demander ce que nous voulions.

— Écrire une lettre, lui répondis-je ; sur cette réponse, elle me ferma la porte au nez. Mais le postillon, qui voulait se rafraîchir, frappa si fort, qu'elle rouvrit la porte, et nous entrâmes. J'en avais grand besoin, car mes jambes étaient si engourdies, que j'avais peine à me porter.

Mon premier soin, pendant qu'on s'informait des ressources qu'on pourrait trouver là, fut de me jeter à genoux pour remercier Dieu dans une posture plus convenable que je n'avais pu faire jusqu'alors. Acquitté de ce premier devoir, j'en remplis un, non moins sacré ni moins doux, en serrant dans mes bras mon cher d'Avaray, auquel je pus pour la première fois donner sans crainte et sans indiscrétion le nom de mon libérateur. Cependant, nous sûmes bientôt qu'il n'y avait moyen ni de manger, ni de coucher dans cette maudite auberge, et tout ce que nous pûmes obtenir, fut un peu de bière détestable ; alors nous prîmes le parti d'écrire au commandant. Péronnet porta la lettre, et en attendant nous nous mîmes à causer auprès d'un méchant feu de houille avec notre postillon, qui prit bravement une chaise auprès de moi. Je lui demandai d'abord son nom ; il me répondit se nommer la Jeunesse. On sent que ce n'était pas pure curiosité de ma part, et qu'il m'était important de savoir le nom d'un homme qui, quoique sans s'en douter, m'avait si bien servi. Ensuite, je lui demandai si dans Avesnes il y avait beaucoup de prêtres qui eussent prêté serment.

— Nous ne laissons pas d'en avoir, me répondit-il ; mais avec cela le plus grand nombre est resté dans son devoir. Ils ont imaginé un nouveau serment pour l'armée ; tout cela n'est bon qu'à mettre mal l'officier et le soldat : aussi, Dieu sait comme tout cela va.

D'Avaray alors lui demanda comment allait le régiment de Vintimille.

— Oh ! répondit-il, il est assez tranquille ; mais autrefois cela vous faisait l'exercice trois fois la semaine : c'était un plaisir ; à présent c'est une fois en huit jours ; encore, ils sortent à sept heures, ils sont rentrés à huit, et pendant tout ce temps on n'entend ni *à droite*, ni *à gauche ;* la musique va toujours.

Je lui demandai encore si, à Maubeuge, nous avions eu besoin des portes, à qui, du commandant ou de la municipalité, il aurait fallu nous adresser pour les avoir.

— Eh parbleu ! me dit-il, à la municipalité ; est-ce qu'ils ne se sont pas emparés de tout ; qu'est-ce que ces municipaux ? des sacrés pouilleux ! Enfin, devinez un peu, dans un village où vous avez passé (il me le nomma, mais je n'entendis pas bien le nom), qu'est-ce qui commande la nation avec deux épaulettes ? s'il vous plaît, un marchand de vinaigre.

En nous racontant tout cela, il haussait les épaules, il doublait tout ce qu'il disait par le geste et par le ton; enfin je ne crains pas de dire qu'il nous faisait oublier la fatigue et la faim. Cependant, quand Péronnet revint nous annoncer que les portes étaient ouvertes, l'une et l'autre, nous firent recevoir cette nouvelle avec grand plaisir. La jeunesse nous dit alors qu'il avait entendu dire que la meilleure auberge de Mons était la Couronne Impériale, et nous lui dîmes de nous y mener.

En entrant dans la ville on nous demanda nos noms et nos caractères; d'Avaray, auquel on adressa les paroles, hésitait encore; je tranchai la difficulté, en déclarant que nous étions *Monsieur, frère du roi de France*, et le comte d'Avaray, et que nous voulions aller à la *Couronne Impériale;* le sergent nous dit que nous étions attendus à la *Femme Sauvage*, et que Madame y était déjà. Nous ne concevions pas trop comment, ayant passé par Tournay, elle pouvait être déjà à Mons; cependant, nous réjouissant de ce surcroît de bonheur, nous demandâmes qu'on nous menât à la *Femme Sauvage*. En y arrivant, nous trouvâmes l'hôte à la porte, qui nous attendait; mais après avoir monté un assez vilain escalier, nous trouvâmes un domestique avec une chandelle à la main, qui, m'ayant examiné depuis les pieds jusqu'à la tête, me dit avec assez d'embarras, que ce n'était pas moi qu'on attendait. La porte de la chambre était ouverte, et une femme qui était dans son lit se mit à crier :

— Ce n'est pas lui ! n'entrez pas !

Alors, l'hôte m'ayant examiné à son tour, me dit :

— Est-ce que vous n'êtes pas le comte de Fersen ?

— Non vraiment, répondis-je ; mais puisque madame ne veut pas de nous, ne pourriez-vous pas nous donner une autre chambre ?

Un *non* fut sa seule réponse.

Assez mécontens de cette aventure, qui nous avait d'abord semblé si heureuse, nous redescendîmes l'escalier. Nous remontâmes en voiture, et nous allâmes à la *Couronne Impériale*, où l'hôte nous déclara également qu'il n'avait pas de chambre à nous donner. Cette seconde mésaventure commençait tout de bon à nous attrister, lorsqu'une voix, sortie de la maison, fit entendre ces mots : Monsieur d'Avaray, est-ce vous ? Il ne la reconnut pas d'abord ; mais je reconnus celle de madame de Balby. Nous descendîmes de voiture, et nous entrâmes dans la maison. Madame de Balby s'occupa de nous faire donner à souper ; celui de l'auberge ne valait rien du tout. Heureusement elle avait un poulet froid et une bouteille de vin de Bordeaux, et nous mangeâmes. Ensuite elle eut la bonté de me céder son lit. D'Avaray prit celui de sa femme de chambre ; et, pour la première fois depuis vingt mois et demi, je me couchai sur de ne pas être réveillé par quelques scènes d'horreur.

Je dormis environ six heures, et je fus réveillé par M. de La Châtre, qui se trouvait à Mons, et à qui l'impatience où il était de me revoir n'avait pas permis de me laisser achever ma nuit. Un moment après que je fus levé, je vis arriver le comte de Fersen qui avait conduit le roi jusqu'à Bondy. Alors rien ne manqua plus à mon bonheur, persuadé comme je l'étais (car enfin il faut dire que je ne connaissais aucun détail du plan d'évasion), qu'une fois sorti de Paris, le roi ne courait plus de risques. Je me livrai tout entier à ma joie, et j'embrassai M. Fersen de tout mon cœur.

Dès que je fus habillé, je reçus la visite de tout ce qu'il y avait de Français à Mons, des officiers autrichiens, du corps de la ville de Mons. Je fus fort flatté de l'accueil qu'ils me firent; mais je brûlais de reprendre la route de Namur. Je ne pus cependant partir qu'à deux heures, parce que le charron, en raccommodant cette fameuse jante qui nous avait causé tant de peine la veille, avait cassé sa voisine, de sorte que, pour pouvoir marcher, il avait fallu l'attacher aussi avec un lien de fer, et que nous repartîmes de Mons dans le même état que nous y étions arrivés. Je demandai des nouvelles de la Jeunesse, et j'appris qu'on lui avait donné dix louis; qu'il avait d'abord été saisi en apprenant qui il avait mené; mais que la vue de tant d'or lui avait causé une telle joie qu'il était reparti de suite sans plus s'informer de rien. J'ai su depuis qu'il s'est tiré d'affaire en disant que nous l'avions contraint par violence à nous passer, et j'ai été fort aise de le savoir hors du danger qu'il avait couru pour nous.

La journée de Mons à Namur n'offrit rien de bien intéressant pour la curiosité. Les épanchemens de deux amis, dont l'un est fier d'avoir sauvé l'autre, et dont l'autre à son tour est d'autant plus heureux de son bonheur qu'il le doit à son ami, sont délicieux pour eux, mais n'ont aucun mérite pour les autres. Nous arrivâmes à Namur extrêmement tard, mourant de faim. Je crois que le souper que nous fîmes à l'hôtel de *Hollande* ne valait rien; mais nous le trouvâmes excellent; d'ailleurs nous avions le cœur content : nous trouvâmes du vin du Rhin qui était bon; nous ne laissâmes pas que d'en boire. Tout cela fut cause que, de ma vie, je n'ai peut-être fait un souper ni meilleur ni plus gai.

A mon réveil, j'eus la visite du général de Moilette, qui commandait à Namur, et de tous les officiers de la garnison, bien autrement nombreuse que celle de Mons. Ils me parurent si contens de me voir parmi eux, si zélés pour la cause du roi, qu'il aurait fallu être le plus ingrat de tous les hommes pour n'en être pas touché. Je ne le fus pas moins pour les attentions qu'ils eurent pour mon cher d'Avaray. On eût dit qu'ils devinaient mon cœur, et qu'ils sentaient que ce qu'ils faisaient pour lui me flattait bien plus que ce qu'ils faisaient pour moi-même. Cependant, sans concevoir encore aucune inquiétude pour le roi, je commençais à trouver que les nouvelles de Montmédy manquaient. Je ne voulais pas non plus me jeter dans Longwy sans savoir si nous serions les maîtres dans ce pays-là. En conséquence, je pris le parti de prier le général de Moilette d'envoyer une estafette au commandant de Luxembourg, avec ordre de rapporter, quelque part qu'il me trouvât, des nouvelles du roi, bien résolu, si je n'en avais pas, de pousser jusqu'à Luxembourg.

On nous avait annoncé que nous trouverions de fort mauvais chemins jusqu'à la première poste. Je crus qu'on s'était moqué de nous; mais nous reconnûmes après qu'on ne nous avait dit que trop vrai: les boulons de fer qui attachaient l'avant-train n'ayant pu y résister, nous essayâmes d'abord de les attacher avec une corde; mais ce moyen s'étant trouvé insuffisant, il fallut arrêter pour en faire faire de nouveaux. Comme le soleil dardait avec la plus grande violence à l'endroit où nous étions, je proposai à d'Avaray d'aller chercher de l'ombre, et nous fûmes jusqu'auprès d'une maison devant laquelle était un banc de bois à moitié brûlé, ce qui nous surprit un peu; une femme en sortit, et nous proposa d'entrer et de nous rafraîchir. Nous refusâmes l'un et l'autre; mais nous acceptâmes des chaises qu'elle nous offrit devant sa porte: là d'Avaray envoya chercher par Sayer son portefeuille, et commença à passer à l'encre les notes de notre voyage qu'il avait prises au crayon. Pendant ce temps, deux femmes, dont l'une âgée, et l'autre plus jeune, arrivèrent auprès du banc : la jeune s'y assit, et la vieille y ayant déposé un fardeau assez considérable qu'elle portait, se jeta plutôt qu'elle ne s'assit par terre, et parut se trouver mal. Nous lui demandâmes ce qu'elle avait ; mais la maîtresse de l'auberge (car la maison en était une) nous dit que c'étaient deux Allemandes de Wurtzbourg, qui faisaient ordinairement les commissions des officiers de la garnison de Namur. La plus jeune regardait l'autre avec l'air le plus touchant. Nous n'entendions pas ce qu'elle lui disait ; mais le mot de *maman*, prononcé d'un son de voix doux comme une flûte, retentit à notre oreille, et plus encore à notre cœur ; nous engageâmes la maîtresse à lui donner du secours ; elle lui offrit de la bière, mais elle demanda du brandevin : la maîtresse nous dit qu'elle n'en avait pas, et que la femme du maréchal qui dans ce moment raccommodait notre voiture, et qui aurait pu en donner, était à l'église ; mais heureusement il passa par là des garçons du village, et elle en envoya un qui s'offrit de la meilleure grâce du monde à aller chercher le brandevin. En attendant qu'il revînt, nous témoignâmes à la maîtresse notre étonnement de ce qu'il n'y avait pas seulement d'eau-de-vie dans la maison.

— Ah ! messieurs, nous dit-elle, vous ne savez pas ce que nous avons souffert dans ces derniers temps-ci ; j'en suis encore estropiée, et je m'en vais vous raconter comment cela m'est arrivé. Dans le temps de la retraite des troupes, les soldats prenaient tout ce qu'ils trouvaient pour leur nourriture, de sorte que je suis restée deux jours sans manger ni boire ; j'étais anéantie de faiblesse, et le dernier jour j'eus le malheur de tomber du haut en bas de mon escalier, et de me démettre la hanche. Les patriotes arrivèrent le lendemain ; mon mari se sauva : faible et blessée comme je l'étais, je ne pus le suivre, et furieux de ce que nous avions reçu les troupes, ils prirent tous nos meubles et les jetèrent dans le feu qu'ils allumèrent au milieu de la chambre ; ils voulurent m'y jeter aussi ; ensuite ils changèrent d'avis, ils brisèrent ma pauvre béquille, me traînèrent par toute la maison et dehors, et m'estropièrent comme vous voyez.

En disant cela, elle me fit tâter le haut de sa hanche, et je sentis en effet que l'os était déboîté à ne pouvoir jamais être remis. Dans ce moment le garçon qu'elle avait envoyé revint avec un verre d'eau-de-vie ; on le présenta à la vieille, qui en but un peu, et puis le donna à sa fille ; celle-ci mouilla un peu ses lèvres et le rendit à sa mère. Nous voulûmes payer le garçon, la maîtresse nous dit qu'elle lui avait donné douze sous ; nous voulions lui en donner davantage, mais il s'en alla si vite que nous ne songeâmes pas à le rejoindre. Alors nous donnâmes un écu de six livres à la maîtresse, qui apporta à ces pauvres femmes du pain, du beurre et de la bière. La vieille, ayant un peu repris ses forces, se lève, vient se mettre à genoux devant nous, et nous baise les mains. Nous la relevons. Aussitôt j'ôte mon chapeau, et lui montrant le ciel, je m'écrie : *Gott! gott!* Aussitôt elle tire son chapelet, le serre contre son cœur, et se met à prier Dieu.

Cependant la maîtresse, à qui nous continuâmes de parler de ce qu'elle avait souffert, reprit la parole :

— Ah! messieurs! c'est une cruelle chose que des révolutions. Je ne souffre pas moins de celle de France que de celle de notre pays. Je suis bien en peine pour mes parens. Je suis née à Fraunben, proche de Givet. Je fais ce que je peux pour les engager à quitter la ville, et je ne peux pas en venir à bout. Cela me rend encore plus malheureuse. Ah! messieurs! il n'y a que Dieu, son roi et sa patrie.

D'Avaray avait déjà fondu en larmes à l'action de la vieille. J'étais aussi exalté de ce que disait la maîtresse.

— Eh bien! ma bonne, lui dis-je, puisque vous pensez ainsi, priez donc Dieu pour le roi ; il est peut-être dans le plus grand danger de la vie, il a quitté Paris.

— O mon Dieu! s'écria-t-elle, que me dites-vous là?

— Oui, s'écria d'Avaray, voilà son frère qui s'est sauvé en même temps que lui.

— Et voilà, ajoutai-je, l'ami qui m'a sauvé.

Alors je me jetai dans ses bras ; nos larmes se confondirent. Sayer, retiré dans un coin, essuyait ses yeux ; la maîtresse, tout attendrie, disait :

— Vous êtes le frère de mon roi ! Ah ! si j'osais vous toucher !...

— Faites mieux, ma bonne, embrassez-moi.

La voiture était raccommodée. Je donnai un louis à la vieille ; elle voulut encore me baiser la main. Je l'embrassai, et nous partîmes.

Cet accident nous avait trop retardés pour que nous pussions espérer d'arriver à Bastogne, où nous avions compté coucher. En conséquence nous résolûmes de nous arrêter à Marche, et nous envoyâmes Sayer en avant pour nous faire préparer un souper à l'auberge de la Poste, que le maître de poste d'Emptimes, qui nous avait paru être connaisseur en bonne chère, nous avait assuré être excellente. En arrivant à la ville on nous conduisit à une maison de bonne apparence. Nous nous réjouissions d'aller à une si bonne auberge. Mais nous apprîmes bientôt chez un ancien officier du régiment de ligne, qui avait voulu nous loger, parce que malgré tout ce que le maître de poste d'Emptimes nous avait dit, l'auberge de la Poste ne valait rien du tout. Ce fut un cruel rabat-joie pour moi qui me méfie des repas d'amis. Je jetai un douloureux regard sur d'Avaray, dont je trouvai le visage tout aussi alongé que le mien.

Notre chagrin augmenta quand notre hôte, qui

venait de se retirer (à neuf heures du soir), nous dit qu'il était désespéré de n'avoir pas été averti deux heures plus tôt, parce qu'il nous aurait donné des pigeons à la crapaudine; mais que ses pigeons étaient encore dans le pigeonnier et ses poulets vivans; que cependant il avait envoyé à la Poste chercher une gigue de mouton, et qu'il nous donnerait avec cela une salade et des œufs frais. Nous trouvâmes cet ordinaire un peu court; mais ce fut bien pis, un moment après, quand sa cuisinière rentra furieuse contre la maîtresse de poste, qui n'avait jamais voulu, disait-elle, lui prêter sa gigue. Il nous offrit à la place des côtelettes de veau que nous acceptâmes. Nous étions un peu en peine du vin, lorsque le hasard nous fit découvrir une lettre de voiture qui lui annonçait une pièce de vieux vin de Volney de première qualité. Cette découverte nous étonna. Nous amenâmes la conversation sur le vin qu'il buvait ordinairement. Il nous dit que c'était du vin de Bar; que, comme la dernière vendange avait manqué dans ce pays-là, il s'était avisé de faire venir du vin de Bourgogne qui lui était arrivé il y a quinze jours; mais qu'on lui avait recommandé de le laisser reposer un mois avant de le mettre en perce.

Pour le coup nous nous crûmes dans une véritable auberge d'Espagne, et nous nous disions tristement que Marche *en famine* justifiait bien son nom; mais, à notre très-grande et très-agréable surprise, le souper fut assez bon, et M. Donné (c'était le nom de notre hôte), qui se trouva lui-même d'une fort bonne conversation, eut la complaisance de mettre sur-le-champ en perce son vin de Volney, qui se trouva excellent.

CHAPITRE IV.

Monsieur apprend l'arrestation du roi et de sa famille. — Madame est sauvée. — Retour à Namur. — Le général et l'évêque. — Bruxelles. — L'archiduchesse. — Le comte d'Artois vient rejoindre Monsieur. — Accueil général fait à d'Avaray. — Nobles sentimens du comte d'Artois. — Liége. — Aix-la-Chapelle. — Le roi de Suède. — Le comte de Hautefort. — L'électeur de Trèves. — Monsieur habite un de ses châteaux. — Je fais d'Avaray mon capitaine des gardes.

Le lendemain, le duc de Laval, son second fils, et plusieurs autres jeunes gens, nous rejoignirent. M. de Falhouet, gentilhomme breton, m'offrit de courir en avant pour m'apporter plus vite des nouvelles s'il rencontrait quelque courrier : je l'acceptai. Nous partîmes ; mais à peine avions-nous fait deux lieues, que nous vîmes revenir M. de Falhouet avec la triste nouvelle de l'attentat de Varennes.

Je pourrais terminer là ma relation, la relation de mon cher d'Avaray était remplie. Le rôle que l'arrestation du roi me faisait jouer semble celui d'une relation particulière ; cependant, j'ai encore quelques souvenirs que je veux consigner ici, et ceux que le récit que je viens de faire d'événemens qui ne regardent que moi ont assez intéressé pour l'avoir lu jusqu'au bout, ne seront peut-être pas fâchés de les trouver.

La douleur que je ressentis est facile à se figurer ; je regrettai le succès de mon entreprise. J'eus un moment la pensée de rentrer en France, et d'aller reprendre mes fers pour partager ceux de mes malheureux parens ; mais je réfléchis que, sans pouvoir les servir, je perdrais non seulement moi, mais ce qui était bien plus cher pour moi, mon ami, mon libérateur, que rien n'aurait pu engager à me quitter. De son côté, comme s'il eut deviné ma pensée, il me dit tout de suite que si je croyais devoir retourner en France, il me conjurait de ne pas être arrêté par sa considération, et qu'il me suivrait partout sans inquiétude. Cette nouvelle preuve de sa courageuse amitié aurait suffi pour me décider quand je ne l'aurais pas été. J'ordonnai au postillon de nous ramener à Marche : en chemin, nous rencontrâmes le duc de Laval, que je pris dans ma voiture. Mes larmes, qui n'avaient pu couler dans le premier moment, étant venues me soulager, je réfléchis un peu plus froidement sur ce que j'avais à faire pour entamer la nouvelle carrière qui s'ouvrait devant moi. Arrivés à Marche, nous y fûmes rejoints par le fils de M. de Bouilli, qui nous apprit les détails de ce cruel événement qui renversa toutes nos espérances. J'étais bien disposé d'abord à aller me reposer à Bruxelles ; mais comme le chemin de Marche à

Namur, qui est le plus court, passe très-près de la frontière, et qu'on disait qu'il y avait eu des actes d'hostilité commis, nous agitâmes un moment si nous ne passerions pas par Liége; cependant, ayant fait la revue de nos armes, et ayant vu que nous avions seize coups de pistolet à tirer, ce qui était plus que suffisant contre un parti qui n'aurait pu être que peu nombreux, nous nous décidâmes à retourner à Namur en marchant en caravane; je pris seulement la précaution d'envoyer M. de Bétizy, qui était un des jeunes gens dont j'ai parlé plus haut, au général de Moilette, le prier de nous envoyer une escorte de hulans. M. de Bétizy fit tant de diligence, le général y mit tant de bonne volonté, et les hulans tant de zèle, qu'ils nous rejoignirent à trois lieues de Namur, et nous arrivâmes dans cette ville sans autre accident que de casser encore une fois, par la maladresse du postillon.

La joie que j'eus d'y trouver Madame fut empoisonnée par l'idée de la position du reste de la famille, et de la comparaison que je fis malgré moi de son sort avec le nôtre. Résolu de me rejoindre au comte d'Artois, je lui écrivis que j'allais à Bruxelles pour y attendre de ses nouvelles, et lui demander où il voulait me donner rendez-vous; et pour plus de sûreté, je lui dépêchai deux courriers, l'un par Luxembourg, et l'autre par Aix-la-Chapelle. Cependant, comme je savais que l'évêque de Namur devait me proposer de loger chez lui, et que le clergé des Pays-Bas s'était mal conduit dans la révolution, je consultai le général de Moilette, qui me proposa d'accepter la proposition ; en conséquence, nous quittâmes notre auberge, et nous allâmes nous établir à l'évêché. Nous y trouvâmes un fort bon souper ; mais nous eûmes bien de la peine à nous débarrasser des soins officieux de l'évêque, qui voulait nous faire boire plus que nous ne voulions, et surtout de l'anisette, espèce de ratafia plus violent que le kirschwasser. Le lendemain, avant de partir pour Bruxelles, j'écrivis, à tout hasard, une lettre pour le roi, la reine, ou ma sœur ; cette lettre n'est jamais parvenue à sa destination.

Mon projet était de loger à Bruxelles, à l'auberge ; mais l'archiduchesse n'y voulut jamais consentir, et elle nous logea dans une petite maison dépendante de son palais, le palais même n'étant pas en état de nous recevoir, parce qu'elle avait été obligée de le faire démeubler pendant les derniers troubles. Tout ce qu'il y avait de Français dans cette ville demanda à me voir, mais j'étais trop en peine de mes malheureux parens pour voir personne.

Le lendemain j'appris par une lettre du comte d'Artois qu'il arrivait. J'allai au-devant de lui, et j'oubliai pour un moment mes peines passées, mes inquiétudes présentes, mes craintes futures, entourant dans mes bras un frère, un ami, dont nos malheurs communs nous avaient séparés depuis près de deux ans. La joie qu'il me témoigna de me revoir me fit peut-être moins de plaisir que l'accueil qu'il fit à mon cher d'Avaray.

Cependant ayant appris que le roi était de retour à Paris, et qu'au moins la vie de ma famille était en sûreté, nous nous déterminâmes à paraître en public, et l'archiduchesse voulut bien nous prêter son grand appartement pour y recevoir nos Français. Le plaisir qu'ils me témoignèrent en me revoyant, celui que je ressentis moi-même, me firent repenser bien vite à celui qui me procurait cette scène touchante, et je m'empressai de remplir les devoirs sacrés de la reconnaissance en publiant hautement toutes les obligations que j'avais à mon libérateur; je fus bien payé de cette démarche, car, en sortant de là, toute cette noblesse courut en corps lui faire une visite. Qu'il me soit permis de le dire, de toutes les choses flatteuses que j'ai éprouvées en ma vie, c'est celle qui a le plus satisfait mon cœur; il y entra bien un petit grain d'amour-propre, mais l'amitié, la reconnaissance, y avaient bien plus de part.

Les huit jours que je passai à Bruxelles ont été peut-être les plus occupés de ma vie : placé tout d'un coup à la tête d'une des plus grandes machines qui aient jamais existé, il fallait non seulement faire aller le courant, mais m'instruire du passé, dont je n'avais eu aucune connaissance dans ma prison, pour en faire l'application au présent; je crois que je n'en serais jamais venu à bout, sans le comte d'Artois ; bien loin, après toutes les peines que je m'étais données, d'être fâché de voir arriver un collègue qui pouvait lui ravir une partie de sa gloire, il s'empressa de m'instruire, de m'aider, de me mettre en avant, de me faire valoir, en un mot : ce n'était pas un frère que je retrouvais en lui, c'était le père le plus tendre, c'était Charles V se jetant dans les bras du roi Jean, après sa captivité. Je l'éprouvai d'une manière bien touchante, à l'audience de congé que nous donnâmes à toute la noblesse, avant de quitter Bruxelles ; je n'entreprendrai point de décrire cette scène, je ne rendrais jamais bien ce que je ressentis.

Nous repartîmes le 3 juillet pour Liége, et nous logeâmes à l'auberge de l'*Aigle-Noir*. Comme nous étions beaucoup de monde, et que la maison n'était pas vaste, nous n'eûmes, d'Avaray et moi, qu'une même chambre. Cette circonstance, qui me rappelait le temps peu éloigné où, voyageant à peu près dans le même pays, nous étions seuls l'un pour l'autre sur la surface de la terre, me fit un vrai plaisir. Le 4, nous arrivâmes à Aix-la-Chapelle, où nous trouvâmes le roi de Suède, qui, plus instruit que moi du plan d'évasion du roi, s'était rendu dans cette ville sous le prétexte de prendre des eaux, mais afin d'être à portée du théâtre des événemens, où sa grande ame lui faisait désirer de jouer un rôle. J'ai oublié de raconter que, aussitôt qu'il avait appris l'arrestation du roi, il m'avait écrit une lettre charmante à ce sujet ; et une particularité assez piquante, c'est que cette lettre m'avait été apportée par le baron de Lieven, le même qui, en 1772, avait apporté au feu roi mon grand-père la nouvelle de la révolution qui avait placé la couronne sur la tête de Gustave III. Nous séjournâmes un jour à Aix-la-Chapelle, pour causer plus librement avec ce roi dont nous eûmes tant de sujet de nous louer.

J'éprouvai aussi dans cette ville un plaisir bien vrai. Le comte de Hautefort, ami de d'Avaray dès leur plus tendre enfance, n'avait pas plus tôt appris mon évasion, que, laissant toute sa famille à Neidelberg, où il était établi avec elle, il était accouru pour nous rejoindre, et nous le trouvâmes en arrivant à Aix-la-Chapelle. Je fus fort touché de cette marque d'attention de la part d'un homme qui n'était encore pour moi qu'une connaissance agréable; mais je fus bien plus content de voir mon libérateur recueillir un nouveau fruit de ce qu'il avait fait pour moi. En retrouvant un ami dont il était séparé depuis près de deux ans, son amour-propre avait pu être frappé plus d'une fois; mais alors c'était une pure jouissance pour son cœur. Il était impossible que le mien ne la partageât pas; et quand j'ai mieux connu le comte de Hautefort, elle m'est devenue personnelle.

Le 6, nous allâmes coucher à Bonn, chez l'électeur de Cologne, avec qui nous en étions convenus, à Aix-la-Chapelle; et le 7, nous arrivâmes à Coblentz.

L'électeur de Trèves, mon oncle, avait bien voulu prêter son château de Schonborn au comte d'Artois, avant mon évasion ; il eut la même bonté pour Madame et pour moi. Je me ressouvenais de l'avoir vu en France, il y avait près de trente ans. J'eus un vrai plaisir à le revoir, et l'accueil qu'il nous fit était le présage de toutes les bontés qu'il a eues pour nous et pour tous les Français, que la désir de servir la cause de l'autel et du trône a engagés à se réunir à nous.

C'est là proprement qu'a commencé ma vie politique : je pourrais encore en rester là ; mais je ne serais pas content, et sûrement mes lecteurs ne le seraient pas davantage, si je ne leur disais rien de plus. Trois semaines s'étaient écoulées depuis mon évasion, et je n'avais encore rien fait pour mon libérateur. Je souffrais plus que je ne puis le dire que le prince restât ingrat, tandis que l'ami exprimait si hautement sa reconnaissance. Enfin je reçus une lettre du duc de Lévis, qui, après quelques reproches de l'ignorance absolue où je l'avais laissé, finissait par me donner sa démission (de sa charge de capitaine de mes gardes). Dès que j'eus reçu cette lettre, je courus chez d'Avaray, qui fut presque étonné quand je lui nommai le successeur du duc de Lévis, et qui me remercia comme si je n'avais pas acquitté par là une dette sacrée, et comme si je n'avais pas eu mille fois plus de plaisir à l'acquitter qu'à la contracter.

J'ignore quel sera le sort de ma patrie et le

mien ; mais quel que soit celui que la Providence me destine, elle ne pourra jamais m'ôter autant qu'elle m'a donné en m'accordant un ami comme mon cher d'Avaray.

CHAPITRE V.

Position politique de Monsieur dans l'émigration. — Situation de la France. — Ce que le roi aurait dû faire. — Tableau de l'Europe en 1791. — La révolution française y était mal appréciée. — Fautes de l'émigration contre Monsieur. — Elle est portée à lui résister. — Il saisit l'autorité d'une main ferme. — Il notifie sa nomination de *lieutenant-général de l'état et couronne de France* à tous les souverains. — Coblentz. — L'électeur de Cologne. — Soumission fraternelle du comte d'Artois. — Monsieur prévient le baron de Breteuil que ses pouvoirs ont cessé. — M. de Breteuil répond en escobardant.—Le prince est dupe de son manége. — Il engage sa parole d'honneur de ne pas se servir du titre que Monsieur laisse en ses mains.

Avant de poursuivre le récit de l'histoire aventureuse de ma vie, je crois devoir m'arrêter ici, afin de présenter un tableau exact de la situation de l'Europe, à l'instant où les circonstances me forcèrent de me charger d'une grande responsabilité, celle de diriger à l'extérieur les affaires de la France, et de soumettre à la même action tant d'intérêts divers. Mon rôle n'était pas facile ; je m'y étais heureusement préparé par de longues études, par de nombreux travaux politiques et administratifs, et par la connaissance approfondie du système des cabinets des souverains.

J'avais, en partant, laissé la France dans la perturbation la plus grande. Le torrent de la révolution devait tout entraîner. Le manque de deux chambres législatives, l'action déterminante de la commune de Paris, qui commençait à se faire des esclaves de ses quarante mille sœurs; l'audace des malintentionnés; le duc d'Orléans, qui, désormais, hors d'état de troubler pour son propre compte, conservait néanmoins assez de force quand il s'agissait de nuire, annonçaient trop ce qui nous menaçait. D'un autre côté, le roi était seul avec son impassibilité, sans vigueur, avec le courage sans utilité de la reine; ils n'étaient appuyés d'aucun de ces esprits supérieurs qui, semblables à de fortes colonnes, soutiennent les empires ébranlés. De petites gens, grossis de petits moyens, de minces intrigues, bien pâles, bien chétives, étaient seuls opposés à des hommes gigantesques, à des volcans qui menaçaient d'embraser l'Europe entière, comme ils le firent plus tard.

Non seulement Louis XVI n'était entouré que d'incapacités, mais encore abandonné de toute la noblesse. Il avait peu d'amis, que pouvait-il donc, que devait-il faire? céder? non certes. Il aurait dû, après le retour de Varennes, se défendre de prendre part à l'action du gouvernement, se maintenir dans une réserve absolue, et déclarer, en présence de tous les ambassadeurs étrangers, qu'il se regardait comme prisonnier, puisqu'il n'était plus libre d'aller selon sa fantaisie sur aucun point des provinces ; qu'il se maintiendrait dans les principes de la déclaration qu'il avait laissée en partant, et surtout ne sanctionner, à quelque prix que ce fût, la constitution contre laquelle il venait de protester, tant par son écrit que par sa fuite.

Il y avait certainement du danger à tenir une pareille conduite ; mais il est des cas où un roi ne doit voir que son honneur, et si Louis XVI avait suivi la ligne que j'indique, il aurait fort embarrassé l'assemblée nationale, qui n'était pas encore entièrement pervertie ; il aurait donné ainsi un plus fort véhicule aux résolutions des souverains, et fourni au comte d'Artois et à moi les moyens de le servir utilement, car on ne pouvait plus espérer sauver la monarchie par des concessions, qui, au lieu de la raffermir, n'auraient tendu qu'à sa ruine. Il est des limites qu'on ne peut jamais dépasser sans péril, parce qu'alors on n'accorde plus, mais on abandonne ; et qui lâche les rênes est nécessairement emporté avec le char.

Tandis que la révolution grandissait en France, les rois en Europe la regardaient sans la comprendre, et même plusieurs d'entre eux s'en réjouissaient tout bas, et marquaient déjà sur la carte les profits qu'ils en espéraient. L'Angleterre la voyait comme la punition des secours que nous avions fournis aux états de l'Amérique, et comme devant amener l'anéantissement de notre marine. L'Autriche rêvait la reprise de la Lorraine, de l'Alsace et de la Franche-Comté. Cependant, il est vrai de dire que les autres puissances étaient plus désintéressées à cause de leur position topographique, à l'exception toutefois de la Sardaigne, qui espérait s'agrandir du côté de la Provence ou de l'Italie.

Quoi qu'il en soit, les souverains en masse méprisaient les agitateurs, où ne figurait aucun noble, et qui par conséquent, selon eux, ne pouvaient avoir de consistance; l'émigration de tous les officiers de terre et de mer, depuis les maréchaux de France jusqu'aux sous-lieutenans, semblait devoir livrer le royaume au premier qui voudrait s'en emparer. Néanmoins les émigrés leur portaient ombrage; craignant qu'ils n'eussent emporté dans leurs états les principes révolutionnaires, ils les accueillaient avec méfiance, et oubliaient envers eux les droits de l'hospitalité. Il est vrai que la noblesse, si digne, si estimable dans son ensemble, avait quelques exceptions parmi ses membres. Une foule de chevaliers d'industrie, venus de Paris et des provinces, exploitaient la bonhomie des Allemands, dupaient leur confiance, et faisaient ainsi rejaillir sur des hommes d'honneur leurs indignes manèges.

Une autre cause nous nuisait encore, c'était cette manie de se classer par rang de fidélité, trait caractéristique de notre nation. Chaque émigré tenait un registre exact des preuves de dévouement qu'il avait données. On n'entendait que des plaintes, des allégations, des forfanteries ; enfin la mésintelligence existait presque toujours là où aurait dû plus qu'ailleurs se trouver la paix et l'union.

Je ne pourrais jamais assez déplorer ces fautes, qui eurent des suites incalculables, et qu'on poussa à un tel point que j'eus personnellement à en souffrir. Ceci a besoin de quelques détails que je vais donner avant d'entrer pleinement en matière.

J'ai déjà dit en plusieurs endroits de ces Mémoires que j'avais eu le malheur de déplaire à la société intime de la reine, d'abord à la cabale Choiseul, et ensuite à la coterie Polignac. Depuis l'émigration, cette malveillance à mon égard n'avait fait qu'augmenter. On m'en voulait surtout de ma conduite à l'Assemblée des notables ; et de ce que j'avais cherché à mettre un frein aux dilapidations que M. de Calonne couvrait de son manteau, on m'avait déclaré malignement l'ennemi de la noblesse, lorsque je ne l'étais que des abus.

Ce fut bien pire encore aux approches des états-généraux ; ma culpabilité augmenta de toute la masse des réformes que je jugeais nécessaires, et de mon esprit de temporisation, qui m'avait conquis l'affection de la multitude. Enfin on me faisait même des crimes de ma prévision sur les événemens futurs, et de ce qu'elle s'était réalisée on en concluait qu'il fallait m'accuser de tous nos malheurs pour les avoir trop bien vus à l'avance.

Certes, l'injustice ne pouvait être plus manifeste, et j'avais lieu de m'en plaindre ; on l'avait encore augmentée de la désapprobation que j'avais donnée publiquement au projet d'émigration, en juillet 1789. Je ne pouvais voir sans un vif chagrin abandonner le roi seul à ses ennemis; or, ceux qui s'étaient rendus coupables de cet abandon devaient nécessairement me garder rancune de la manière franche dont je m'étais exprimé à cet égard. Aussi, dès que le nom de jacobin eut été inventé, on se hâta de me l'appliquer, comme au président d'un tribunal révolutionnaire, de telle sorte que lorsque je parus sur le sol étranger, ces messieurs (les exagérés) balancèrent d'abord à reconnaître ma suprématie en l'absence du roi, au lieu de celle du comte d'Artois. Il est certain que, pour peu que ce prince s'y fût prêté, ils n'auraient obéi qu'à lui; je m'en aperçus à une foule de circonstances, à une manifestation continuelle de mauvaise volonté que j'eus grand'peine à vaincre. Il arriva que, soutenu par les puissances étrangères, à l'exception de l'Autriche, je ne fus contredit que par des Français qui devaient être un jour mes sujets.

Bientôt même j'eus à combattre ouvertement contre le baron de Breteuil, qui tout-à-coup prétendit diriger à lui seul les affaires de l'émigration, pour le plus grand avantage de l'Autriche; j'avais enfin à détruire les impressions qu'on cherchait à donner contre moi au comte d'Artois, et les obstacles qu'on essayait à faire naître de son côté, ce qui n'était pas le moindre de mes soucis.

Heureusement qu'à tant d'élémens de non-réussite j'opposais une fermeté inébranlable, la résolution de remplir ma tâche dans toute l'étendue de mon droit, de servir la cause du roi par affection, par devoir, et ensuite parce que, au fond, c'était la mienne. Je voulais faire comprendre à cette bouillante noblesse la nécessité de se maintenir dans le respect qui m'était dû, et lui inculquer profondément cette sentence du poète Syrus ;

Parcrè scire, par imperio gloria est.

Il n'y a pas moins de gloire à savoir obéir qu'à savoir commander.

C'est surtout dans le temps où tous les liens sont relâchés qu'un prince qui connaît les désavantages de sa position doit chercher à l'améliorer en exigeant des autres un surcroît de soumission. Je savais, au reste, que, par ma conduite privée, je m'acquérais l'estime et la considération des étrangers, et que s'ils ne m'aidaient pas un jour à placer la couronne sur ma tête, du moins ils me croiraient digne de la porter. Je dis *placer la couronne sur ma tête*, parce que dès le moment où le roi fut contraint à revenir à Paris, tout me fit croire que le duc d'Orléans chercherait à se défaire de lui et de mon neveu, soit par le poison ou par l'assassinat ; car alors j'étais loin de penser qu'on oserait le faire au moyen de formes prétendues juridiques. Ainsi donc, convaincu de la mort prochaine de ces deux personnes sacrées, je voyais nécessairement le trône me revenir de droit. Or il était important que je me maintinsse dans un rang qui me permît un jour d'orner mon front de la couronne, sans que j'eusse contribué en rien à en ternir l'éclat.

Il fallait pour cela agir; je le devais, je le pouvais; car, dès le 9 juillet, le roi m'avait envoyé des pleins-pouvoirs de lieutenant-général du royaume, fonctions que je devais exercer aussitôt que Sa Majesté serait dans l'impuissance de continuer à diriger l'action du gouvernement. Certes, la chose était venue à ce point, puisque l'assemblée nationale avait prononcé la suspension de Louis XVI. Cet acte coupable disait tout : la constitution prétendue était par là violée ouvertement, attendu qu'un des deux pouvoirs était arrêté dans son droit légal. En conséquence, je ne perdis pas de temps pour faire notifier aux divers cabinets ma nouvelle situation en leur envoyant une ampliation de l'ordre royal. Je l'accompagnai de la lettre suivante.

« Sire,

« J'ai l'honneur d'apprendre à Votre Majesté
« que le roi de France, mon frère, a remis en mes
« mains, pendant la durée de sa captivité actuelle,
« l'administration du gouvernement. Cette haute
« marque de sa confiance sera un stimulant pour
« moi à le servir de tout mon pouvoir. L'impul-
« sion que des factieux donnent à la révolution en
« France peut avoir de funestes contre-coups pour
« le repos de tous les autres états. Je suis persuadé
« que la rare sagesse de Votre Majesté l'a déjà re-

« connu, qu'elle s'empressera de concourir de tous
« ses moyens au rétablissement de l'ordre dans le
« royaume de mes ancêtres, et qu'aux liens qui
« déjà nous lient ensemble, nous aurons à y joindre
« ceux de l'intérêt commun, et de notre part ceux
« de la reconnaissance.

« Quant à moi, je suis décidé à remplir tous les
« devoirs que m'impose le choix de mon auguste
« frère, et à ne rien négliger de ce qui pourra le
« délivrer des fers dans lesquels il gémit depuis
« deux ans. Si mes efforts ne sont pas couronnés
« de succès, je n'aurai pas du moins à craindre les
« reproches de ma conscience, et pourrai dire
« avec un roi de ma famille : *Tout est perdu fors
« l'honneur.*

« Je suis avec un profond respect, etc. »

Une note jointe à cette lettre qui me fit connaître avantageusement, demandait qu'on accréditât auprès de moi des ministres qui pussent représenter leurs cours respectives. En même temps, je me disposai à organiser, aussi bien que possible, une manière de gouvernement qui, sans m'embarrasser, m'aidât à agir.

La ville de Coblentz, où je fixai momentanément mon séjour, était propre, par sa situation, à faciliter mes relations avec les étrangers et avec la France. Bâtie sur la rive gauche du Rhin, bien peuplée, elle se trouvait à moins de cent lieues de Paris, au centre d'une sorte de rayon tiré vers les capitales de l'Allemagne, très-près des Pays-Bas, de la Hollande et à proximité de l'Angleterre. Cologne était la capitale d'un prince-électeur ecclésiastique de l'empire. Son titulaire était alors l'archiduc d'Autriche Maximilien-François-Xavier-Joseph, duc de Lorraine, grand-maître de l'ordre Teutonique, fils de l'impératrice Marie-Thérèse, et né en 1756. Nous nous étions déjà vus en France au voyage qu'il fit, et où il eut peu d'agrément. Il manquait de grâce, et sa taille contrefaite ajoutait encore à ses désavantages extérieurs. Il avait un esprit ordinaire, beaucoup de fierté, mais un excellent cœur; nous en eûmes la preuve pendant la durée de l'asile qu'il nous accorda dans ses états, et qu'il ne nous retira que lorsqu'il y fut contraint par la force. Il mit à notre disposition tout ce qu'il crut devoir nous être agréable, et je lui en ai toujours conservé de la reconnaissance.

Je ne pouvais être mieux établi; je me trouvais en quelque sorte à cheval sur le Rhin, tenant à la France et à l'Allemagne, de manière à profiter des circonstances et à avoir le temps de prévenir et parer les revers. J'avais besoin de ces avantages, car je me voyais le régulateur d'une grande machine. Le roi ne conservait plus qu'une ombre d'autorité que déjà on se disposait à lui ravir. C'était donc moi qui dès lors me trouvais véritablement roi de France, triste royauté, toute d'angoisse et d'amertume, monarchie d'exil, vaine, indécise, fondée sur des espérances, et toujours épineuse dans la réalité. Il fallait néanmoins la soutenir sans en être écrasé, se montrer dans le malheur, comme sur le trône, le fils de Henri IV. Ce fut ma longue, ma pénible tâche ; Dieu a voulu que je l'aie remplie convenablement et de telle sorte, que même mes ennemis n'ont pas osé dire que j'aie jamais paru au-dessous de mon rang.

Coblentz devint le quartier-général où d'abord tous se rendirent. J'en fis le siége du gouvernement de la lieutenance-générale. J'étais sans doute le chef suprême ; néanmoins je voulus faire partager mon autorité au comte d'Artois, afin de prouver que nous n'avions qu'une même volonté. Ses amis, ne s'imaginant pas que je lui fisse une part aussi large, furent surpris de ma résolution ; il en résulta un bon effet, celui de faire tomber une foule de calomnies qu'on ne m'avait pas ménagées.

Je dois dire aussi que le comte d'Artois ne tarda pas à se soustraire à l'influence pernicieuse qu'on exerçait sur lui par rapport à moi; il me rendit pleinement justice, me donna toute sa confiance, et s'il se réserva la plus grande partie de la représentation, il me céda la haute main sur tout le reste. Aussi notre union demeura inaltérable, et, par des voies diverses, mais toujours combinées ensemble, nous cheminâmes droit au même but.

Tandis que j'écrivais au prince de Condé, afin de le charger de la composition du matériel de l'armée, je m'adressais en même temps à diverses personnes dont le concours m'était nécessaire, ou dont je voulais arrêter les mouvemens; dans ce dernier nombre, était en première ligne le baron de Breteuil, plutôt l'homme de l'Autriche que celui de la France. En sortant du royaume, il avait obtenu de Louis XVI des pleins-pouvoirs, presqu'aussi étendus que les miens. La reine était entrée pour beaucoup dans cette marque de faveur qui donnait un crédit immense à un homme très-ordinaire. La chose était au point qu'avec la mission de traiter directement avec les étrangers, il avait le droit de se faire obéir de tout sujet du roi hors de la France; si bien que moi-même je me serais trouvé son subordonné.

Il est pourtant vrai de dire que ma nomination postérieure de lieutenant-général du royaume annulait sa pancarte. Mais enfin elle existait, et il devenait convenable de la lui retirer. Je m'en occupai d'abord, et dès le 20 juillet je lui écrivis que : « l'intention formelle du roi était que les
« princes ses frères fissent, de concert et en son
« nom, auprès des puissances, tout ce qui pouvait
« servir au rétablissement de la liberté et au bien
« de l'état; qu'il devait en conséquence regarder
« comme révoqués les pouvoirs qu'il avait reçus
« antérieurement, et n'employer désormais son
« zèle que conformément à ce qui lui serait pres-
« crit par les princes. »

On voit que je ne parlais plus en mon nom. Cette dépêche fut une pilule difficile à digérer pour le baron de Breteuil; il s'était mis en tête de jouer le grand rôle, de faire le roi même en notre présence, et ma note venait détruire un si doux rêve. Elle le surprit d'abord, et ne sachant comment s'y prendre pour ne pas obéir, il conçut la folle pensée de débuter par tromper ma bonne foi, sauf à profiter plus tard de quelque occasion favorable pour remettre sa barque à flot. En conséquence, il me répondit en un style que feu M. Escobard n'aurait pas renié, par des protestations de respect et de soumission; ajoutant qu'il ne tarderait pas à venir présenter ses hommages à mon frère et à moi, et qu'il se conformerait entièrement à l'ordre que je lui avais intimé, sans spécifier toutefois quel était cet ordre. Un proverbe dit : *qui mal ne fait mal ne pense;* ce fut mon cas. Je ne pouvais supposer que le baron de Breteuil eût dessein de se jouer de ma bonne foi, aussi demeurai-je convaincu que cette affaire était arrangée à la satisfaction de tous.

Je devrais interrompre ici ce récit pour le reprendre plus tard, mais je préfère présenter d'abord tout l'ensemble de la conduite astucieuse de M. de Breteuil, afin, par la suite, de n'avoir qu'à le faire agir. Il vint nous rejoindre à Bonn, où nous avions été voir notre hôte, l'électeur Maximilien, qui cherchait par des fêtes à nous faire oublier nos malheurs. Je sus depuis que, arrivé presque aussitôt que nous, il s'était rapproché furtivement des amis du comte d'Artois; qu'il y avait eu des pourparlers mystérieux, et qu'enfin il avait demandé et obtenu une audience secrète mon frère.

Il me vint cependant, mais tout souple, tout affectueux. Il vanta mes talens, mon courage, bénit la Providence qui m'avait fait sortir du royaume, et termina en me disant qu'il avait renoncé à toutes les marques de la confiance du roi en recevant ma lettre; qu'il regardait ses pleins-pouvoirs comme annulés à jamais, et qu'en conséquence il m'en rendait entièrement le dépositaire.

Que pouvais-je exiger de plus? rien sans doute. Je vantai de mon côté son dévouement, j'allai même jusqu'à louer sa capacité. Alors les courbettes et les humilités recommencèrent de plus belle; et, d'une voix câline que je crois encore entendre, il me supplia de laisser en ses mains l'acte original, qui honorerait à jamais les archives de sa maison; puis il ajouta :

— Que Votre Altesse Royale ne conserve aucune inquiétude sur l'emploi que je pourrai faire de ce titre. J'engage ma parole la plus sacrée devant Dieu et devant les hommes de ne m'en servir jamais de ma propre volonté, et sans avoir reçu l'ordre formel de Vos Altesses Royales.

Ne pouvant supposer que le baron de Breteuil eût l'intention de manquer à un serment aussi solennellement juré, je ne vis dans sa prière que le désir bien naturel de conserver le titre qui l'avait investi des pleins-pouvoirs, comme un monument à sa vanité. Ainsi, au lieu d'y ajouter de ma main une note explicative qui en aurait détruit la valeur, je consentis à ce qu'il le gardât tel qu'il était. Le baron de Breteuil ayant obtenu ce qu'il désirait, me renouvela ses protestations de reconnaissance, et prit congé de moi, joyeux de m'avoir trompé. De mon côté, ne me doutant de rien, je m'en allai, enchanté de l'issue de cette entrevue, et me félicitant de m'être acquis l'amitié d'un homme qui jusqu'alors m'avait toujours été contraire.

CHAPITRE VI.

Comment arrive le premier agent au comte de Provence. — Probité du marquis de Bouillé. — Les émigrés affluent à Coblentz. — Éloge de la noblesse. — Dévouement courageux d'un gentilhomme. — Un mot de Monsieur l'en récompense. — Monsieur reçoit le prince de Condé. — Il travaille à former une coalition armée. — Sa lettre à Louis XVI. — M. de Luvert. — Monsieur continue à négocier. — Résultat bienfaisant. — L'empereur Léopold et le roi Frédéric-Guillaume II à Pilnitz. — Monsieur y envoie le comte d'Artois, MM. de Bouillé et de Calonne. — Son opinion sur ce dernier. — *Déclaration de Pilnitz*, premier manifeste. — Monsieur le rédige, et son frère le signe avec lui.

Pour les princes sur le trône l'argent est le nerf de la guerre, à plus forte raison pour les princes exilés; or, je manquais d'argent, et il me répugnait de recommencer l'exercice de mon autorité par un emprunt. Il fallait cependant en venir là, car, dans ma fuite, je n'avais emporté que trois cents louis, et, avec une aussi faible somme, ma cassette ne pouvait tarder à être vide. J'étais dans un grand embarras, lorsqu'il m'arriva tout-à-coup une ressource inespérée. Le marquis de Bouillé, qui avait eu la direction principale du plan de la fuite du roi, m'avoua qu'il possédait la plus grande partie du million, ou plutôt, pour être exact, des neuf cent quatre-vingt-treize mille livres que Louis XVI lui avait remis avant son départ : ajoutons qu'il les mettait à ma disposition.

Cette loyale révélation m'accommodait fort : je demandai à M. de Bouillé six cent soixante-dix mille francs, dont je lui donnai une décharge honorable ; j'employai cette somme aux premiers besoins de ma maison, et à ces dépenses indispensables auxquelles les princes ne peuvent se soustraire sans être taxés de vilénie. Il me venait d'ailleurs des nuées d'émigrés de tout rang, de tout ordre de l'état, et il est bon de faire observer que, proportion gardée, le tiers fournit un aussi grand nombre de défenseurs de la cause royale que le clergé et la noblesse. Je vis ceci avec joie, ayant toujours tenu à ce que les miens ou moi fussions autant les rois de telle partie de la nation que de telle autre ; j'accueillis donc de mon mieux cette loyale bourgeoisie, cette fidèle magistrature, ces braves ouvriers, ces bons paysans, et j'avoue que lorsque je les entendis appeler *messieurs du commun*, qualification que leur a conservée d'Ecquevilly dans son *Histoire des campagnes de l'armée de Condé*, je ne pus m'empêcher de rire et de gémir à la fois de cette absurdité.

Hélas ! ma noblesse n'en a que trop commis de ce genre ; et que de mal elle s'est fait, ainsi qu'à nous, avec les meilleures intentions ! Il y avait dans la gentilhommerie de province une vanité insupportable ; il était peu de hoberaux à cent écus de rente qui ne se crût aussi noble que Dieu, ou du moins autant que le roi. En revanche, ce travers était compensé par un dévouement à toute épreuve, par une énergie inébranlable : rien ne leur coûtait quand il s'agissait de servir leurs souverains ; ils s'exposaient à des dangers certains, sans espoir comme sans désir de récompense ; différens en cela de nos courtisans titrés, qui savaient toujours reculer à propos, et avec une rare habileté ; non cependant que là aussi il n'y eût des exceptions.

Je me rappelle à ce sujet qu'un matin, à mon lever, je reçus du prince de Condé une dépêche pressée qui nécessitait une réponse ; en même temps, nous apprîmes que les républicains venaient, en quelque sorte, d'intercepter les communications. J'élevai la voix, et sans m'adresser à personne en particulier, sans rien déguiser du péril de la commission que j'avais à donner, je demandai un homme qui voulût bien se charger de porter ma réponse au prince de Condé. Ma chambre était pleine de sommités de notre ancienne cour, et cependant je ne reçus point de réplique ; je n'insistai pas, et passai dans mon cabinet pour écrire ma lettre. Pendant ce temps, le chevalier Tristan de Lamothe, gentilhomme de la province du Languedoc, allié aux Grailly dont nous descendons, entra, et reconnut à l'agitation de l'assemblée qu'il y avait quelque chose d'extraordinaire ; on lui apprit ce dont il s'agissait, au moment où j'arrivais mon paquet fermé à la main. S'avançant alors vers moi, il me demanda avec autant de chaleur que de modestie la faveur insigne de porter mes dépêches au prince de Condé. Ce procédé me toucha jusqu'aux larmes; aussi, pour l'en récompenser dignement, je lui répondis à haute voix :

— Partez, chevalier, et sachez que j'étais persuadé à l'avance que nul autre que vous ne se chargerait de cette mission.

Le noble et brave officier tomba à mes genoux ; je le relevai en l'embrassant, et il se crut si bien payé, que jamais il ne m'a demandé d'autre récompense. Je me plais à consigner ici ses services et son désintéressement; depuis, mon frère et moi l'employâmes toujours avec succès. Voilà comment se conduisait la noblesse de province, marchant au feu, bravant la mort, sans jamais songer à réclamer le prix de ses services. Ce fut dans l'émigration que nous apprîmes à la connaître et à l'aimer, et, je ne crains pas de le dire, à la respecter.

Revenons au fil des événemens. Je n'habitais pas précisément Coblentz, où je ne venais que dans les grandes occasions ; ma résidence habituelle était au château de Schonburnstust, que l'évêque de Trèves, Clément-Wenceslas de Saxe, mon oncle maternel, avait mis à ma disposition, ainsi que je l'ai dit déjà. C'était de là que je correspondais avec les souverains, que je dirigeais la formation d'une armée nationale, et ce fut là que je reçus la première visite du prince de Condé. Ce digne cousin, dont la conduite fut si admirable, et qui me rappela de point en point le grand Condé, son illustre aïeul, vint à moi dès qu'il sut mon arrivée, amenant avec lui son fils, le duc de Bourbon, et son petit-fils, le duc d'Enghien.

Nous eûmes avec le prince de Condé plusieurs entretiens, dans lesquels je reconnus sa magnanimité, sa bravoure, et surtout sa franchise. Je l'investis avec raison de toute ma confiance, ne lui cachant aucun de nos projets pour l'avenir. Je le mis, avec le maréchal de Broglie et le marquis de Bouillé, à la tête du comité militaire, me réservant la direction générale, et surtout la correspondance et les négociations avec les divers cabinets.

Je m'occupai, pour ainsi dire dès le jour de mon arrivée, à former une coalition armée; j'ai dit déjà que je ne me doutais point de ce que pouvait la nation française livrée à ses seules ressources. J'avais fait transmettre mon plan aux souverains qui devaient y prendre part; puis, j'écrivis au roi, conjointement avec le comte d'Artois, une lettre ainsi conçue, après lui en avoir fait parvenir une autre par la voie publique, afin de tromper la surveillance de ses geôliers.

« Sire,

« Nous sommes deux princes ici qui n'en font
« qu'un; mêmes sentimens, même ardeur pour
« vous servir, nous animent. Si nous gardons le

« silence, c'est dans la crainte de vous compromet-
« tre : nous parlerons dès que nous serons sûrs de
« l'appui général. Soyez tranquille sur notre santé;
« nous n'existons que pour vous affranchir de vos
« fers; vos ennemis même ont trop d'intérêt à votre
« conservation pour commettre un crime inutile, et
« qui achèverait de les perdre. Mettons donc en
« Dieu notre confiance, et tout ira bien. »

Les dernières phrases prouveront mon aveuglement; c'était celui de tous les nôtres à cette époque. Aussi, pleins de sécurité, nous trompions notre malheureux frère en le maintenant dans son erreur. Hélas! combien de fois le comte d'Artois et moi avons-nous déploré notre fatale crédulité! Je remis ma lettre à un émigré, M. de Luvert, homme de sens et de résolution, qui à diverses reprises entra et ressortit de France dans nos intérêts, et toujours avec un nouveau bonheur. Du reste, la fortune l'abandonna d'une manière bien cruelle, ainsi que je le rapporterai en son temps.

J'étendais mes négociations dans toutes les cours de l'Europe. L'empereur Léopold, dont l'arrière-pensée m'était encore inconnue, paraissait s'intéresser sincèrement à notre cause. Le roi de Prusse montrait aussi un vif désir de secourir dans mon frère la majesté de tous les trônes. Je venais de recevoir de la grande Catherine l'assurance qu'elle ne nous abandonnerait pas non plus. Le roi d'Espagne tenait le même langage; la majeure partie de l'Allemagne était pour nous. Je pouvais compter également sur le roi de Suède, quelque peu sur celui de Danemarck. Les dispositions de la Hollande, du Piémont et de Naples n'étaient pas équivoques; la plupart des Français penchaient vers un meilleur ordre de choses; tout contribuait donc à me présenter l'avenir sous des couleurs riantes.

L'Angleterre seule se tenait encore à l'écart; néanmoins sa neutralité nous était acquise, et sans trop me flatter, je pouvais espérer qu'un peu plus tard elle nous seconderait aussi.

J'appris enfin que l'empereur et le roi de Prusse se réuniraient à Pilnitz, château appartenant à mon oncle l'électeur de Saxe. Ces monarques me communiquèrent leur détermination, en m'invitant à venir les joindre, afin de nous concerter ensemble sur les mesures à prendre. Voulant garder la dignité qui convenait à ma qualité de premier frère du roi, je me décidai à envoyer à ma place le comte d'Artois. Il fut accompagné par un homme qui m'inspirait peu de confiance et possédait toute la sienne.

Calonne, puisqu'il faut le nommer, s'était empressé de rejoindre le comte d'Artois dès sa sortie du royaume. Néanmoins, bien que mal disposé à son égard, je rendais justice à son dévouement, et fus forcé de m'en servir. Je le mis même à la tête du comité des finances, quoiqu'il eût assez mal dirigé celles du roi; mais dans l'émigration les capacités étaient trop rares pour qu'on se montrât difficile sur ceux qu'on employait.

CHAPITRE VII.

Imputations odieuses sur la politique des comtes de Provence et d'Artois. — Le baron de Breteuil entre en scène. — Il agit contre Monsieur. — Il s'oppose à ce qu'il se déclare régent. — Le comte de Provence croit avoir des droits à la régence. — Le comte de La Châtre lui apprend les intrigues de M. de Breteuil. — Monsieur convoque une assemblée à Manheim des trois ordres de France. — Elle lui reconnait le droit de régence. — Orage qui s'élève contre ce prince par suite de cette déclaration — On le blâme à Vienne et aux Tuileries. — Il se justifie. — Il maintient son droit. — Démarches du baron de Breteuil. — Fragment d'une lettre de Louis XVI contre le comte de Provence. — *Post-scriptum* de la main de la reine. — Monsieur y répond d'abord par un ordre du jour. — Il s'explique avec les puissances. — Lettre inédite de Catherine II. — Le baron de Breteuil, l'évêque d'Autun, le comte de Provence. — Protestation publique de ce prince et du comte d'Artois. — Monsieur traite durement le baron de Breteuil. — Tort que font ces querelles à l'émigration. — Le duc de Broglie. — Le marquis de Bouillé. — Le comte d'Avaray. — MM. de la Vauguyon, de la Châtre, du Moustier, d'Entraigues. — M. Montgaillard, et son serment de mort. — MM. de Caraman et de Saint-Priest. — MM. de Flachelanden, de la Chapelle, de Rolle, Roger de Damas, d'Escars, de Maillé. — Le comte de Vauban. — Opinion de Monsieur sur ce dernier.

Cependant le comte d'Artois et moi nous étions entre nos ennemis de l'intérieur du royaume et ceux de l'extérieur : c'étaient, d'une part, les révolutionnaires, et de l'autre les royalistes intrigans qui soufflaient contre nous des tempêtes. Les premiers, sachant que nous levions des forces et que nous étions vivement appuyés, craignaient notre arrivée. Voulant atténuer l'influence de notre concours, ils répandirent sur nous des bruits infâmes, et osèrent dire que notre plan était de profiter de la circonstance pour perdre le roi et son fils afin de nous assurer la couronne. On prétendit, en outre, que nous ne souhaitions rien moins que d'entrer en France pour mettre tout à feu et à sang, réduire le peuple à l'esclavage, et retablir la féodalité dans ses horreurs idéales, en la compagnie de la sainte inquisition.

C'en était assez sans doute pour nous donner le droit de récriminer; mais, selon moi, rien n'égalait en noirceur les trames du baron de Breteuil, qui, après nous avoir quittés, retourna à Bruxelles, où il intrigua d'abord dans l'ombre, et ensuite ouvertement. Ce méchant homme (je tranche le mot) ne pouvait me pardonner l'inaction à laquelle je l'avais réduit. La comparant à la suprématie dont il avait été investi par les pleins-pouvoirs du roi, il résolut de tout faire pour regagner la place que, dans son ambition déçue, il s'imaginait que je lui avais enlevée.

Conséquemment, et à partir de cette époque,

M. de Breteuil, toujours en correspondance secrète avec la reine, me prêta charitablement un plan de conjuration qui aurait eu pour but de laisser égorger le roi, et, dans le cas où le dauphin ne périrait pas aussi, de réveiller d'anciennes calomnies tendant à le frapper d'illégitimité. Chacune de ses lettres et celles de ses affidés répétèrent les mêmes impostures, et la reine, déjà fort alarmée, et qui ne m'avait jamais été très-favorable, en conçut de vives inquiétudes, si elle n'y ajouta pas foi en entier.

On s'appuyait, pour me faire la guerre avec tant d'acharnement, sur une mesure que je croyais sage, et que je cherchais à faire adopter ou reconnaître par les puissances étrangères. Voici en quoi elle consistait.

Je prenais pour point de départ la détention réelle du roi; or, dans une telle conjoncture, on avait toujours eu recours à une régence et non à une lieutenance-générale. La reine Blanche avait été nommée régente pendant l'absence et la captivité de saint Louis son fils; madame la comtesse d'Angoulême avait également obtenu ce titre lorsque François Ier avait été fait prisonnier à Pavie, et, long-temps avant ces époques, le dauphin, depuis Charles V, avait rempli cette même fonction à la suite de la fatale journée de Poitiers, où le roi Jean, son père, tomba au pouvoir des Anglais. Je pourrais multiplier les exemples de ce genre à l'appui de ma prétention.

Il fallait d'ailleurs frapper les esprits, parler aux cœurs, et convaincre la partie saine de la France et l'Europe entière, que le roi mon frère était privé de la liberté, que, par conséquent, tous ses actes devenaient nuls, et que la constitution n'avait point été acceptée volontairement par lui. On atteignait ce but par la seule promulgation de la régence ; elle mettait Louis XVI à l'abri de tout reproche, dessillait les yeux des Français et des autres peuples ; et enfin, puisque la royauté était détruite à l'intérieur, elle doublait à l'extérieur sa force et sa prépondérance : tout cela dépendait d'un seul mot. Il fallait pour le bien général m'accorder la régence, parce que ce titre renfermait en lui-même toute l'autorité, tandis que celui de lieutenant-général paraissait simplement une distinction qui pouvait devenir commune à plusieurs, et n'avait rien de stable, étant révocable à volonté.

Je demande au lecteur éclairé de peser mûrement les motifs qui m'avaient décidé à prétendre à la régence, à m'en investir de fait, et à m'y maintenir jusqu'à l'heure où le crime me fit monter malgré moi sur le trône, dont je n'avais voulu que raffermir les fondemens. Telle fut ma pensée ; je ne crois pas devoir en rougir, et cependant il faut presque m'en justifier, car mille écrits m'accusent. Néanmoins j'ai dédaigné de me défendre, et ce n'est qu'après moi que mes intentions seront véritablement connues ; c'est alors que l'équité déclarera qu'elles furent constamment droites comme mes actions, qu'elles eurent pour but unique le bonheur de la France, dont la Charte sera le plus beau palladium ; car désormais il n'y a de salut que par elle et avec elle.

J'appris par le comte de La Châtre la première nouvelle des intrigues du baron de Breteuil. Il avait été passer une semaine à Bruxelles pour mes affaires, et l'archiduchesse, qui appréciait son honorable caractère, lui parla avec franchise, dans une audience qu'elle lui accorda. Il sut que M. de Breteuil m'avait dénoncé à la cour de Vienne, en disant que je voulais enlever la régence à la reine, à laquelle elle appartenait de droit. Le baron avait ajouté, à la vérité, des calomnies qui avaient fini par lui donner une apparence très-criminelle. Or, en mettant même de côté les mauvaises intentions qu'on me prêtait si gratuitement, le cabinet de Vienne ne pouvait me donner la préférence pour cette charge sur Marie-Antoinette, assuré qu'il était que cette princesse lui serait plus favorable que moi. On prit donc l'alarme à Vienne ; de là elle se communiqua aux Tuileries, et on s'en ressentit à Bruxelles.

Les événemens en étaient à ce point, lorsque moi, qui ne me départais pas non plus facilement d'un projet mûri par de longues réflexions, je provoquai à Manheim une assemblée à l'instar des états-généraux ou des notables, dans laquelle chaque classe, chaque ordre de citoyens fut représenté. Il y eut un assez grand nombre de pairs, de conseillers au parlement et aux cours souveraines, d'évêques, de curés et de gentilshommes, qui, après avoir discuté en plusieurs séances la proposition qui leur fut faite, déclarèrent que le seul moyen de terminer promptement la révolution, et guérir les maux qui pesaient sur la France, c'était de m'investir de la régence en ma qualité de premier frère du roi, puisque Sa Majesté n'était plus libre de ses actes.

Dès que cette détermination, si éminemment politique et préservatrice, fut connue à Vienne et à Bruxelles, on se déchaîna contre moi. Le baron de Breteuil redoubla d'efforts et de calomnies. Il prétendit avoir appris d'un membre de cette assemblée, que, par une résolution secrète, on était convenu de renvoyer de France Marie-Antoinette dès que j'y serais rentré. Je reçus coup sur coup des lettres du roi et de cette princesse pleines de reproches déguisés sous des craintes plausibles, dont on n'avouait pas le motif véritable. On me représentait la France tout entière prête à se soulever contre le roi qu'on accusait d'avoir suscité cette régence, et mille choses qu'il me serait trop long de rapporter.

Je répondis comme je le devais, comme je l'avais fait depuis l'avènement du roi mon frère, en essayant de lui montrer sous son véritable jour ce qu'on lui présentait sous de fausses couleurs, et m'efforçant de lui prouver que l'acte qu'on m'imputait à crime était au contraire le seul qui pût le sauver d'une perte complète. Je tins le même langage à la reine, à laquelle je me plaignais avec franchise des odieuses menées du baron de Breteuil, qui venait d'y mettre le comble en rendant publique une lettre confidentielle du roi. Sa Majesté, après quelques phrases préparatoires, y disait :

« A cela près de certaines contraintes, je jouis
« de la liberté qui convient à un prince.... Vous
« voudrez donc bien, dès la réception de la pré-
« sente, vous transporter à Vienne, auprès de
« notre puissant et cher frère l'empereur, pour lui
« communiquer nos intentions. Vous agirez de
« même envers toutes les têtes couronnées, et les
« supplierez de ma part, et en mon nom, de n'ad-
« mettre ni reconnaître la régence. Les actes de
« cette autorité contradictoire ne serviraient qu'à
« irriter davantage mon peuple, et le porterait
« infailliblement à des excès contre moi.... »

Ce n'était pas assez ; il fallait que le trait fût enfoncé plus profondément, et un *post-scriptum* de la main de la reine disait :

« Le roi étant persuadé que la régence de notre
« frère entraînerait de graves inconvéniens, je
« joins ma recommandation *à ses ordres*. Notre
« intention n'est pas de contrarier les vues de *Mon-*
« *sieur*, mais d'empêcher de plus grands malheurs,
« car il paraît que cette mesure soulèverait la
« France. »

C'était toujours le refrain ; comme si la France n'était pas déjà en pleine révolte ! Le baron de

Breteuil, en véritable Tartufe, m'écrivit à son tour, afin, disait-il, de me convaincre du désespoir qu'il ressentait d'être contraint de s'opposer à ma volonté, mais que la sienne était entièrement soumise aux ordres du roi, qu'il me transmettait. Il me prévenait ensuite qu'il allait à Vienne déployer le caractère diplomatique de chef de l'émigration, que Louis XVI lui avait volontairement accordé. C'est ainsi qu'il équivoquait sur le fait des pleins-pouvoirs, annulés par les miens et par sa parole d'honneur.

Ma constance fut mise à une rude épreuve en cette occasion ; j'avais déjà accepté la régence, et je voyais que l'animosité, qui de Versailles m'avait suivi à Coblentz, ne reculerait pas devant la lutte qui allait s'engager contre moi. Il fallait détromper la masse des émigrés, admirablement bien disposée en ma faveur, des faux bruits dont j'étais l'objet. Je me hâtai en conséquence de rédiger en forme d'ordre du jour une espèce de proclamation que le duc de Broglie et le prince de Condé transmirent aux divers corps de l'armée royale. Je disais dans cette pièce, qui fut signée aussi par le comte d'Artois :

« La malveillance et la calomnie s'agitent dans
« tous les sens pour rompre le bon accord qui existe
« et existera toujours entre les membres de la
« même famille. Ses ennemis se sont plu à répan-
« dre le bruit imposteur, que les mesures que les
« princes pourraient prendre dans l'intérêt du roi

« sont déstinées à nuire à ces intérêts sacrés. Une
« supposition aussi incompatible avec les sentimens
« que toute la France nous connaît, et avec la con-
« duite que nous avons toujours tenue, ne mérite-
« rait de notre part aucune attention, si les ateliers
« de mensonges stipendiés par les ennemis de l'é-
« tat, et qui sont en possession de tromper le peu-
« ple par une dissémination perpétuelle de fausses
« nouvelles, ne s'efforçaient pas d'accréditer ces
« bruits odieux, non seulement par des articles in-
« sérés dans plusieurs gazettes et papiers publics,
« mais encore par la citation de prétendus propos
« qu'ils attribuent à des personnages incapables de
« les avoir tenus tant pour leur rang que par leur
« esprit de justice. »

Cet ordre du jour était fort vague à la vérité, mais il ne convenait pas à notre dignité d'entrer en discussion avec le premier venu. D'ailleurs, nous ne pouvions nier le fait de la régence ; il fallait seulement démentir les inductions qu'on prétendait en tirer.

Je crus devoir aussi m'expliquer à ce sujet avec l'impératrice de Russie, l'empereur d'Allemagne, les rois de la famille, et les monarques d'Angleterre, de Suède et de Prusse. J'écrivis à chacun une lettre différente dans la forme, mais dont le fond était le même. Je tâchai de leur faire comprendre, par des exemples tirés de notre histoire, que, d'après les circonstances, la régence devait m'être dévolue. Je reçus de divers souverains des réponses évasives, mais je fus très-satisfait de celle Catherine II ; elle s'exprimait en ces termes :

« Prince,

« J'ai médité votre lettre, et je suis convaincue
« que vous avez raison. On ne peut, sans manquer
« de bonne foi, soutenir que le roi de France est
« libre. La prison ne se mesure pas sur le plus ou
« moins d'espace que les captifs peuvent parcourir.
« Louis XVI, sans doute, peut changer à son gré
« d'appartement dans le château des Tuileries, res-
« pirer même l'air du jardin, ou faire une prome-
« nade en voiture ; mais lui serait-il permis d'aller
« à Marseille, à Rennes, je dirai plus, à Versail-
« les ? Non, assurément, puisqu'on l'a déjà empêché
« d'aller à Saint-Cloud. Si ce ne sont pas des chaî-
« nes réelles, je demanderai alors de quoi elles se
« composent. Or, dans une telle situation, il n'a
« point en main l'autorité nécessaire au plein exer-
« cice de la royauté, et vous êtes en droit de l'exercer
« à sa place. Telle est mon opinion ; et, lors même
« que de puissantes considérations m'empêcheraient
« de vous reconnaître publiquement en qualité de
« régent du royaume de France, soyez certain que
« j'agirai envers vous comme si vous l'étiez du con-
« sentement du roi votre frère.

« Je suis, etc. »

Cette lettre était une fiche de consolation, mais elle ne me faisait pas gagner la partie. Le baron de

Breteuil, avec une activité proportionnée à son ambition, faisait mouvoir tous les ressorts. Il s'était assuré de l'Autriche, et négociait dans le même but avec l'Angleterre. Il avait dans ce moment à Londres trois personnages dévoués à sa cause, l'évêque d'Autun, de Lally-Tolendal et Mounier. Ces messieurs prétendaient agir dans les intérêts du roi. Enfin on cabala de telle sorte que la note adressée à l'armée royaliste ne nous parut pas suffisante, au comte d'Artois et à moi, pour faire cesser les inculpations dont on se plaisait à nous noircir ; nous y ajoutâmes donc la déclaration suivante. Elle était adressée à l'émigration et à la France.

« Indignés des calomnies par lesquelles on s'ef-
« force de rendre suspects notre amour pour un frère
« et notre soumission pour un roi que ses malheurs
« nous rendent plus cher et plus respectable, nous
« croyons qu'il ne suffit pas de livrer les calomnia-
« teurs au mépris qu'ils méritent, mais que notre
« honneur nous engage à publier une profession de
« foi qui fut et sera toujours la nôtre : rétablir le res-
« pect dû à la religion catholique et à ses ministres,
« rendre au roi la liberté et son autorité légitime,
« aux différens ordres de l'état leurs droits vérita-
« bles fondés sur les lois de la monarchie, à chaque
« citoyen ses propriétés, à tous les Français, et
« particulièrement aux habitans des campagnes,
« la sûreté et l'administration de la justice dont on
« les a privés ; c'est l'unique but que nous nous
« proposons, et pour lequel nous sommes décidés

« à verser s'il le faut jusqu'à la dernière goutte de
« notre sang. Jamais aucune ambition personnelle
« ne souilla des vues aussi pures, nous l'attestons
« ici sur notre foi de gentilhomme, et nous donnons
« en même temps le démenti le plus formel à toute
« allégation contraire. »

Je répondis aussi au baron de Breteuil, auquel je dis que les pleins-pouvoirs dont il se targuait ne lui appartenaient plus, puisque sa parole d'honneur m'assurait qu'il n'en ferait jamais aucun usage sans mon consentement exprès, lequel je lui refusais formellement, ajoutant que mes sentimens étaient aussi purs que les siens, mais que j'avais aussi un intérêt plus direct à conserver intacte la couronne de France, et que, dès lors, mes actes et mes démarches devaient être respectés, et non représentés sous un aspect défavorable ; que depuis long-temps je connaissais ses mauvaises intentions à mon égard, et que j'espérais par ma conduite les rendre vaines.

Le baron de Breteuil ne me répondit point et ne s'exécuta pas ; il poursuivit ses menées, et l'une des causes principales de la non-réussite de l'émigration fut la division qu'il fomenta parmi elle, et qui donna l'élan à l'Autriche pour m'entraver dans toutes mes œuvres.

Ces zizanies retombèrent bientôt sur nous tous : on nous avait d'abord accueillis avec bienveillance ; bientôt on se refroidit, et l'on s'éloigna de nous. Plusieurs petits princes fermèrent aux émigrés leurs états, d'autres ne leur permirent que de les traverser ; enfin nous ne tardâmes pas, le comte d'Artois et moi, à éprouver personnellement les funestes effets de ce changement subit.

Ce qu'il y eut de plus déplorable fut la dissension qui se mit entre la maison de mon frère et la mienne, par suite de nos infortunes. Mon conseil était composé de gens sages ; d'Avaray y avait une grande influence. Son caractère affable et sans ambition me plaisait, et j'adoptais volontiers ses avis lorsque j'étais convaincu qu'ils n'étaient pas nuisibles aux intérêts de notre cause.

Le duc de Broglie, avec sa vieille expérience et sa jeune valeur, était encore un de mes hommes. Je me fiais à lui comme à moi-même : malheureusement son grand âge ne pouvait me faire espérer de le conserver long-temps ; en effet, je le perdis l'année suivante, à la suite de la déplorable affaire de Champagne.

Après la fâcheuse tentative d'évasion du roi, M. de Bouillé était venu me rejoindre et m'apporter les fonds confiés à sa délicatesse. Son noble procédé me le rendit cher, et je sus l'employer utilement.

J'avais aussi avec moi le duc de La Vauguyon, qui n'a pas cessé de m'être dévoué, bien qu'il eût emporté dans l'émigration des idées constitutionnelles dont il ne s'est jamais départi. On l'appelait, à Coblentz, le père démocrate ; c'était lui faire injure, car il pensait comme moi, et, certes, quoi qu'on en ait pu dire, il me semble que je n'ai jamais été atteint et convaincu de jacobinisme : je l'envoyai peu après en Espagne.

Le marquis de Moustier vint également me retrouver, après son retour de Constantinople, où le roi l'avait envoyé en ambassade. Je l'employai avec succès en diverses négociations.

Le comte, depuis duc de La Châtre, ne me quitta pas non plus. Ses conseils me furent utiles, bien qu'il eût plus de sens que de pénétration.

Le comte d'Entraigue fut un de ceux dont je tirai le plus grand parti dans l'émigration ; il était doué d'une imagination vive, d'une fermeté peu commune, et d'une extrême facilité de travail. C'était l'homme aux expédiens ; avec lui on conservait toujours l'espoir de sortir d'un mauvais pas ; il improvisait, pour ainsi dire, l'attaque et la résistance. J'aurais voulu qu'il me fût toujours resté fidèle, et que plus tard il n'eût pas justifié les imputations du comte de Montgaillard. A propos de ce dernier, je me rappelle un engagement tragique qu'il prit dans son libelle, intitulé : *Mémoires secrets de S.-G. de Montgaillard*, etc., et dans lequel il prouve qu'il est aussi faux prophète que fourbe. Je ne puis m'empêcher de le transcrire ici ; le voici :

J'avais prononcé, dans le cabinet du ministre Roberjot, mon arrêt de mort en l'an VI. Je l'imprime aujourd'hui, et il serait mis à exécution si un prince français....

D'après cet engagement formel, le comte de Montgaillard aurait dû se brûler la cervelle ; non seulement il ne le fit point, mais encore il eut l'audace de prétendre me tromper par une justification dont l'impudence surpassait celle de sa conduite précédente. Je n'en parle ici que pour réfuter les calomnies qu'il a accumulées sur d'Entraigue, parce qu'il en était trop bien connu.

Je n'oublierai pas dans cette nomenclature le comte Victor de Caraman, qui m'a rendu dans l'exil tant de bons et loyaux services. Il est encore un de ceux auxquels je dois de la reconnaissance, et auxquels je crois l'avoir prouvé.

Je n'étais pas sans d'autres serviteurs dévoués, mais ceux-là n'entraient pas dans le conseil. Je n'avais point exclu M. de Calonne, bien que je ne fisse pas grand fond sur lui; mais comme il plaisait presque à tout le monde, j'avais dû forcément m'en accommoder. Il était toutefois plutôt l'homme de mon frère que le mien.

Je préférais le comte de Saint-Priest. Je ne puis mieux le peindre qu'en disant qu'il était, selon moi, le premier des hommes d'état de seconde classe. C'était dans la circonstance le conseiller qui convenait le mieux; un esprit supérieur nous eût été plus nuisible qu'avantageux; car le talent qui aurait éclipsé celui des princes les eût perdus. Ceci a l'air d'un paradoxe, bien qu'exactement vrai.

Les personnes auxquelles le comte d'Artois accordait principalement sa confiance dans les premiers temps, étaient, à part M. de Calonne et l'évêque d'Arras, antagonistes toujours en présence, le baron de Flachelanden, Alsacien épais de forme, mais d'un esprit délié.

M. de la Chapelle siégeait aussi dans le conseil de mon frère. Il se remua beaucoup pendant l'émigration, et cependant fut du nombre de ceux qui empêchèrent le prince d'agir comme il convenait dans la conjoncture. Ce n'était point sans doute faute de bravoure, mais seulement par suite d'un faux calcul, et d'un attachement malentendu.

Le comte Roger de Damas avait enfin sa part des bonnes grâces du comte d'Artois, ainsi que MM. de Rolle, d'Escars et de Maillé, puis M. de Serrent, et le comte de Vauban, qui a publié des Mémoires que ma position de frère et de roi me fait un devoir de condamner. C'était un homme médiocre, plein d'orgueil et de fiel, et qui s'est cruellement vengé des préférences que le comte d'Artois accordait à son détriment. Il a su sans doute beaucoup de particularités secrètes, mais il les a envenimées. Il avait communiqué son aigreur à Charette, qui, poussé au désespoir, ne ménageait plus rien. Le comte de Vauban, avec un royalisme véritable, est un de ceux qui firent le plus de mal à ma famille, et qui osèrent, en 1814, prétendre se rapprocher de nous. M'ayant fait demander à cette époque s'il me serait agréable de recevoir ses hommages respectueux aux Tuileries, je lui fis répondre que, ne pouvant veiller à ce que chaque fenêtre fût fermée dans le château, je ne pouvais non plus empêcher mon frère de le faire sauter par la première qui se trouverait ouverte. Le comte de Vauban cria à l'ingratitude, lorsque nous nous attendions à être remerciés de notre magnanimité.

Tels étaient, avec plusieurs autres, les principaux personnages qui, soit au début de l'émigration, soit plus tard, nous aidèrent à gouverner les affaires. Je ne dis rien du prince de Condé, parce qu'il fit presque toujours bande à part, s'occupant exclusivement de détails militaires. Quant au duc de Bourbon, je me tais également sur sa personne, car, à l'exception de la brillante valeur qu'il déploya, il se maintint dans une nullité complète, à laquelle n'échappa point non plus son courageux et infortuné fils, le duc d'Enghien.

CHAPITRE VIII.

La coalition languit. — Le comte de Provence y supplée par ses efforts. — Il veut décider la France à déclarer la guerre à l'Autriche. — Boissy-d'Anglas. — L'assemblée nationale condamne Monsieur à la peine de mort. — Les princes font une tentative inutile sur Strasbourg. — Détails *d'argent*. — Mort de l'empereur Léopold. — Avènement de François II. — Assassinat de Gustave-Adolphe. — Le portrait de ce roi, et le couteau de cuisine, anecdote. — Projets de Gustave-Adolphe relativement à une descente en Bretagne. — Qui on accuse de sa mort. — Deux cours à Coblentz. — Les hommes vus de près. — Monsieur pense comme Bonaparte. — Marie-Antoinette se méfie de intentions du comte de Provence. — M. Bertrand de Molleville est contre lui. — Monsieur s'explique avec la reine. — On veut la guerre en France. — Le comte de Provence reçoit l'envoyé de Russie. — L'assemblée nationale exige une explication catégorique de la part de l'Autriche. — Cette puissance la donne avec hauteur. — La guerre lui est déclarée le 20 avril 1792. Ce que Monsieur apprend à ce sujet.

L'année 1791 tirait à sa fin, elle avait été bien funeste à la famille royale, et celle qui allait commencer devait l'être bien plus encore. Les secours qu'on nous prêtait n'avaient aucune vigueur; les princes étrangers, sortis un instant de leur léthargie, y étaient aussitôt rentrés ; cependant, bientôt ils allaient être forcés de s'éveiller de ce funeste sommeil !

Si l'on m'abandonnait, je ne me laissais pas abattre, et surtout je continuais à me maintenir dans mon droit de régent de France. Je m'occupais donc à la fois de l'administration de l'intérieur et de l'extérieur du royaume. J'en donnai une preuve par les commissions que je remis à MM. de La Rouairie, de Conway et du Saillant.

Le premier était une tête bretonne dans toute l'acception du terme ; hardi, audacieux, ne connaissant le danger que pour le braver, il avait débuté dans le monde par une série de folies. Né en 1756, officier aux gardes-françaises, frondeur de la cour, tant qu'il y en eut une en France, amant de l'actrice mademoiselle Fleury, qu'il voulut épouser, et pour laquelle il se battit avec le comte de Bourbon-Busset, puis moine à la Trappe, d'où il sortit pour aller faire la guerre de l'indépendance, il revint ensuite, et prit parti contre nous dans la querelle qui eut lieu entre l'archevêque de Toulouse et le parlement de Bretagne, et fut l'un des douze députés qu'on envoya à la Bastille ; en sortit démocrate, et revint après à des sentimens plus dignes de sa naissance. Dès qu'il vit la marche que prenait la révolution, dès lors il nous fut entièrement dévoué, et nous pûmes compter en lui un de nos plus zélés défenseurs.

Doué d'une ame ardente et généreuse, il parlait avec autant de grâce que d'éloquence : il aurait pu être un Catilina ; il préféra servir son roi ; et les derniers instans de sa vie réparèrent amplement les extravagances de sa jeunesse. Dès 1790, il travailla à former en Bretagne des associations royalistes, et devint le chef naturel de tous ceux qui croyaient servir plus utilement notre cause en dedans qu'en dehors du royaume. Il ne vint à Coblentz que pour prendre mes ordres et se mettre en position d'agir plus efficacement.

Le comte d'Artois, auquel il était recommandé particulièrement, me le présenta. Je le devinai d'un coup d'œil, et bientôt il fut tout à moi. Pressé de m'en donner des preuves, il me déroula un plan vaste et bien combiné. J'approuvai tout, et signai, le 5 décembre 1791, avec le comte d'Artois, une commission par laquelle le marquis de La Rouairie était chargé de me représenter dans sa province. Il partit et remplit sa mission avec un tel talent que, par un second acte daté de Coblentz le 2 mars, je lui conférai, comme au chef des royalistes bretons, tous les pouvoirs qui lui étaient nécessaires, et j'ajoutai à cette suprématie celle des provinces voisines.

Je pouvais tout attendre d'un si digne émissaire, si la trahison de la Touche-Choflet n'eût mis obstacle à ses travaux, et si une maladie, causée par tant de luttes et de fatigues, n'eût atteint ce grand courage. Il mourut le 30 janvier 1793.

Le comte du Saillant fut envoyé dans le Vivarais, où il devait réunir, à ce qu'on appela le camp de Jalès, tous les royalistes du Languedoc. Nous fûmes encore moins heureux dans cette province que dans la Bretagne.

M. du Saillant se lassa de demeurer en Languedoc, où nul ne lui tenait les promesses qu'on nous faisait. Il passa dans la Bretagne qui devint aussi son tombeau, et nous eûmes encore à déplorer la mort d'un de nos défenseurs. Je ne tardai pas à m'apercevoir que tout ce qu'on nous mandait de l'intérieur n'était qu'illusions. Les esprits, en général, penchaient pour les idées nouvelles; la masse de la population était ce qu'on appelait patriote, et par conséquent il n'y avait rien à espérer de ce côté. D'ailleurs le départ de presque toute la noblesse, du moins dans ses sommités, enlevait à la couronne ce qu'elle aurait pu conserver d'influence. Le royaume donc était absolument perdu pour nous, si, pour le conquérir, il eût fallu compter sur ceux de nos amis qui y étaient encore.

Dès lors, et bien persuadé de cette triste vérité, je me tournai vers les étrangers, quelque pénible qu'il fût pour un prince français d'avoir besoin de ces auxiliaires; mais je ne pouvais plus douter que la force seule des armes devait décider la question en notre faveur. Je ne cessai pas cependant d'entretenir des intelligences avec l'intérieur, afin de tenir en échec les révolutionnaires. Je savais que la crainte de la défection effraie les plus fermes courages, et que l'assemblée nationale ne serait jamais tranquille tant qu'elle aurait à redouter un soulèvement à main armée.

Je redoublai mes démarches auprès des puissances ; mais ce fut en vain. C'est alors que, par une inspiration lumineuse, je conçus le projet, puisqu'elles ne voulaient point prendre l'initiative, de leur faire déclarer la guerre par la France, ainsi que cela eut lieu au commencement de cette année 1792. On a ignoré jusqu'ici l'influence que j'eus dans cette détermination, et je puis me flatter de l'avoir provoquée à l'aide des amis que j'avais conservés dans le royaume. J'envoyai sur cet objet un mémoire au roi, dans lequel je lui prouvais que son salut serait dans la guerre ; et, en effet, il en eût été ainsi sans la fourberie de l'Autriche, et sans la cupidité de la Prusse, qui firent échouer ce plan si heureusement conçu.

Je me servis, dans cette occurrence, de l'intermédiaire de Boissy-d'Anglas, l'un des officiers civils de ma maison. J'employai aussi Régnault-Saint-Jean-d'Angely, et quelques autres, qui, sans être alors trop en évidence, avaient des relations avec les chefs influens. Je commençai à agir au moment où un décret terrible, rendu contre les émigrés, me frappait de mort. Lorsqu'il me parvint, je secouai ma tête avec mes mains, et m'adressant à d'Avaray qui était là :

— Les décrets de l'assemblée, dis-je, n'ont pas

de tranchans. Cette tête, qu'ils voudraient livrer au bourreau, est ferme encore sur mes épaules, et avant qu'on ne la fasse tomber, elle leur donnera de la besogne.

Mon ame ne s'ébranla point par ces orages multipliés; j'y puisai au contraire une nouvelle énergie; et tandis que, pour se soumettre en apparence aux volontés de ceux qui voulaient notre perte, le prince de Condé retirait de Worms son armée, je lui commandai de la rapprocher des bords du Rhin, et de la conduire sur la partie de l'évêché de Strasbourg située sur la rive droite de ce fleuve. J'avais ma pensée secrète en ordonnant ce mouvement. Il me revenait de Strasbourg même, par l'intermédiaire du marquis de Jaucourt et de son neveu, que l'esprit de la garnison ne nous était pas contraire. Je me flattais donc par la présence de nos fidèles de la déterminer à les imiter. Il y avait plusieurs négociations entamées à ce sujet; mais des circonstances qu'on ne put ni prévoir, ni paralyser, détruisirent une espérance fortement appuyée, et Strasbourg, dont la réduction nous aurait peut-être donné gain de cause, ou qui du moins serait devenu notre boulevard, n'arbora pas le drapeau blanc.

Ces mécomptes se renouvelaient souvent. On multipliait des promesses qu'on ne pouvait tenir, et cela, soit qu'on nous trompât, soit qu'on fût de bonne foi, soit enfin qu'on voulût nous tirer de l'argent; car je suis forcé de le dire pour l'instruction de mes successeurs, il y a eu peu de fidélités d'intérieur qui ne m'aient coûté des sommes considérables. Chaque lettre de dévouement était toujours terminée par une nomenclature de frais d'avances, dont on demandait le remboursement, si bien que j'appelais ces sortes de missives, *des lettres de change de loyauté*.

Au commencement aussi de cette année, le 28 février, mourut à Vienne l'empereur Léopold. On a dit que le poison termina ses jours : je n'en crois rien ; quel intérêt aurait-on eu à les abréger, puisque loin de nous servir, il restait dans une inertie complète? Il mourut donc, parce que les rois meurent comme le reste des hommes ; avec cette différence toutefois qu'on persiste à ne pas admettre qu'ils puissent finir naturellement : c'est ce que Voltaire a si bien dépeint dans ces beaux vers d'*Ériphile*.

> Les oisifs courtisans que les chagrins dévorent
> S'efforcent d'obscurcir les astres qu'ils adorent.
> Là, si vous en croyez leur coup d'œil pénétrant,
> Tout ministre est un traître, et tout prince un tyran;
> L'hymen n'est entouré que de feux adultères,
> Le frère à ses rivaux est vendu par ses frères ;
> Et sitôt qu'un grand roi penche vers son déclin,
> Ou son fils ou sa femme en ont hâté la fin.

Je regrettai l'empereur Léopold, comme mon allié, mais, du reste, je ne lui donnai pas une larme; il n'avait fait que nuire à notre cause, et je n'attendais rien de plus de son successeur.

Au demeurant, ce monarque était humain, ami de son peuple, et il laissa une mémoire chérie dans ses états héréditaires. Il eut pour successeur François II son fils, né en 1768, prince sur la tête duquel devait s'étendre la couronne impériale d'Allemagne. Je ne peindrai point ici le caractère de François II, autrement François Ier, depuis qu'il n'est plus qu'empereur d'Autriche.

Ce changement de règne m'était donc à peu près indifférent. Ce ne fut pas ainsi que je pris une autre mort bien plus importante pour nous ; celle de Gustave III, roi de Suède. Ce prince fut assassiné le 16 mars suivant, dans un bal masqué, par Anskartroem, qui donna ainsi le signal aux régicides de France. Cette affreuse catastrophe me plongea, lorsque je l'appris, dans une stupeur profonde, à laquelle se rattachait un événement singulier que je vais consigner ici.

Le 13 mars, je rentrais dans ma chambre à coucher, venant de faire une promenade assez longue. Fatigué, je me mis d'abord dans un fauteuil ; puis, portant mes yeux sur la tapisserie ornée des portraits de Louis XVI, de l'empereur d'Allemagne, de Catherine de Russie, du grand Frédéric et du roi de Suède, il me sembla voir sur celui de ce dernier une grande ombre causée par la présence d'un corps étranger dont je ne distinguais pas la forme. J'examine avec plus de soin ; je me frotte les yeux, et me tournant vers La Châtre qui était là, je lui montre l'objet de ma surprise, en lui disant d'aller s'assurer de ce que ce peut être. Il s'approche du mur, puis tout-à-coup je le vois pâlir, et faire un mouvement qui me paraît étrange.

— Qu'est-ce? lui dis-je, ne me cachez rien.

Ce n'était autre chose qu'un grand couteau de cuisine, dont on avait percé le portrait du roi de Suède à l'endroit du cœur. Ce fait, qui ne pouvait être qu'une atroce menace, me fit horreur. On alla aux informations, mais on ne put découvrir l'auteur de cet attentat. Dirai-je que, malgré moi, j'en éprouvai une vive inquiétude, non que j'en conçusse aucune crainte personnelle ; mais je pensai qu'on voulait m'annoncer que Gustave III périrait victime d'un forfait, et j'eus la douleur peu de temps après de reconnaître que je ne m'étais pas trompé.

Il m'était donc prouvé que nous avions autour de nous, et jusque dans l'intérieur de notre appartement, des hommes exécrables aux ordres des révolutionnaires. Cependant je ne m'en tourmentai pas; mais je me hâtai d'écrire au monarque dont la fin était si prochaine, pour le prévenir de ce qui venait d'arriver chez moi. Ma lettre, hélas ! ne lui parvint pas, car déjà ses bourreaux avaient fondu sur leur victime. J'en eus un vif regret, augmenté encore par l'idée que s'il l'avait reçue à temps, elle l'aurait peut-être engagé à prendre des précautions que dédaignait sa grande ame.

Ce meurtre odieux fut le premier coup porté à

Louis XVI. Il rappela comment on se défaisait d'un roi, et de plus il retarda de beaucoup la restauration de notre monarchie ; voici comment.

La mission que le marquis de La Rouairie avait été remplir en Bretagne, se rattachait à un plan plus vaste, arrêté entre l'impératrice de Russie, le roi de Suède et moi. Il s'agissait de la descente d'une armée combinée, et de vingt-cinq mille hommes, aux environs de Saint-Malo ou de Lorient. Gustave III en aurait eu le commandement suprême ; sa position était telle, qu'il n'aurait pu en abuser, ainsi que la Russie, à cause de l'éloignement de leurs états, tandis qu'à juste titre nous redoutions le concours intéressé des souverains trop rapprochés de la France. Je me serais embarqué sur cette flotte, ainsi que le comte d'Artois, et notre présence au milieu de nos alliés aurait fait armer pour nous toutes les provinces de l'ouest et du midi. Le roi connaissait et approuvait ce plan ; les commissions diverses étaient distribuées ; une partie de nos agens étaient déjà en route, ou en mesure d'agir, et la mort du roi de Suède vint rompre tout-à-coup cette planche de salut. Aussi j'en fus atterré ; c'était un ami sincère, chaleureux, que nous perdions, et je me ferai toujours un reproche de n'avoir pu, contraint par la force des choses, montrer à son noble fils, si également dévoué à notre cause, ma reconnaissance pour les services et les bonnes intentions de Gustave III.

Les révolutionnaires, qui le craignaient lui seul

plus que tous les autres monarques de l'Europe ensemble, rugirent de joie à la nouvelle d'un attentat que leur propagande avait indignement provoqué. J'ai su que le duc d'Orléans et ses complices avaient trempé dans cette odieuse conspiration; ils savaient que tant que le roi de Suède eût vécu, ils ne se seraient pas défait impunément de Louis XVI.

Nous prîmes le deuil à Coblentz; le poignard d'Anskartroem avait frappé, non un roi isolé, mais la royauté en général. On en eut moins d'un an après la preuve funeste... Il y eut un instant où je me crus seul et abandonné dans l'Europe; mais, loin de me laisser abattre, je me raidis contre la pesanteur du coup; je vis que c'était au plus fort de l'infortune qu'il fallait redoubler de fermeté! et je me dis avec Horace:

Rebus angustis animatus atque
Fortis apparere.

(C'est dans le malheur surtout qu'il faut montrer de la sagesse et du courage.)

Grâces à Dieu, je n'en manquai pas; il fallait en avoir pour se tirer du dédale d'intrigues où chaque jour on me mettait malgré moi. Il y avait à Coblentz deux cours bien distinctes, quoique les deux chefs n'en fissent qu'un. On y cabalait, comme à Versailles, avec autant d'adresse que de persévérance. Les dames, qui s'y trouvaient en nombre, poursuivaient leurs anciens manéges; elles ne nous laissaient pas respirer par leurs querelles et leurs prétentions. Je ne nommerai personne ; toutes avaient tort, chacune dans leur genre. Madame seule conservait sa dignité, dans cette atmosphère de commérage. Je trouvais auprès d'elle le repos dont j'étais privé ailleurs.

C'était un tourbillon étrange que celui de l'émigration ; des preuves de zèle qui consistaient à nous tourmenter du matin au soir, des protestations de dévouement qui se terminaient toujours par un appel fait à notre bourse ; enfin un véritable enfer, le supplice de damnés sur une terre d'exil. J'ai eu du regret, je l'avoue, d'avoir vu les hommes de si près pendant quelques années. On m'a dit que Bonaparte les méprisait ; tout ceci ne me surprend point, puisqu'il s'était trouvé en position de les étudier. Quant à moi, je certifie qu'à cela près d'un petit nombre d'exceptions, tous ceux avec lesquels j'ai eu des relations directes m'ont toujours paru guidés par des sentimens personnels.

Je reçus, sur ces entrefaites, une lettre de la reine empreinte de la méfiance la moins méritée. Cette princesse regardait la régence comme sa propriété exclusive, sans faire attention que les circonstances sortaient des règles ordinaires. Elle ne voyait pas non plus que, captive avec le roi, elle ne pouvait exercer cette importante fonction, et que, le monarque mort, mes droits à la réclamer seraient égaux aux siens.

On lui avait appris que j'avais investi le marquis

de La Rouairie et le comte du Saillant de pleins-pouvoirs, en vertu de mon titre de régent, et elle m'écrivit pour s'en plaindre amèrement. Il y avait alors près de Marie-Antoinette et du roi un homme encore au-dessous du baron de Breteuil par ses moyens, et fort au-dessus par son excessif amour-propre, M. Bertrand de Molleville enfin, que Louis XVI, en 1787, avait nommé ministre de la marine, fonction qu'il conserva à peine quelques mois. Il devint ensuite chef du ministère secret de la police, et là il ne fit que des sottises par l'extravagance de ses conceptions, se flattant avec des fils d'araignée de museler sans retour le géant de la révolution.

M. de Molleville ne m'aimait point ; j'avais eu le malheur de me permettre quelques plaisanteries sur son intendance en Bretagne ; aussi il ne me ménageait pas plus dans ses discours qu'il ne l'a fait dans ses écrits historiques. C'était lui qui, en l'absence du baron de Breteuil, inspirait à la reine des terreurs chimériques sur ma prétendue ambition, tandis que tous mes actes tendaient à la conservation du trône.

Je répondis à la reine, et lui répétai ce que je lui avais dit déjà à satiété. Je lui jurai, et Dieu m'est témoin que j'aurais tenu cette promesse sacrée, qu'elle et son fils n'auraient jamais de serviteur plus dévoué et plus sincère que moi ; que je ne réclamais que le titre de premier sujet, mais qu'en même temps ma conscience me faisait un devoir de maintenir dans son intégrité la succession de nos ancêtres, dont chacun de nous, lorsqu'il trônait, n'était par le fait que l'héritier usufruitier.

J'avais aussi d'autres occupations non moins importantes. On m'écrivait de Paris que la guerre allait être déclarée. En effet, tout y tendait, la cour, les mécontens, l'assemblée nationale et le peuple; celui-ci la demandait à grands cris, poussé qu'il était par ceux qui servaient nos intérêts secrets. Dumouriez, bien qu'il eût plus en vue ses intérêts personnels que ceux du roi, des jacobins, ou des orléanistes, ne respirait que pour la guerre. Il espérait avec raison le commandement en chef de l'armée, et c'en était assez pour le faire pousser à la roue.

Je le secondais, en recevant avec grand appareil l'ambassadeur que m'envoyait l'impératrice de Russie, ainsi que ceux de l'Autriche et de la Suède. Je donnais de l'éclat au concours des électeurs ecclésiastiques, aux entreprises que je tentais, en faisant répandre en France par mes agens la liste des troupes au service des puissances étrangères qu'on mettait sur pied; en outre, je faisais circuler le bruit que les armées russes étaient en marche, et qu'une coalition générale menaçait l'existence de la nouvelle constitution.

Toutes ces choses inquiétaient les ignorans, les faibles, les timides, et particulièrement la race florissante de ce qu'on appelait les badauds de Paris; l'assemblée nationale pressait le ministère de forcer l'Autriche à s'expliquer catégoriquement. Cette puissance hésitait à répondre. Enfin elle fut pressée avec tant d'insistance et de hauteur, qu'elle fit dire, par l'organe de ses ministres, qu'elle consentait à maintenir la paix avec la France aux conditions suivantes :

1° Que la monarchie serait rétablie sur les bases de la déclaration du 23 juin 1789 ;

2° Que les biens du clergé lui seraient rendus, afin que ceux qui les possédaient naguère en fussent investis de nouveau ;

3° Que le pape serait remis en possession de la souveraineté d'Avignon ;

4° Que tous les droits de souverainetés et féodaux attachés aux terres d'Alsace et de Lorraine reviendraient aux princes allemands qu'on en avait dépossédés.

A la communication de cette note impérative, l'assemblée frémit, et envoya un message au roi pour le conjurer de ne plus différer à déclarer la guerre. Le conseil des ministres assemblé se rangea pour l'affirmative, et Louis XVI consentit à tout ce qu'on voulait. Le 20 avril donc l'assemblée décréta que la guerre serait déclarée à François II, roi de Bohême et de Hongrie. On évita d'abord de parler de l'empire, ne voulant au début faire de cette levée de boucliers qu'une attaque en quelque sorte personnelle.

On m'écrivit de Paris :

« Réjouissez-vous, Monseigneur, tout va au gré

« de vos vœux. La déclaration de la guerre vous
« sauve encore un bon coup de collier, et Votre
« Altesse achèvera dignement le grand œuvre
« qu'elle a entrepris. Dans deux mois, les coalisés
« peuvent être en ligne, et vous terminerez la belle
« saison à Brunoy. Il existe plus d'une personne à
« Paris qui attend ce moment avec une vive impa-
« tience, etc. A. R... »

CHAPITRE IX.

La déclaration de guerre plaît à tout le monde. — Le comte de Provence a une conversation avec le duc de Brunswick. — Le général Hainau. — Ce que lui dit l'ambassadeur d'Espagne. — Force et composition des armées françaises, et de celle des coalisés. — Portrait du roi de Prusse. — Honteuses concessions des ministres du saint Évangile. — Rietz. — Bischoffwerder. — L'ivrogne, maître de son secret, anecdote. — Le marquis de Luchesini. — Le colonel Manstein. — Le prince Henri de Prusse. — Opinion défavorable qu'en avait Frédéric-Guillaume. — M. de Calonne. — Lettre de Louis XVI au comte de Provence. — Chagrin que ce prince et le comte d'Artois en éprouvèrent. — Le roi de Prusse ajourne le départ de M. de Calonne. — Réponse de Monsieur au roi. — Effet qu'elle produit.

Dieu dans sa sagesse se plaît à se jouer des vains désirs des hommes, et l'avenir dont nous croyons disposer nous échappe au moment où nous espérons le saisir. C'est ce qui arriva d'une manière bien cruelle dans cette conjoncture.

Je peindrais mal, je l'avoue à ma honte, la joie que me causa la lettre que je viens de transcrire. J'en fis part à mon conseil intime, et nous nous hâtâmes de reprendre la carte des frontières de France, afin de tracer l'itinéraire qui nous conduirait le plus directement à Paris. Chacun fit ses préparatifs en conséquence ; quant à moi, je rêvai au moyen de raffermir notre vieille constitution par des principes contenus dans la déclaration du 23 juin 1789, qui devint, dès lors, la base des toutes les concessions que je croyais indispensable de faire à la marche de l'esprit public.

Nos émigrés furent aussi saisis de vertiges, ils ne virent plus les choses qu'à travers le prisme des plus brillantes illusions. On ne daignait même pas s'arrêter à l'idée des forces que nous opposeraient les révolutionnaires ; elles manquaient d'officiers, de discipline, et sans doute de courage ; elles ne pourraient tenir contre les régimens prussiens et autrichiens, et moins encore contre la belliqueuse noblesse française. Il ne s'agissait donc plus que de se mettre en campagne.

Cette manière d'envisager les événemens était complètement partagée par les étrangers. La jactance prussienne surtout était sans pareille. Chacun s'imaginait que le duc de Brunswick, qui devait commander en chef sous les ordres apparens du roi Frédéric-Guillaume II, serait un héros invincible ; cependant il avait déjà été battu par les Français à une époque très-reculée, il est vrai, lorsque Louis XV régnait sous l'influence de la marquise de Pompadour. Ces incidens auraient pu inspirer des craintes, mais on n'en eut aucune. Le duc de Brunswick lui-même parlait de cette expédition avec une confiance qui en inspirait au moins crédules. Il me dit un jour, et ses paroles résonnèrent péniblement à mes oreilles, car j'étais Français avant tout, et, dans mes malheurs, les victoires remportées par mes sujets furent toujours mon orgueil, bien qu'elles reculassent indéfiniment ma rentrée.

— Monseigneur, je vois avec peine que nous n'aurons aucun obstacle à surmonter. J'aurais voulu, pour le bien général, que les alliés éprouvassent une certaine résistance, car les Français ont besoin d'une leçon telle qu'elle ne puisse jamais s'effacer de leur mémoire.

Je ne pus m'empêcher de lui répondre :

— On ne peut jamais prévoir, au commencement d'une guerre, quelle en sera l'issue.

— Oh! quant à celle-ci, je certifie à Votre Altesse Royale qu'elle sera couronnée de succès. J'espère bien ne pas tirer mon épée du fourreau, et ne me servir, pour vous ramener en France, que d'un fouet de postillon.

— Prince, dis-je alors, et vivement blessé, prenez garde de ne pas nous verser dans quelque ornière imprévue. Je présume que les Français disputeront le terrain ; on ne les a pas battus dans toutes les circonstances.

Cette allusion, que je ne pus m'empêcher de faire à ses anciens revers, déplut au duc de Brunswick ; il fit une demi-grimace, et se vengea depuis en disant que le malheur ne m'avait pas changé, et que décidément j'étais encroûté dans le jacobinisme.

A part lui, il y avait dans l'armée prussienne un autre ennemi de la France, bien qu'il lui dût son avancement : c'était Hainau, militaire de mérite. Il avait commencé sa carrière assez médiocrement dans le régiment de la Moselle, était devenu lieutenant des hussards, et fut plus tard nommé colonel-général d'après ma recommandation. Hainau, l'homme du duc d'Orléans, en obtint tout ce qu'il voulut ; mais ayant le cœur bien placé, il ne put rester attaché à ce prince lorsqu'il vit sa conduite au commencement de la révolution. Il émigra, passa en Prusse, et y reçut l'accueil qu'il devait attendre. Ce fut lui qui contribua le plus à inspirer le mépris pour l'armée dont naguère il faisait partie. Je citerai un trait que Dammartin rapporte de Hainau, et dont je puis garantir l'authenticité.

Dans un des conseils où Frédéric-Guillaume II rassemblait les princes, les ministres et les membres du corps diplomatique, il s'écria :

— Sire, je certifie à Votre Majesté qu'à mon départ de l'Alsace j'ai mis dans ma poche la clef de toutes les forteresses.

A ce propos, le chevalier de Borghèse, digne ami de Charles III, lieutenant-général au service d'Espagne, et alors l'envoyé extraordinaire de cette puissance près de la cour de Prusse, lui répondit avec fierté :

— Je crains bien, général, que les Français n'aient changé les serrures de ces portes.

Il faut convenir que tout se réunissait pour entretenir notre erreur. Nous apprenions comme chose certaine que toutes les forces réunies de la France s'élevaient à peine à soixante mille hommes; il est vrai qu'elles étaient commandées par quelques généraux de mérite : l'ambitieux Dumouriez, Kellerman, Custines, Rochambeau, Montesquiou, Luckner, Lafayette et le duc de Lauzun; mais le reste n'était que des officiers qui devaient les épaulettes à l'émigration. L'argent manquait, et par suite les munitions, les équipemens, etc., etc. Nous fondions donc là-dessus de grandes espérances; nul ne se figurait qu'il y avait en arrière de l'armée Française deux ressources puissantes, le fanatisme et la terreur; je dois y ajouter, dans la première campagne l'avidité des meneurs prussiens. Je déchirerai le voile de la transaction honteuse qui fit reculer les généraux du grand Frédéric, et qui permit aux révolutionnaires de conduire à l'échafaud leur roi infortuné.

Les armées combinées de Prusse et d'Autriche s'élevaient à plus de deux cent mille hommes; l'armée autrichienne de Brabant était de cinquante-huit à soixante mille hommes; le détachement prussien sur ce point, de douze mille; les Autrichiens cantonnés dans le Luxembourg, de vingt-cinq mille; les Autrichiens qui occupaient le Palatinat, conjointement avec les Prussiens, de trente mille, et on ajoutera à ces forces, trente mille Autrichiens dans le Brisgaw.

Les trois armées françaises étaient alors sous le commandement de Luckner, du marquis de Lafayette et du comte de Rochambeau ; on forma en outre dans Paris un noyau de vingt mille hommes, par un décret que le roi sanctionna ; on fit une foule de préparatifs de défense que nous ne pouvions prévoir. D'habiles chimistes fabriquèrent de la poudre ; des ateliers d'armes de guerre se créèrent comme par enchantement ; la France entière prit l'aspect d'un vaste arsenal, et déjà elle était presque en mesure de combattre avec avantage, que nous n'en avions pas même le soupçon.

C'était le roi de Prusse qui devait jouer le rôle principal ; l'Autriche consentait à n'en prendre d'abord qu'un secondaire. Frédéric-Guillaume II était d'un port noble, d'une figure agréable ; il avait, en un mot, cet extérieur qui séduit et qui charme ; mais il avait un amour immodéré des plaisirs, une ridicule confiance dans la secte des illuminés dont il était l'adepte, et une faiblesse de caractère qui le rendait l'esclave de tous ceux qui avaient assez d'adresse pour prendre de l'empire sur lui.

Il croyait sa tâche remplie lorsqu'il s'acquittait avec grâce d'un acte de représentation, ou qu'il cachait quelque saillie spirituelle ; on lui donna le sobriquet d'*Agamemnon second*, de *roi des rois*, qu'il eut la bonhomie de prendre au pied de la lettre. Le nom de Salomon lui eût été plus applicable dans un sens : marié deux fois légitimement, il contracta, du vivant de sa seconde femme, deux unions de la main gauche, à la honte des ministres évangéliques qui les sanctionnèrent. Son royaume était abandonné à deux de ses favoris ; l'un fils d'un jardinier, et l'autre jardinier lui-même. Rietz avait dû sa faveur à une charmante figure ; il consentit plus tard à épouser la première maîtresse du prince, et cet acte de bassesse consomma son élévation. C'était un homme fort ordinaire, et qui, sans ses complaisances, n'aurait jamais obtenu un pareil avancement.

Le second favori, d'origine saxonne, était ce Bischoffwerder, premier ministre, et vrai Michel Morin de Frédéric-Guillaume; malhabile sans mauvaises intentions, aimant l'argent, il aurait vendu la Prusse dix fois, si on la lui avait bien payée. Il remplit Berlin de ses compatriotes, et poussa l'oubli des convenances jusqu'à donner pour gouverneur au prince-royal le comte de Brulh, l'ennemi direct de Frédéric-le-Grand. Ce Bischoffwerder était une sorte d'éléphant à figure humaine ; lourd de forme et délié d'esprit, trouvant le secret de faire parler les autres sans trahir ce qu'il avait intérêt à cacher.

Un jour, M. Wickam, bien connu de toute l'émigration, et qui buvait comme un Anglais, s'avisa d'engager le premier ministre du roi de Prusse à une débauche ; il espérait, à l'aide de l'ivresse, lui arracher la révélation de l'intrigue qui attachait la Prusse au gouvernement révolutionnaire français: la partie eut lieu ; on but immodérément, Bischoffwerder semblait ivre-mort ; Wiekam ne se doutant pas qu'il l'était plus que lui, entama une conversation politique; le Saxon y mit une telle ruse, que l'Anglais avoua son but, raconta une foule de traits dont, à Berlin, on ignorait l'existence, révéla le nom de ceux qui l'informaient des résolutions du cabinet prussien, et obtint en retour de tant de confidences des détails très-circonstanciés sur une intrigue de jeunesse de Bischoffwerder ; celui-ci le lendemain en fit des railleries qui faillirent faire pendre Wiekam de désespoir.

Après eux, venait le marquis de Luchesini, distingué primitivement de Frédéric II, qui avait été séduit par son amabilité, ses talens politiques, et les grâces de sa personne. Il m'a toujours paru un des plus habiles hommes d'état de l'époque.

En arrière de ces trois personnages on voyait le colonel Manstein, désigné en Prusse sous le titre honorable du *vertueux Manstein*. C'était un illuminé dans toute la force du terme, vivant dans une sphère d'illusions, vrai fanatique de cette secte qui en compte tant. Homme de bien, de sens, et même modeste, il dut sa faveur à la certitude que Bischoffwerder eut qu'il ne le supplanterait pas. Il ne fit rien de remarquable, ce qui ne l'empêcha pas d'avoir du crédit.

Tels étaient les conseillers dirigeans du roi de

Prusse, auxquels il faut joindre la maîtresse-épouse du moment. Il avait dédaigné un autre homme bien plus digne de sa confiance, et qui aurait donné à son règne cet éclat dont il manque totalement. C'était son oncle paternel, le prince Henri, frère du grand Frédéric. Le prince Henri possédait la grâce et l'esprit d'un Français, une instruction étendue et profonde ; général célèbre, il avait obtenu la confirmation de sa renommée militaire de la bouche de Frédéric II, juge expert en cette matière, quand il avait dit publiquement : *Mon frère Henri est le seul qui, pendant la guerre de sept ans, n'a commis aucune faute*. Le prince Henri, instruit de la politique européenne et de la marche des divers cabinets pendant plus d'un siècle, aimé de tous les souverains, estimé des peuples, aurait pu guider sûrement l'inexpérience de roi son neveu. La Prusse s'attendit à le voir à la tête des affaires, mais il faisait ombrage à Frédéric-Guillaume. On en eut la preuve presque aussitôt qu'il monta sur le trône, dans un mot qu'il dit au feld-maréchal de Mollendorf. Il avait demandé à celui-ci ce qu'on pensait du prince Henri, et le vieux militaire lui ayant répondu qu'on croyait, d'après l'estime qu'on avait pour son caractère, qu'il serait appelé à la direction du conseil, Frédéric-Guillaume repartit sèchement.

— Je n'ai point le dessein de confier mon royaume à des mains prodigues.

Il s'imaginait que la magnificence du prince Henri était de la dissipation.

J'ai dit que M. de Calonne était devenu, un peu contre ma volonté toutefois, le ministre-chef de notre cabinet de Coblentz. J'avais cédé d'abord aux instances du comte d'Artois, au vœu de l'émigration, et ensuite à son dévouement sincère, qui se manifestait par une incroyable activité, des voyages et des négociations multipliés. Il était donc en apparence le directeur des affaires, à la satisfaction de diverses cours.

La jalousie du baron de Breteuil en fut vivement excitée; il lui importait d'écarter à l'avance un concurrent déjà cher au roi et à la reine. Beaumarchais a dit : *Dans le champ de l'intrigue il faut tout employer, jusqu'à la vanité d'un sot;* or, M. de Breteuil, imbu de la vérité de cette maxime, s'efforça de faire redouter à Bertrand de Moleville l'ascendant que l'ex-contrôleur-général prendrait tôt ou tard dans l'intérieur du royaume. Bertrand, entrant aussitôt dans les vues du baron, le seconda pour faire adopter au monarque et à Marie-Antoinette toutes les calomnies dont on chargea M. de Calonne. C'était lui, par exemple, qui me maintenait dans *ma chimère de regénce*, lui qui me poussait à faire *le roi de France* en pays étranger, lui qui, surtout, pour punir la reine de l'avoir abandonné en 1787, voulait la faire chasser du royaume lorsque nous y rentrerions.

On conduisit si secrètement ces intrigues, que nous ne les apprîmes qu'au moment où elles produisirent leur fruit, et voici de quelle manière. J'anticipe sur l'ordre chronologique afin d'en présenter l'ensemble d'un seul trait.

L'armée prussienne était en pleine marche, déjà elle avait pénétré sur la rive gauche du Rhin ; nous étions au château de Lamalgrange, propriété de M. Fouquet, neveu par alliance de M. de Calonne, lorsque je reçus, par l'intermédiaire de M. de Breteuil, une lettre de Louis XVI qui disait :

« Monsieur,

« Dès que la présente vous sera parvenue, vous
« congédierez d'auprès de votre personne le sieur de
« Calonne, et cesserez de lui accorder aucune con-
« fiance ou place dans votre conseil. Mon intention
« est qu'il se retire sur-le-champ du quartier-géné-
« ral prussien, et qu'il passe en Angleterre. Je
« compte sur votre prompte déférence à ma volonté
« et sur son obéissance à mes ordres. Le baron
« de Breteuil, auquel je les transmets aussi, agira,
« s'il le faut, dans ce sens de mon commandement
« auprès de S. M. Prussienne. Les dispositions de
« cette lettre sont aussi communes au comte d'Ar-
« tois.

« Sur ce, je prie Dieu, etc. »

C'était une pièce toute diplomatique ; j'oserai dire, sans crainte d'être démenti, qu'elle portait le sceau du petit esprit qui l'avait rédigée. Elle me fit un mal affreux ; j'y vis combien on abusait de la bonne foi de mon frère pour le faire servir des haines injustes. Nous nous consultâmes avec le comte d'Artois sur ce qu'il y avait à faire. Résister eût été sage, obéir convenait mieux; il fallait, au moment où la fortune semblait nous sourire, calmer les défiances non méritées du roi et de la reine, nous soumettre, en un mot, au baron de Breteuil, qui avait conduit cette machination infernale.

M. de Calonne, à qui nous apprîmes ce qui se passait, supporta ce coup inattendu avec une noble fermeté, et nous supplia de le renvoyer, disant qu'il lui serait facile de se justifier, ses intentions étant aussi pures que ses actions, et qu'enfin la seule grâce qu'il nous demandait était de lui conserver notre estime, et de faire parvenir à Leurs Majestés les lettres qu'il prenait la liberté de leur écrire.

Dirai-je que nous fûmes touchés jusqu'aux larmes de cette modération si différente de la violence de l'attaque; qu'elle nous attacha davantage à M. de Calonne, et qu'il fallut des circonstances étranges pour nous faire renoncer définitivement, non à sa personne, mais à ses conseils. Après avoir réglé ce point avec lui, je crus qu'il convenait d'en parler au roi de Prusse. Ce monarque, qui comme nous, appréciait M. de Calonne, apprit cette nouvelle avec un véritable déplaisir; nous lui dîmes en même temps que notre intention était d'obéir à l'instant même. Il nous répondit que, quant à lui, il existait des convenances sociales que nulle considération humaine ne lui ferait violer. « Nous sommes, poursuivit-il, chez un parent de M. de Calonne, et ce n'est pas un lieu d'où on peut le renvoyer ; je désire, j'exige même, qu'il reste jusqu'à ce que nous soyons à Verdun. Là, vous et lui exécuterez les ordres du roi de France. Je prends sur moi l'entière responsabilité de ce retard ; et si Louis XVI le trouve mauvais, je lui répondrai par le mot de votre aïeule commune, Anne d'Autriche, à son fils Louis XIV, quand celui-ci, irrité contre le surintendant Fouquet, voulait le faire arrêter dans son château de Vaux, au milieu d'une fête qu'il lui donnait : *Quoi ! mon fils ! dans sa propre maison !* »

Le roi de Prusse fit également savoir au baron de Breteuil ce qu'il avait résolu. Quant à moi, je répondis à Louis XVI en ces termes :

« Sire, mon frère et seigneur,

« Votre volonté est exécutée. Le sieur de Calonne
« ne nous aidera plus de ses conseils ; ils étaient
« tous empreints d'un profond amour à votre per-
« sonne ; aussi, en vous obéissant je ne le regarde
« point comme coupable. On l'a calomnié, je puis
« vous le certifier, les preuves ne tarderont pas à
« vous être présentées. Les révolutionnaires font
« sans doute beaucoup de mal à votre cause ; mais
« ceux qui veulent la faire tourner à leur profit
« personnel lui en font mille fois davantage. Vos
« frères n'ont d'autre intérêt que le vôtre, tandis
« qu'il existe des ambitions mesquines qui empêche-
« ront toujours que nous vous servions utilement.

« L'avenir nous justifiera en vous les faisant con-
« naître. En attendant ordonnez, sire, et nous obéi-
« rons. Cette lettre est commune aux deux frères, qui
« partagent les sentimens qui s'y peignent et les re-
« présentations qu'ils osent vous faire.

« Je suis, Sire, etc., etc. »

Le roi vit, sans doute, que j'étais blessé ; il me fit répondre par Marie-Antoinette, et plus tard on admit la justification de M. de Calonne; mais il n'était plus temps. Nous approchions du dénouement funeste de cette terrible catastrophe, commencée le 20 juin 1792, et terminée le 21 janvier 1793.

CHAPITRE X.

Le comte de Provence se dispose à la guerre. — Il écrit aux Suisses. — Son opinion sur le manifeste du duc de Brunswick. — Dispositions de l'Autriche. — Ce qui perd la coalition. — Jugement sévère sur le roi de Prusse et le duc de Brunswick, et sur l'émigration. — Politique anglaise. — Le roi de Prusse à Mayence. — Le prince-électeur. — Fêtes. — Plan de campagne arrêté. — Celui de Monsieur et du comte d'Artois. — Celui du prince de Condé. — L'armée royale d'émigration divisée en trois corps. — Qui commandait sous les princes. — Détails militaires. — L'empereur passe en revue l'armée française. — Discours du comte de Provence le jour de l'entrée en campagne. — Attentat du 10 août. — La reine venait de faire manquer une nouvelle évasion. — Pourquoi.

D'après la déclaration de guerre de la France, nous nous mîmes, le comte d'Artois, le prince de Condé et moi, en mesure de seconder activement nos alliés. Je rédigeai deux pièces importantes, et qui tiendront leur place dans les documens que l'histoire conservera. La première, en date du 20 mai 1792, était adressée à la confédération suisse; ces bons alliés de notre maison, et que notre aïeul Henri IV honorait du titre de *mes Compères*. Je leur disais :

« Aujourd'hui toutes les puissances ont mani-
« festé leur indignation contre les factieux qui ont
« voulu livrer l'Europe entière à la plus affreuse
« anarchie, en excitant les peuples à se soulever
« contre toute autorité divine et humaine. Le roi
« de Hongrie et de Bohême est en guerre avec eux;
« le roi de Prusse a déclaré qu'il allait réunir ses
« forces à celles de l'Autriche; les bonnes intentions
« de l'impératrice de Russie sont connues depuis
« long-temps; l'Espagne fait marcher des troupes
« sur les frontières. Au nord, au midi, tout se pré-
« pare à replacer le roi, notre frère, sur le trône
« de ses aïeux.

« Le temps est donc venu où nous pouvons sol-
« liciter avec confiance la courageuse et loyale na-
« tion des Suisses d'entrer dans la ligue sainte qui
« a pour objet la tranquillité de tous les gouverne-
« mens, et le bonheur des peuples.

« Vous savez, messieurs, que nul motif d'inté-
« rêt personnel ne dirige nos démarches, et qu'au
« milieu des contrariétés et des tourmens que nous
« souffrons depuis trois ans, ce ne sont point des
« vues d'ambition qui ont soutenu notre zèle et
« notre courage. Nous voulons rendre au roi notre
« frère sa légitime autorité; nous voulons rétablir
« l'ordre légitime dans notre patrie que l'anarchie
« dévore. »

C'était une justification indirecte des accusations dont nous étions l'objet. Il fallait persuader à l'extérieur et à l'intérieur, où chacune de nos paroles retentirait, que nous n'avions pas d'arrière-pensées, et que nos tentatives n'avaient d'autre but que de rendre à Louis XVI ce qu'on lui enlevait illégalement.

La seconde pièce fut la fameuse déclaration datée de Trèves du 8 août suivant, et signée par les cinq princes de la maison de Bourbon, unis de sentimens, et prêts à verser leur sang pour la cause sacrée de la monarchie. Sa longueur ne me permet pas de l'insérer ici. Cette déclaration avait été précédée de celle du duc de Brunswick. Je ne la rapporterai pas non plus ; elle brisa mon ame. Si elle m'eût été communiquée, jamais je n'aurais consenti à sa publication ; j'aurais même protesté hautement contre elle. On ne pouvait lancer rien de plus propre à remplir la France de cette indignation d'enthousiasme qui arrache la victoire à ceux qui croient la tenir déjà. Ce fut une des causes premières du résultat fatal de cette campagne, entreprise sous les plus heureux auspices. Ce sera pour moi une tâche pénible, que de signaler toutes les fautes, les perfidies, et les cupidités qui se développèrent successivement ; mais je dois la vérité à la France et à l'Europe ; plus mes accusations tomberont de haut, et plus elles auront de poids. Il faut, en déchirant le voile, que j'apprenne à tous rois et peuples qu'il y a des guerres sacrées, et que c'est alors un sacrilége que de ne les entreprendre que pour soi.

L'Autriche ayant obtenu de la condescendance du roi mon frère tout ce qu'elle avait pu en avoir en argent comptant, avait tressailli de joie aux premiers embrasemens de nos troubles intérieurs. Elle en espérait de grands avantages, et dans le nombre elle plaçait en première ligne la conquête de l'Alsace, de la Lorraine, des Trois-Évêchés, et de la Franche-Comté. Ce n'était donc point par des principes monarchiques que cette puissance armait, mais pour son agrandissement; et cette pensée, quand il faudrait la manifester, ajouterait à la conflagration générale, dérangerait le plan arrêté, et rendrait tout-à-coup ennemis l'armée royale et les Prussiens.

Il est certain que dès le début nous n'avions consenti à aucun démembrement du royaume; aussi l'Autriche, craignant que nous ne finissions par faire cause commune avec les révoltés, commença par nous affaiblir et nous diviser, de manière à rendre notre colère impuissante lorsque nous tenterions de nous opposer à une spoliation si odieuse. Ce fut là tout le secret de la conduite incertaine de l'Autriche, ce qui entrava nos opérations, et nous perdit en partie.

Une seconde cause non moins positive provint de l'incapacité militaire et administrative du roi de Prusse. Dès qu'il fallut agir, ce prince se montra irrésolu, embarrassé, ne sachant ni commander à propos, ni demander des conseils lorsqu'ils lui étaient nécessaires.

Le duc de Brunswick devait achever de tout perdre. Ou sa réputation était complètement usurpée, ou il était bien inférieur à sa réputation. Il compta sur sa fortune, se gonfla afin de se grandir, et s'engagea témérairement avec une armée qui n'était pas assez nombreuse pour justifier son audace. Il ne sut bientôt plus comment terminer avec gloire une expédition commencée trop étourdiment. Il se conforma donc volontiers aux ordres qui le déshonorèrent militairement, parce qu'il espéra sauver sous leur ombre les lauriers de ses campagnes précédentes. Son destin était d'être toujours battu par les Français; et plus tard, ayant voulu revenir contre eux à la charge, il paya cette dernière tentative de sa vie et de ses états.

Enfin, pour terminer la série des causes premières des revers de cette campagne, je dois dire que nous autres Français n'y apportâmes pas cette prudence qui nous aurait rendus invincibles. Le courage, le dévouement, la constance à supporter toutes les fatigues, ne manquèrent pas. Il y eut des actes d'héroïsme dignes de la vieille chevalerie; mais l'ensemble, mais le bon accord, voilà ce qu'on n'y rencontra point. Nos corps étaient jalonnés par ceux du prince de Condé, et, malgré les efforts des chefs, on ne pouvait parvenir à effacer des rivalités ambitieuses, des aigreurs sans cesse renaissantes. C'était un abîme où chacun tomba, bien que tous ne l'eussent pas creusé.

Les jeunes gens montraient de la jactance, les hommes plus âgés de la rancune; tous regardaient la France comme une terre étrangère à conquérir.

Nul n'avait entièrement dans son cœur ce pardon des injures, cet oubli des torts passés que l'on eut plus tard. La plaie encore saignante excitait le ressentiment contre ceux qui l'avaient faite. Hélas ! on doit juger avec indulgence la conduite des émigrés à cette époque. Ils avaient naguère une position si brillante ! et maintenant, poursuivis par d'affreuses infortunes, c'eût été plus que de la vertu de ne pas s'en souvenir.

A ces motifs de revers, se joignait encore le désir qu'avait l'Angleterre d'abaisser la France, contre laquelle le cabinet de Londres avait à se venger de l'indépendance assurée à ses colonies d'Amérique. Son plan de détruire notre marine pour que la sienne n'eût plus de rivale ; l'arrière-pensée de compléter le partage de la Pologne, la rendaient moins pressée de laisser reprendre à la France sa tranquillité, parce qu'elle savait que cette puissance s'opposerait seule à la ruine absolue du royaume des Jagellons. Ajoutons aussi la frayeur que causait à la Prusse le prochain agrandissement de l'Autriche, les bouleversemens qu'elle prévoyait par suite en Allemagne, lorsque l'empereur voudrait faire un tout homogène de ses propriétés un peu trop détachées du centre, et on aura une idée générale des chances qui s'étaient attachées soudainement à la première coalition au moment de sa naissance.

Tout ce que je viens de présenter n'était pas développé encore. Il était des choses qu'on ne voyait pas, ou du moins qu'on n'apercevait qu'imparfaitement; à peine si moi-même, dont le regard attentif se promenait du nord au midi, je découvrais les élémens de cette prompte destruction. Le roi de Prusse, accompagné du duc de Brunswick, et d'un grand nombre de généraux, arriva dans Mayence, où ne devait pas tarder à se rendre l'empereur François II, après son couronnement qui avait eu lieu à Francfort dans le même mois de juillet. Le comte d'Erthal, archevêque-électeur de Mayence, chancelier du Saint-Empire, vieillard respectable, accueillit les illustres étrangers avec une magnificence royale. Il prodigua les fêtes, les illuminations et les amusemens de toute espèce. Une foule nombreuse de princes souverains et de grands les embellissaient de leur présence. Chacun songeait à la joie; et bientôt la plupart des princes qui se réjouissaient à la vue de notre misère, auraient, eux aussi, perdu leurs états, leurs domaines, seraient fugitifs, persécutés comme nous, et finiraient par sortir de la classe des souverains pour entrer dans celle de simples sujets; les princes-électeurs ecclésiastiques de l'empire disparaîtraient non moins que les autres; enfin l'empire lui-même, quatorze ans après, s'écroulerait sans bruit et sans se relever comme le trône de France, dont nul, au fond, ne se tourmentait beaucoup.

Au milieu de ces plaisirs, qu'augmentait la nouvelle des avantages remportés au début de la campagne par les Autrichiens, que les Français avaient malheureusement attaqués aux environs de Mons et de Tournay, l'empereur, le roi de Prusse, leur conseil et le duc de Brunswick discutaient le plan de campagne sans qu'on songeât à m'y appeler. Il s'agissait ostensiblement du roi de France, et le frère de ce roi était laissé à l'écart : on aurait dit qu'il n'avait aucun intérêt à sa délivrance. Les souverains ont bien payé par les malheurs dont ils furent accablés successivement, leur indifférence à notre égard. Ils ont appris qu'il est des circonstances où les familles couronnées ont un intérêt plus grand encore que l'agrandissement de leurs domaines, celui de leur propre conservation.

A cette époque, une funeste sécurité ne montrait le danger que dans celui qui en était atteint. On ne songeait donc qu'à profiter de nos revers. J'attendais ce que les conseils de l'empereur et du roi de Prusse décideraient, et j'appris enfin que la résolution était prise de pousser la guerre avec vigueur, et que l'empereur, suivi de l'impératrice sa première femme, qui l'avait accompagné à Mayence, passerait en revue, à son retour, l'armée composée de nos émigrés.

Cette armée aurait dû former une seule masse afin de se mieux soutenir par l'ensemble de ses diverses parties ; mais deux causes s'y opposèrent. La première fut la division qui régnait entre les émigrés, surtout parmi ceux qui étaient admis au service du comte d'Artois et du prince de Condé. Cette division datait du moment où ces deux princes se réunirent à Turin. Il arriva alors ce qui arrive toujours dans les grandes catastrophes, que le vrai mérite se vengea selon son droit.

Je suis forcé, d'après la sincérité que je me suis prescrite, de faire connaître toutes les causes de nos revers. Par exemple, je dirai que le comte d'Artois, bien que plein de bravoure, n'avait aucune des qualités qui constituent un chef d'armée; il ne possédait point ces inspirations brillantes qui font un héros, ou du moins son éducation les avait étouffées. Ce prince donc, avec la meilleure envie de se distinguer lorsque l'heure en fut venue, sentit toute son impuissance et ne put la cacher aux autres. Il en advint que l'émigration, persuadée qu'elle ne rentrerait que par la force, voulait un chef apte à la commander, et ne le trouvant pas dans mon frère, que d'ailleurs elle adorait, elle le chercha dans le prince de Condé.

Ce dernier, brave comme son épée, avait fait autrefois la guerre avec succès. Ses manières, toutes belliqueuses et chevaleresques, plurent à des hommes impatiens de combattre. Les étrangers, par la même raison, se rapprochèrent plus de lui que du comte d'Artois. Le prince de Condé, malgré son respect et ses déférences pour mon frère, était homme; son orgueil fut agréablement chatouillé par la préférence qu'il obtenait; il se donna de l'importance et se fit valoir, peut-être à son insu. Sa petite cour, imitant son exemple, rivalisa avec celle de mon frère; il y eut des propos, des fanfaronnades; bref, à mon arrivée, je trouvai presque deux émigrations tranchées, jalouses et envieuses l'une de l'autre. J'essayai de les réunir, mais j'y perdis mes peines ; on se contint, on dissimula, et ce fut tout ce que j'obtins. Moi-même, bien qu'en cherchant à me défendre de ces petites faiblesses si nuisibles, je finis par me laisser entraîner au torrent. Il en résulta que, pour prouver à l'Europe que chacun pouvait agir sans avoir besoin de réciprocité, nous voulûmes avoir notre corps d'armée à part. Nous y fûmes vivement poussés par l'intrigue autrichienne ; le cabinet de François II, ne pensant qu'à profiter de la guerre, craignait avec raison de rencontrer un obstacle puissant à ses projets ; en conséquence, il aida tant qu'il put à nos divisions, et crut avoir remporté une première victoire, lorsqu'il nous eut séparés sur divers points. Nous nous en applaudîmes aussi, car le jour de reconnaître nos erreurs n'était pas encore venu.

Notre armée forma donc trois corps distincts. Le premier, qui prit le nom d'*armée du centre*, demeura en apparence sous le commandement du comte d'Artois et de moi, et en réalité sous celui du maréchal duc de Broglie, général en chef, le maréchal de Castries ayant la direction particulière de la cavalerie. Ce corps d'élite avait été épuré avec une rare maladresse, dans laquelle, grâces à Dieu, je ne fus pour rien. On avait voulu en faire un *bataillon sacré*, et pour y parvenir, on en expulsa sévèrement tous ceux qui n'étaient pas gentilshommes, ou soi-disant tels. Cette folie aigrit avec justice la foule nombreuse de braves Français, qui, sans se demander s'ils étaient nobles ou non, étaient venus nous offrir le secours de leurs bras. Cette chambre des pairs militaires fut difficile à mener ; on y trouva peu d'obéissance, la discipline n'y fut jamais complète, et il en découla de graves inconvéniens. Le plus grand de tous fut que, malgré ses traits sublimes de bravoure, il tomba dans un tel discrédit près des puissances étrangères, qu'elles se hâtèrent de le licencier avant la fin de la campagne. Nous eûmes la douleur de rester seuls, tandis que *notre rival* le prince de Condé, ayant son armée renforcée des débris de la nôtre, vit son importance en augmenter, et lorsque nous nous joignîmes à lui, nous eûmes l'air d'être des invités, là où nous aurions dû être les maîtres. J'ai toujours déploré à toutes les époques de ma vie que ma constitution physique se soit opposée à ce que je jouasse un rôle actif pendant l'émigration. La direction seule des affaires me fut permise. J'en ai acquis la réputation de roi sage, et dans un cas contraire, j'eusse obtenu celle de roi victorieux.

Le prince de Condé commandait véritablement le second corps, qui prit son nom. Il était fort d'environ six mille hommes. Le marquis de Bouillé, MM. de Crussol, de La Trémouille, de Richelieu, de Duras, et le jeune La Vauguyon en faisaient partie. Ils y acquirent une réputation honorable.

Il y avait dans notre corps tous les hommes de ma maison, et ceux de celle du comte d'Artois. On trouve leurs noms partout, et je crois inutile de les répéter.

Le corps du prince de Condé dut se joindre dans le Brisgaw à l'armée autrichienne rassemblée dans cette partie de l'Allemagne, tandis que le nôtre, réuni sous les murs de Trèves, devait concourir aux opérations des Prussiens. Le troisième corps, rassemblé dans les Pays-Bas, au nombre de quatre à cinq mille hommes, ayant les ducs de Bourbon et d'Enghien pour chefs, était destiné à seconder les opérations des Autrichiens. Ainsi nous étions disséminés sur des points trop écartés pour nous entendre, pour nous soutenir réciproquement. Mais l'ambition des uns était satisfaite, la réputation des autres ne leur faisant pas ombrage, et les étrangers restaient libres d'agir à leur fantaisie, sans que notre opposition fût un poids dans la balance politique et militaire.

Le roi de Prusse arrivant à Coblentz, nous en partîmes pour lui faire place. L'empereur, comme il l'avait promis, vint passer en revue deux des corps de notre armée. Il leur dit de ces choses flatteuses qui coûtent si peu aux princes et leur gagnent les cœurs. Il remercia les gardes-du-corps de ce qu'au 6 octobre 1789, ils avaient sauvé la vie à la reine de France sa tante. Ses généraux ne tardèrent pas à détromper des promesses que ce prince nous avait faites.

Je me montrai à mon tour à notre corps, qui de Trèves fut dirigé sur Joinville, et, lors de son campement à Hukange, je le passai en revue avec une attention toute paternelle. Je tâchai de parler au cœur des officiers et des soldats, et leur adressai le discours suivant. C'était le 28 août, jamais je ne l'oublierai.

« Messieurs,

« C'est demain que nous entrons en France. Ce
« jour mémorable doit influer nécessairement sur
« les opérations qui nous sont confiées, et notre
« conduite peut fixer le sort de la France. Vous
« n'ignorez pas les calomnies dont nos ennemis ne
« cessent de nous accabler, et le bruit qu'ils répan-
« dent que nous ne rentrons dans notre patrie que
« pour exercer des vengeances particulières. C'est
« par nos actions, messieurs, c'est par la cordialité
« avec laquelle nous recevrons les Français égarés
« qui viendront se jeter dans nos bras, que nous
« prouverons à l'Europe entière que la noblesse
« française, illustrée encore par ses malheurs et
« sa constance, sait vaincre ses ennemis et pardon-
« ner les erreurs de ses compatriotes. Les pouvoirs
« qui sont remis entre nos mains nous donneraient
« le droit d'exiger ce que notre intérêt et notre
« gloire nous inspirent. Mais nous parlons à des
« chevaliers français, et leur cœur enflammé du
« véritable honneur n'oubliera jamais les devoirs
« que ce noble sentiment leur impose. »

L'enthousiasme nous était nécessaire, et une discipline sévère l'était encore plus. Nous avions affaire à des hommes qui venaient, du moins nous le pensions, de combler la mesure par l'horrible attentat du 10 août. Il n'existait plus de royauté en France depuis le jour fatal où le roi mon frère n'avait pas voulu combattre pour sa défense. Les jacobins, enhardis par sa bonté, ayant reconnu que Louis XVI n'emploierait jamais contre eux la voie des armes, résolurent de le renverser du trône. Ils furent secondés vigoureusement dans ce complot par le duc d'Orléans. Ce prince fut un des auteurs les plus coupables des événemens du 10 août, et celui qui, selon l'usage, en profita le moins. Joué complétement par ses complices, ils se servirent de lui pour arriver à leur but, puis rejetèrent avec mépris l'homme assez misérable pour descendre au-dessous d'eux.

Ce n'est point l'histoire de France que j'écris, aussi je ne m'étendrai pas sur la catastrophe décisive qui transporta Louis XVI du palais des Tuileries dans la prison du Temple. Les conspirateurs ont pris soin eux-mêmes de tout révéler ; je puis seulement ajouter que, dans l'intervalle du 20 juin au 10 août, une nouvelle tentative d'évasion pour la famille royale devait avoir lieu. Elle était bien combinée. Il s'agissait de se séparer de manière à ce que les personnes qui s'en occupaient n'eussent à sauver qu'un individu à la fois. La reine fit échouer ce projet. Une défiance cruelle la porta à refuser de quitter le roi.

Marie-Antoinette ne craignait pas la mort, elle l'a bien prouvé ; mais, aigrie par ses infortunes, elle voyait de tous côtés des intrigues ourdies pour enlever la couronne à son fils. Elle crut qu'on voulait à jamais la séparer du dauphin, et décida le roi à rester aux Tuileries. Il faut dire que jusqu'au dernier instant le roi ni la reine n'ont bien compris l'imminence du danger de leur situation. Ils étaient prisonniers au Temple, les massacres de septembre avaient eu lieu, et ils croyaient encore à la possibilité d'un accommodement. Cette erreur les a sans cesse empêchés de prendre une de ces mesures qui sauvent presque toujours les monarques et les empires.

CHAPITRE XI.

Gouvernement de la terreur. — Sa force. — La coalition était peu nombreuse en troupes. — Lettre curieuse de la femme du roi de Prusse. — Le temps combat contre les princes. — Torts de la coalition envers eux. — Attaque de Thionville. — Assaut manqué faute de canons de calibre. — Mot du prince de Waldeck. — Lettre au prince de Hohenlohe. — Prise de Longwy. — Décret de la convention contre cette ville. — Le duc de Brunswick rédige un second manifeste. — Le baron d'Aubier en montre le danger. — Le comte de Provence refuse de le signer. — Le marquis de Lafayette veut sauver le roi. — Il est contraint de fuir. — Les Autrichiens l'arrêtent. — Massacres des 2 et 3 septembre 1792. — Prise de Verdun. — Mort du général Beaurepaire. — Citation. — On refuse au prince de Condé de le laisser prendre Landau. — Propos du prince de Hohenlohe. — Kercheberg.

Le 10 août fut le coup de grâce de la royauté. Les révolutionnaires, en ce moment critique, déployèrent des talens, une énergie, dont la moindre partie employée contre eux les eût détruits sans retour. Ils se comptèrent, se virent seuls en Europe, et ils se demandaient quel auxiliaire ils se donneraient, lorsque Danton leur indiqua LA TERREUR.

Ce moyen, dont les souverains ne peuvent se servir, sera toujours une arme certaine dans les époques de perturbation. Les conséquences du 10 août le prouvèrent. Les rebelles étaient sans appui au moment de cet attentat; la garde nationale se montrait encore plus royaliste que républicaine; la population hésitait entre son devoir et la révolte; mais tout fut décidé aussitôt que l'épouvante descendit dans les cœurs. On craignit la mort, et l'on se livra à tous les excès qui pouvaient l'éloigner. Bientôt une seule opinion sembla régner en France, celle de la Montagne, à tel point les faibles surent cacher la leur.

Les meneurs ne perdirent pas de temps; des échafauds dressés immédiatement après leur victoire, des lois de proscription et de sang promulguées, des mesures atroces, apprirent qu'ils ne ménageraient rien, et que quiconque ne marcherait pas avec eux perdrait la tête. Ils encombrèrent les prisons, sans s'inquiéter du nombre des détenus, sachant qu'il est toujours facile de les vider par les massacres. Bientôt tout trembla; la peur étendit ses vastes ailes sur le royaume; on chercha une voie de salut, on ne la vit que dans les rangs de l'armée. Alors tout ce qui était d'âge de porter un fusil se précipita vers les bataillons qui volaient à la défense de ce qu'on appelait la patrie, et ces hommes, poussés là par la frayeur, y acquirent une grande réputation militaire.

Ce fut donc la terreur qui sauva, non la France,

mais la révolution, contre laquelle l'*Europe* entière vint se briser successivement. Quatorze armées organisées comme par miracle, des armées qui manquaient de vêtemens, de munitions de guerre, de tout enfin, enfantèrent des prodiges, formèrent les meilleures troupes et fournirent les capitaines les plus renommés. C'est une justice que je me plais à rendre à la France ; et je puis ajouter qu'au plus fort de nos revers, chacune de ses victoires, si elle me coûtait des larmes, faisait battre mon cœur par un sentiment opposé. Je me transportais dès lors à l'époque fortunée où je me retrouverais à la tête de ce peuple de braves, et je m'indignai qu'un autre avant moi l'eût salué du titre de GRANDE NATION.

Les nouvelles les plus désastreuses arrivant de l'intérieur de la France, on comprit qu'il n'y avait pas de temps à perdre. Les souverains furent d'abord effrayés de l'arrestation de Louis XVI. On donna en conséquence le signal sur toute l'étendue des lignes. Le roi de Prusse arriva à l'armée, que commandait le duc de Brunswick, armée tellement en disproportion avec l'immensité de l'entreprise, puisqu'elle fut toujours au-dessous de cinquante mille hommes, que les personnes *les plus* étrangères à l'art de la guerre en sentaient l'insuffisance. Je citerai entre autres la comtesse d'Enoff, seconde femme de la main gauche de Frédéric-Guillaume II, laquelle, au moment d'entrer en campagne, ne craignit pas de lui écrire cette lettre, dont je ne possède qu'une copie.

« Sire,

« Est-il possible qu'on vous aveugle au point de
« vous entraîner dans une téméraire entreprise,
« qui n'offre aucune chance de succès? c'est com-
« promettre votre gloire. Quant à moi, je vous aban-
« donne, si vous persistez à vous y engager avec
« autant de légèreté. Il faut marcher à la tête de
« deux cent mille Prussiens, ou de deux cent cin-
« quante mille Autrichiens, ou aller chercher une
« défaite certaine. Réfléchissez encore; le roi de
« Prusse ne peut agir en véritable don Quichotte, et
« courir par monts et par vaux pour redresser les
« torts, attaquer tout ce qui se rencontre sur son
« chemin, sans calculer ni le nombre, ni le cou-
« rage de ses adversaires. Au nom du ciel, soyez
« plus prudent, croyez que l'Autriche veut vous
« avoir non pour émule, mais pour auxiliaire, et
« craignez d'agir seulement pour elle, et nullement
« pour la France et votre gloire. »

C'étaient de dures vérités, telles qu'une femme aimée pouvait seule se les permettre. Le roi de Prusse n'en tint aucun compte, rien ne put lui dessiller les yeux. Les élémens eux-mêmes se déchaînèrent contre notre entreprise, en inondant la terre de torrens de pluie. Bientôt les routes n'offrirent plus qu'un océan de boue dans lequel s'enfonçaient l'artillerie, les chariots, les chevaux et les fantassins. Des vents impétueux, et souvent des grêles, vinrent se joindre à ces désastres, et amenèrent sinon les revers, du moins le prétexte dont on se servit pour reculer honteusement.

Il aurait fallu au commencement de la campagne moins chercher à s'emparer des places fortes, qu'à se porter à la hâte sur Paris, afin de profiter de la confusion qui y régnait encore, pour paralyser les efforts et les moyens de défense qu'on prenait contre nous ; on eût par là inspiré de la confiance aux royalistes, qui seraient venus se ranger autour de leurs libérateurs, commandés par des princes français. Mais on fit cette guerre selon l'ancienne tactique ; on ne comprit point en quoi elle différait de celles qui se font de roi à roi ; on alla lentement ; on jeta les émigrés sur les côtes et presque toujours derrière, excepté quand il s'agissait de combattre. Quant à moi, au comte d'Artois et au prince de Condé, on ne voulut nous souffrir nulle part. Ah ! combien cette conduite me fut cruelle ! J'en versai d'amères larmes ; je sollicitai sans relâche un poste d'honneur, mais on me répondit par des railleries, on me dit que ma vie était trop précieuse pour l'exposer. Ma vie !... et il s'agissait de ma réputation !

Cependant elle fut pleinement à couvert : l'Europe ne put douter du soin qu'on avait mis à m'éclipser entièrement, ainsi que le comte d'Artois. Les mêmes manœuvres eurent lieu envers nos cousins, et nous pouvons dire qu'on nous contraignit d'assister aux revers de cette campagne désastreuse sans que nous y ayons pris part.

La première opération fut l'attaque de Thionville ; je m'y trouvai avec mon frère et mes deux neveux. Ceux-ci, quoique bien jeunes, parvinrent à cueillir leurs premiers lauriers devant cette place. Les révolutionnaires eux-mêmes constatèrent leur bravoure dans le *Moniteur* du 23 septembre 1792.

L'assaut fut tenté dans la nuit du 5 au 6 septembre sans aucun résultat : nous manquions de canons de calibre pour battre en brèche. Ce fut à cette attaque que le prince de Waldeck, commandant en chef de la division autrichienne qui marchait de concert avec notre corps, eut le bras fracassé par un boulet. Je m'empressai de lui envoyer d'Avaray pour lui témoigner ma douleur de cet accident.

— Dites à Son Altesse Royale, répondit-il à mon ami, qu'il me reste encore un bras à son service.

Parole touchante que je n'oublierai jamais.

L'attaque cessa à la pointe du jour. J'écrivis au commandant de Luxembourg pour qu'il nous envoyât de l'artillerie de siége. On nous répondit par des complimens, puis arriva l'ordre de bloquer Thionville. On était déterminé à ne laisser prendre sous nos yeux aucune place où le drapeau de Lorraine ne pourrait être arboré.

Quand nous vîmes la manière dont tournaient les choses, nous résolûmes, avec mon frère, d'aller rejoindre le roi de Prusse, duquel nous espérions mieux, et laissâmes l'infanterie royale devant Thionville.

J'aurais dû dépeindre les sensations diverses que j'éprouvai au moment de cette rentrée en France à main armée, décrire ma douleur d'être forcé de recourir à l'assistance intéressée des étrangers pour délivrer mon frère et reconquérir nos droits. J'aurais voulu n'avoir besoin que du bras des Français pour conduire à bien cette entreprise ; mais, hélas ! ce bonheur m'a été trois fois refusé. Je me suis trois fois montré à mes compatriotes de manière à exciter leur défiance, et cependant jamais il n'y eut un cœur plus français que le mien, jamais je n'ai consenti volontairement à l'humiliation de la patrie ; et, maintenant, si une cause quelconque trouble la paix de l'Europe, j'espère donner la preuve que je suis toujours prêt à perpétuer les victoires qui, pendant mon exil, on jeté tant d'éclat sur la France.

J'avais écrit, avant de quitter Thionville, au prince de Hohenlohe, la lettre suivante :

« Prince,

« Échouer devant Thionville est peut-être peu
« de chose ; mais que la première place attaquée
« par l'armée aux ordres de Votre Altesse n'ait pas
« été prise, est beaucoup pour l'opinion publique.
« Nous ne connaissons qu'un moyen de réparer
« cet échec, c'est de faire venir de Luxembourg
« l'artillerie nécessaire ; nous pourrons alors assu-
« rer la gloire des armes de Votre Altesse et la
« nôtre, et nous prouverons que si les efforts de
« courage qui ont été faits cette nuit par nos trou-

« pes n'ont pas eu de succès, ce ne sont que les
« moyens qui leur ont manqué ; nous vengerons
« le sang du brave prince de Waldeck, nous en
« imposerons à nos ennemis, dont l'audace, sans
« cela, ne peut qu'aller croissant. La retraite de
« Luckner ajoutera encore à nos moyens. Sera-t-il
« dit que c'est au moment où il abandonne Thion-
« ville à ses propres forces que nous renoncerons à
« prendre cette place ? non ; Votre Altesse n'y peut
« consentir. Mais le temps presse ; nous la conju-
« rons d'envoyer sur-le-champ à Luxembourg l'or-
« dre de faire avancer l'artillerie que nous lui de-
« mandons. »

Ces instances furent vaines comme les autres. Le maréchal de Broglie resta donc à Thionville avec l'infanterie. Nous partîmes, accompagnés du maréchal de Castries, et arrivâmes le 13 septembre à Verdun.

Longwy, place forte de peu d'importance, ouvrit ses portes au général autrichien Clairfait, qui l'avait bombardée pendant vingt-quatre heures. C'était le premier succès ; on le fit beaucoup valoir, et il fournit à l'assemblée nationale le prétexte d'un de ces décrets qui rentraient dans le système de terreur et de résistance qu'elle établissait. Il disait :

Aussitôt que la ville de Longwy sera rentrée au pouvoir de la nation française, toutes les maisons, à l'exception des maisons nationales, seront détruites et rasées.

C'était dire beaucoup en peu de mots. Le duc de Brunswick s'avisa de rédiger un manifeste encore plus inconvenant que le premier qui nous avait déjà fait tant de mal. Il pressait le roi Prusse de consentir à sa publication. Heureusement que nous fûmes délivrés de ce danger par l'arrivée inespérée de M. d'Aubier à Longwy, l'un des serviteurs les plus fidèles du roi. Après être resté à ses côtés pendant la journée du 10 août, il partit, par son ordre, pour remplir près de nous une mission de grande importance. Il ne nous trouva pas à Longwy; mais le roi de Prusse l'ayant consulté sur la proclamation en question, M. d'Aubier déclara avec franchise que, si on publiait cet acte, ce serait hâter la mort du roi et la rendre infaillible. La déchéance, poursuivit-il, a été proposée et acceptée sur la supposition que Louis XVI était d'accord avec le duc de Brunswick ; les partisans du roi soutiennent que le langage du duc est une ruse de guerre. Si les princes signent le nouveau manifeste, on le regardera comme une preuve authentique d'un accord criminel avec les puissances étrangères, et le lendemain de sa publication, Louis XVI sera traîné à l'échafaud.

Il fallut alors s'adresser à ceux qui devaient donner leur signature. Je répondis, ainsi que le comte d'Artois, par un refus formel, et force fut au duc de Brunswick de renfermer dans son portefeuille cette pièce déplorable.

Avant la prise de Verdun, et après le 10 août,

le marquis de Lafayette, apprenant la captivité du roi, ouvrit les yeux, et comprit dans quel abîme on l'avait entraîné. Il voulut réparer ses torts, et adressa à son armée un discours plein de chaleur, lui demandant si elle voulait pour roi Péthion à la place de Louis XVI. Mais le marquis de Lafayette n'avait pas cette audace si nécessaire à un chef pour le bien comme pour le mal, quand il s'agit d'entraîner les masses. Il n'obtint en réponse que des témoignages indécis, qui ne lui permirent de rien tenter de ce qu'il voulait faire. Lui-même, après avoir fait arrêter les membres de l'assemblée, commissaires nommés pour surveiller sa conduite, vint précipitamment, en la compagnie d'Alexandre Lameth, de Latour-Maubourg et de Bureau de Pussy, se remettre au pouvoir des Autrichiens. Il fut mal reçu ainsi que ses amis; l'Autriche les déclara prisonniers de guerre, et, sur la demande à peu près unanime de l'émigration, on les enferma dans un cachot, d'où ils ne sortirent que long-temps après. Je ne crus pas devoir intervenir en faveur du marquis de Lafayette; il est des préventions qu'il serait dangereux de combattre dans certaines positions.

Un événement épouvantable, et qui est écrit dans nos annales en lettres de sang, signala, dans Paris, la reddition de Verdun au roi de Prusse. Ce fut les massacres des 2 et 3 septembre, complément des mesures de terreur des révolutionnaires, et par lesquelles ils rendirent possible le crime commis sur la personne sacrée de leur roi. On connaissait à Paris la marche des troupes sur Verdun ; on ignorait si cette ville serait ou non conquise ; on demandait des bataillons pour défendre la cause publique ; on égorgeait les royalistes dans les prisons, afin que chacun courût aux frontières pour éviter même jusqu'aux soupçons de compter parmi eux. Enfin il fallut que la France entière fût remplie d'épouvante ; on n'épargnait ni le sexe, ni l'âge, ni le caractère. Tout Paris assistait aux sanglantes exécutions qui se faisaient chaque jour ; on eût dit que ce sang répandu n'était pas du sang français. Pendant ce temps, l'assemblée nationale délibérait sur des matières indifférentes, et l'on envoyait seulement des commissaires pour savoir *si tout se passait en ordre*, et quelle était la source des calomnies dont on chargeait le peuple souverain.

La princesse de Lamballe, victime dévouée à l'avarice d'*Égalité* d'Orléans, car ce fut à cette époque que ce prince mit le comble à sa dégradation ; la princesse de Lamballe fut une des premières victimes qui tombèrent sous le fer des assassins. C'est alors que nous reconnûmes en frémissant jusqu'où se porterait avant peu la cruauté de ces barbares.

Ce fut au milieu de ces scènes d'effroi que le canon gronda, que des voix lamentables annoncèrent la reddition de Verdun à l'armée coalisée, et qu'on se dit qu'il n'y avait pas une heure à perdre pour arriver au salut commun. Quarante bataillons sortirent de Paris à cet appel ; on préféra courir les chances des combats plutôt que de s'exposer à une mort horrible au sein de sa ville natale. De toutes parts, la France répondit au cri de la terreur qui lui demandait des vengeances. Les armées de la rébellion se grossirent de leurs revers, tandis que, par un effet non moins surprenant, celles des vainqueurs se désorganisèrent par suite de leurs triomphes.

La garnison de Verdun, entraînée par les habitans, presque tous royalistes, se montra dans les premiers jours indocile à la résistance. Vainement le général Beaurepaire, qui la commandait, lui ordonna de se défendre : il ne fut point écouté. La bourgeoisie gagna les soldats ; ils forcèrent Beaurepaire à capituler. Ce général, qui n'avait pas eu le courage d'affronter la mutinerie de ses troupes, en retrouva pour se brûler la cervelle dès que la place fut rendue. Cet acte de désespoir produisit une grande impression sur les alliés, qui jusque là ne savaient pas ce que c'était que le fanatisme républicain.

Les Verdunois reçurent les coalisés en libérateurs ; douze jeunes filles, dont la plus âgée avait dix-huit ans, présentèrent des bouquets et des guirlandes à Frédéric-Guillaume. Elles payèrent plus tard de leur tête cette offrande ; leur jeunesse ne put les sauver de la rage des révolutionnaires. Verdun pris, le duc de Brunswick, au lieu de continuer rapidement sa marche, ne fit plus que des mouvemens indécis, et ceux qui voulaient nous servir, trouvaient partout leurs efforts paralysés par la résistance. La mauvaise volonté de l'Autriche et des princes d'Allemagne éclatait ouvertement ; je citerai à l'appui de ce que j'avance un propos du prince de Hohenlohe au marquis de Bouillé.

Il s'agissait d'une tentative que notre cousin se disposait à faire sur Landau. Madame de Sartory, royaliste dévouée, avait machiné avec le maire de cette ville un plan qui nous en aurait ouvert les portes sans coup-férir. Le prince de Condé chargea cette dame de suivre la négociation : elle se rendit, déguisée en paysanne, à Landau, vit le maire, le maréchal-de-camp, M. de Martignac, le commandant du génie et le chef des corps. Tous consentaient à rentrer sous l'autorité de leur roi légitime, mais à la condition expresse de l'exclusion des Autrichiens, ne voulant se rendre qu'aux princes et aux émigrés.

Le prince de Condé envoya MM. de Bouligny et de Blumentheim prévenir le prince de Hohenlohe de ce qui se passait, et lui demander l'autorisation de marcher sur Landau avec la cavalerie française. Le général autrichien refusa d'abord, prétextant les périls que courrait Son Altesse Sérénissime en cas de non-réussite. Le prince de Condé lui dépêcha alors M. de Bouillé pour obtenir son consentement formel. Après une conversation assez longue entre eux, le prince de Hohenlohe, poussé dans ses derniers retranchemens, dit enfin à M. de Bouillé :

— Eh bien ! puisqu'il faut vous l'avouer, je suis désespéré de ne pouvoir faire ce que souhaite Son Altesse Sérénissime ; *mais il n'entre point dans le plan des puissances qu'il occupe dans ce moment Landau, ni aucune autre place de l'Alsase. Je ne puis prendre sur moi les mesures qu'il aurait désirées de ma part.*

Il était impossible d'annoncer avec plus de clarté que la guerre, en cas de succès, aurait pour résultat le démembrement de la France. Doit-on s'étonner de la tiédeur que je mis bientôt à suivre les opérations de ces coalisés, qui en réalité n'étaient pour nous que des ennemis, ou qui, du moins, fidèles à la fameuse maxime de Machiavel, n'oubliaient pas en se montrant nos amis qu'ils pouvaient un jour cesser de l'être.

CHAPITRE XII.

Mouvemens des armées. — Les coalisés pénètrent dans la Champagne. — Dumouriez prend le commandement de l'armée révolutionnaire. — Le comte de Provence lui envoie un émissaire. — Lettre qu'il lui écrit. — Entretien de Dumouriez avec l'agent du prince. — Causes de son refus de traiter. — Inaction des coalisés. — L'armée des princes mise en marche et arrêtée soudain. — Elle touche au moment d'une bataille. — Le roi de Prusse la veut. — Lettre supposée de Louis XVI. — Combat de Valmy. — Motif de la retraite des coalisés. — Soupçons contre *Égalité*.

C'est à Verdun que la jalousie éclata contre les alliés. Les obstacles que l'Autriche et même l'Angleterre mirent à ce que je fusse reconnu régent pendant la captivité de mon frère, causèrent en partie ces querelles si pernicieuses au succès de notre entreprise. Ce serait ici le moment d'en faire le récit ; mais je l'ajourne jusqu'après le complément des événemens militaires, afin de ne pas en rompre le fil.

L'armée française, j'entends celle des révolutionnaires, récula jusqu'à Soissons. Celle du roi de Prusse, après avoir débusqué les divers corps ennemis qui cherchaient à se maintenir dans les défilés de l'Argonne, se mit en marche pour tourner les rebelles, les prendre à dos, et déboucher dans les plaines de la Champagne. Le général Dumouriez, qui avait prétendu à la gloire de vaincre les généraux du grand Frédéric, se plaça dans une forte position, d'abord sur les collines d'Autry, puis il se retira jusqu'à Sainte-Menehould, où il se concentra dans un camp retranché et ouvert. Là, il attendit les armées commandées par les généraux Kellerman et Luckner.

De mon côté, dès que je le sus arrivé à l'armée des révolutionnaires, je lui envoyai le chevalier de L.... avec ordre de lui faire des propositions. Cette portion de l'histoire contemporaine est demeurée secrète jusqu'à ce jour.

Cette mission, confiée à mon émissaire, était délicate; il fallait rejoindre les révolutionnaires, et courir en chemin mille périls. Mais je m'étais adressé à un homme dévoué, courageux, froid, et dont le talent semblait grandir en présence des difficultés. Il se déguisa de son mieux, et cacha ma lettre de créance, avec les pleins-pouvoirs que je lui avais remis, dans les plis de ses vêtemens. Il voyagea moitié à cheval, moitié à pied, prit les derrières de l'armée rebelle, et se donna pour un volontaire impatient de partager les périls de ses concitoyens.

Obstacles, dangers, rien ne l'arrêta dans sa route, de manière qu'il rejoignit Dumouriez le jour même où ce dernier s'établit à Sainte-Menehould. J'avais prévu tous les cas, toutes les demandes possibles : ma lettre de créance s'exprimait en ces termes :

« Général,

« Vous avez des qualités trop brillantes pour ne
« les employer qu'à l'avantage de la révolte et de
« l'anarchie. Votre roi à délivrer, la France à
« rendre heureuse, vous ouvrirait une autre car-
« rière de gloire. Le rôle de Monk serait digne de
« vous, tandis que celui de Cromwell et de Fairfax
« ne peut vous convenir. Vous êtes gentilhomme,
« et, à ce titre, vous ne pouvez voir sans souffrir
« l'abaissement de votre ordre. Vous êtes militaire,
« donc l'esprit de révolte et d'indiscipline de l'ar-
« mée que vous êtes appelé à commander doit
« vous déplaire, vous humilier. Je viens à vous
« dans cette circonstance avec franchise, pour ob-
« tenir le retour du royaume à son état naturel,
« pour nous entendre en hommes d'honneur sur
« l'avenir de la France, pour ne lui enlever rien
« de ses droits, et lui rendre au contraire ceux
« qu'elle a perdus sans l'intervention des étrangers.
« Ce sont d'autres lauriers que je vous propose de
« cueillir. Je puis satisfaire à toutes vos demandes,
« à vos exigences même, si votre confiance ne nous
« est pas donnée tout entière. M. de L...., qui vous
« remettra cette lettre, a aussi des pouvoirs suffi-
« sans pour traiter avec vous sur tous les points. Il

« sait que mon désir, que celui de mon frère est
« de vous satisfaire au-delà de vos souhaits, dont
« nous disputerons toujours la modestie, car le
« service que nous demandons de vous exige une
« récompense qui en soit digne. J'ai donné carte
« blanche à notre émissaire, ainsi vous pouvez
« avoir toute confiance en ce qu'il vous dira ; son-
« gez bien, avant de nous répondre, que l'avenir
« de la France repose sur votre détermination.

« Bonjour, général. »

J'avais calculé mes phrases, et chacune de mes expressions, de manière à chatouiller l'ambition, la vanité, et même l'avarice de Dumouriez. Il n'y avait qu'une seule prétention que je craignisse de sa part, celle d'obtenir la charge de connétable de France. Je n'aurais osé prendre sur moi de l'accorder ; j'en fis part à mon agent, qui me dit avec une liberté dont je ne me formalisai pas.

— Ma foi, monseigneur, si ce friand morceau est absolument l'*ultimatum* de notre homme, je me montrerai plus prodigue à son égard que Votre Altesse Royale.

Enfin, M. de L... pénétra dans le camp français. Il fut surpris de la contenance martiale de ces hommes mal vêtus qui maniaient leurs armes comme s'ils n'avaient fait que cela toute leur vie. Leur enthousiasme l'affecta douloureusement ; il comprit que des troupes enflammées d'un tel fanatisme seraient invincibles si on ne leur opposait pas des forces capables de les écraser. M. de L...

parvint à se faire remarquer de Dumouriez, qui croyant le reconnaître, lui demanda d'où il venait. Mon agent ne cacha pas son nom au général, et il vit qu'il avait été compris.

La même nuit, un des aides-de-camp de Dumouriez vint l'éveiller pour le conduire près de lui. Ce dernier demanda à mon émissaire quels motifs avaient pu l'engager à exposer ainsi sa vie ; M. de L..., pour toute réponse, lui remit ma lettre de créance. Le général la lut deux fois, sans témoigner la moindre surprise, en examina le seing, les caractères, les compara avec une page de mon écriture qui était dans son portefeuille, et dont il s'était muni à l'avance ; j'ignore dans quel dessein, puis, s'approchant de la cheminée, il livra aux flammes l'écrit dangereux. Cette chose faite, il croisa les bras, et regardant fixement M. de L..., il lui dit :

— Que veut-on de moi ? que puis-je faire qui vaille mieux que ce que je fais ? quelle réputation remplacera la mienne ? Puis il ajouta en riant : — Et si je consens à la vendre, que me donnera-t-on en retour ?

— C'est à vous de demander, général.

— Ce sont des mots, il me faut des choses. Mais, monsieur, poursuivit-il d'un ton plus sérieux, ne vous fiez point à mes plaisanteries, nous ne jouons pas à des jeux d'enfans. Je veux en effet le bonheur de la France, je suis désolé de la marche des événemens ; mais j'ai trop à perdre pour m'exposer inutilement. Le roi est en péril; on demande sa tête à grands cris.

— Cela est impossible, s'écria M. de L..., frappé de stupeur. Je ne puis croire les Français capables d'une telle atrocité.

— C'est cependant l'exacte vérité; aussitôt que la Convention nationale sera réunie, son premier soin sera de proclamer la république, puis de juger le roi.

— Et vous souffrirez, général, ce crime odieux?

— Je vous jure qu'on ne le commettra que malgré moi; mais je suis seul; les esprits sont au plus haut degré d'exaspération : l'ancienne cour a maltraité tant de gens! moi-même j'ai eu aussi à me plaindre d'elle; on me méprisait, j'étais un parvenu... Je n'étais pas sans mérite, et s'en prévaloir à la cour, c'était intriguer. Aujourd'hui la marche n'est plus la même; chacun pourra désormais s'élever selon ses talens, être ministre, maréchal de France, mieux encore; et ces avantages sourient trop pour qu'on y renonce facilement. On a détruit l'ancien régime, et certes ce ne seront pas ceux qui l'ont renversé qui feront la folie de le rétablir. J'ignore ce que vous avez à me proposer; mais je vous signifie à l'avance qu'il est inutile d'entrer en négociations avec moi, si, pour préliminaires, vous ne me donnez l'assurance que la constitution actuelle sera maintenue dans son entier, avec l'unique addition d'une chambre des pairs ou d'un sénat : voilà mon *sinè qua non*, c'est à vous de savoir si vos instructions s'étendent jusque là ; quant à moi, je ne céderai pas un *iota* sur ce point.

La manière rapide, ferme, et même rude, avec laquelle s'exprima Dumouriez acheva de consterner mon agent ; exiger à cette époque d'un émigré l'acceptation de la nouvelle constitution qui ne permettait aucun privilége, c'était lui imposer un effort surhumain, puisque, avant tout, il devait renoncer aux choses pour lesquelles lui et ses compagnons étaient sortis du royaume en se dévouant à toutes les conséquences de l'exil. Je n'avais pas non plus prévu le cas d'une volonté invariable sur le fait de la constitution, bien qu'au moyen de l'adjonction d'une seconde ou première chambre, le vice principal en fût corrigé. Mon envoyé se trouva donc dans une position fort embarrassante ; et lui qui m'avait annoncé si lestement qu'il ferait bon marché de l'épée de connétable, ne se sentit pas le courage d'accorder la malencontreuse constitution. Cependant, il convenait de dire quelque chose à un homme qu'on était venu chercher à travers tant de périls ; et se faisant une vertu de la nécessité, M. de L... représenta à Dumouriez que sa proposition était inadmissible ; que les frères du roi, et le roi lui-même rendu à la liberté, maintiendraient les promesses et les engagemens contenus dans la déclaration du 23 juin 1789 ; mais qu'exiger au-delà, serait repousser tout accommodement, et laisser le torrent révolutionnaire entraîner toutes nos institutions ; que cette déclaration donnait des libertés et des garanties très-suffisantes, dont la nation se contenterait lorsqu'elle serait revenue de son effervescence actuelle : qu'enfin, prétendre maintenir la constitution dans son entier, serait lui assurer dans les ordres du clergé et de la noblesse des ennemis implacables, qui ne cesseraient d'en conspirer la destruction, et par là perpétueraient les dissensions intérieures du royaume. Mon agent s'étendit de son mieux, mais en vain, sur toutes ces considérations, car Dumouriez lui répondit :

— Tout cela, mon cher monsieur, est fort beau dans l'intérêt des abus et des priviléges ; mais le mécontentement de ceux qui les regrettent ne nous inquiète nullement. Le peuple abhorre ces distinctions humiliantes, et il écrasera toujours leurs défenseurs. Je comprends qu'il doit être pénible pour des hommes qui jusqu'ici ont vécu d'abus d'y renoncer sans retour ; mais le sage doit se soumettre à la force des choses. Si Monsieur, qui est prudent, veut se séparer des insensés, qu'il le dise, qu'il le prouve. Je l'estime, je le respecte ; je suis persuadé qu'il sent l'impossibilité de rétablir l'ancien régime ; sa haute raison l'appelle à consolider le nouvel édifice ; et vous, qui venez de sa part, avouez qu'il est prêt à maintenir la constitution.

J'ai rapporté les complimens de Dumouriez à mon égard, afin de faire connaître l'opinion qu'il avait de moi ; j'ajouterai qu'alors il se trompait en pensant que je consentirais à conserver la constitution telle qu'elle était. Je la trouvais trop hostile à la royauté, qu'elle mettait dans une tutelle impolitique et humiliante. Elle renfermait en outre les élémens d'une perpétuelle révolte; c'était, en un mot, une œuvre séditieuse, et non la pierre angulaire d'un pacte fondamental. J'aurais, dans un cas désespéré, pu tout accorder, hors cela; et sur ce point, mon opinion aujourd'hui est conforme à celle que j'avais en 1792.

Mon agent se récria de nouveau; Dumouriez fut inflexible; mais avant de congédier M. de L...., il lui dit :

— Assurez Monsieur, que je ne consentirai jamais au meurtre du roi; que je m'efforcerai même de tous mes moyens de le sauver; mais que ce ne sera pas au moment de chasser les ennemis des frontières que je manquerai une si belle occasion de m'illustrer. Messieurs les Prussiens sont par trop insolens; ils ont besoin d'une bonne leçon, et je me charge de la leur donner. Cette tâche achevée, si mes propositions conviennent, on me trouvera toujours disposé à la paix et à la concorde. Je vous connais depuis long-temps; vous êtes un homme d'honneur, et assurément, à ma place, vous ne rendriez pas votre épée à des gens qui iraient se vanter partout de vous l'avoir arrachée par la force. Si je traitais, ce serait avec une telle prépondérance, que tous reconnaîtraient que j'aurais dicté et non reçu des conditions.

Après cette dernière phrase, mon émissaire

n'eut plus qu'à se retirer. Je passe sur les dangers qui le poursuivirent encore ; il les surmonta avec son intrépidité habituelle, et me rapporta la déclaration de Dumouriez. Je connus plus tard les motifs de son refus ; il avait des engagemens avec *Égalité* d'Orléans, qui, dans l'espoir d'obtenir la régence, avait fait des promesses si magnifiques à Dumouriez, qu'il en fut ébloui. Mais les révolutionnaires ôtèrent au duc d'Orléans le pouvoir de tenir ses promesses, et le général, en désespoir de cause, se jeta dans une autre intrigue, qui avait pour but de substituer le duc de Chartres à son père. Cette intrigue amena la proscription de Dumouriez, bien qu'on l'ait attribuée à une autre cause. Je parlerai plus tard de ce fait, qui servira peut-être à éclaircir ce point assez obscur de l'histoire contemporaine.

Ce que les négociations n'avaient pu conduire à bien, il fallait l'obtenir par la force des armes. Mais le duc de Brunswick, au moment où il aurait fallu redoubler d'activité, perdit plusieurs semaines, et le roi de Prusse ne s'en plaignit que faiblement. Il laissa le temps aux renforts réclamés par Dumouriez de venir le rejoindre. Les révolutionnaires, les Autrichiens et les Prussiens se trouvèrent en présence.

On nous ordonna alors de faire exécuter des évolutions à notre cavalerie royale, et de la porter précipitamment sur Vouziers. Elle quitta Dun le 17 septembre, mais ne put aller au-delà de Bazang, les routes étant embarrassées par une forte division d'artillerie autrichienne. Cette division tâchait d'enlever les abattis d'arbres dont Dumouriez avait fait encombrer la chaussée qui établit la communication de Dun à Vouziers. Nous ne pûmes donc poursuivre notre mouvement avec la rapidité convenable. Forcés de nous arrêter jusqu'au surlendemain, nous nous remîmes en marche, et après avoir vaincu les obstacles que nous opposait la disposition du terrain, nous arrivâmes au petit village de Sainte-Marie, où il fallut faire encore une nouvelle halte.

Plus j'avançais en France, et moins je m'accoutumais à l'indifférence de la population. Pourquoi ne venait-elle pas me rejoindre? pourquoi ni les villes, ni les bourgs, ni les campagnes n'arboraient-ils pas à mon approche le drapeau blanc? On nous regardait passer avec une curiosité morne ou chagrine. Était-ce là ce que tant de rapports venus de l'intérieur nous avaient promis? était-ce affection pour le nouveau système, indifférence pour tout, ou plutôt l'effet d'un sentiment d'épouvante? Oui, tout me porte à croire que la terreur comprima les cœurs à notre passage; que l'incertitude sur notre triomphe inspira des craintes sur les vengeances des révolutionnaires. Sans cela, comment expliquer cette apathie, cette mort subite du royalisme? Je communiquais à mon frère ce que j'éprouvais, et il était aussi malheureux que moi. Oh! quelle différence de l'accueil glacé, repoussant même, qu'on nous fit alors, avec celui de 1814! C'est qu'à cette dernière époque le grand problème proposé en 1789 avait fini par être résolu en faveur de la monarchie légitime, la seule véritablement propre à conserver, à réparer, et surtout à améliorer.

Divers corps, retardés comme le nôtre par les mauvais chemins, arrivèrent vers le soir et dans la nuit, accablés de fatigue, de souffrances morales, et déjà frappés du fléau de la dyssenterie, causée par la non-maturité des raisins que ces soldats du nord mangeaient avec avidité. Le 19 septembre, le roi de Prusse, en la compagnie des corps autrichiens de Hohenlohe et de Clairfait, prit position sur Massigné, de manière à pouvoir se porter, soit sur Reims, soit sur Châlons. S'il eût tenté de franchir l'un ou l'autre de ces chemins, la révolution était étouffée...

Frédéric-Guillaume voulait absolument une bataille, afin de jeter quelque éclat sur ce que, jusque là, il appelait une promenade militaire. Il se flattait que les révolutionnaires dirigeraient toutes leurs forces sur Châlons, et qu'il trouverait là l'occasion qu'il attendait avec tant d'impatience. Un brouillard épais couvrait tout le pays, et quand il fut dissipé, on aperçut dans une vallée derrière Valmy, Kellerman avec ses troupes. Nous manœuvrâmes vers les hauteurs de Gignecourt, où nous nous établîmes.

Immédiatement, commença une attaque sérieuse

qui dura toute la journée. On nous en donna le succès, puisque nous parvînmes à couper la communication des rebelles avec Châlons. Mais en résultat, tout l'honneur resta à Kellerman, qui, avec des forces très-inférieures, réussit à contenir les coalisés, et à les empêcher de poursuivre leur marche. Cette affaire, devenue célèbre sous le nom de *Valmy*, sauva la mauvaise cause, et devint, plus tard, un titre héréditaire du duché que Kellerman transmit à ses héritiers.

Je ne tairai point que ma cavalerie, et par conséquent ma personne, ne prirent aucune part à cette action. J'en fus heureux ; il m'était toujours pénible d'opposer des Français à des Français. Notre corps se dirigeait vers Sommersuippe ; nous y arrivâmes bercés des plus douces espérances. L'armée alliée se renforçait considérablement ; elle était supérieure en forces à celle de nos adversaires. Le roi de Prusse avait une envie immodérée de livrer bataille, et nous nous y préparâmes pour le 2.

Dès la pointe du jour, notre cavalerie se rangea en ligne ; je montai à cheval avec le comte d'Artois. Notre impatience d'arriver à un résultat qui sauverait le roi notre frère, nous fit négliger de prendre aucune nourriture ; mais notre attente fut vaine. Les colonnes qui avaient reçu l'ordre de se porter sur Somme-Tourbe et Lacroix s'y arrêtèrent par un ordre contraire arrivé vers la fin du jour. Ce fut là que le maréchal de Broglie nous rejoignit ; il accourait pour prendre part à une dernière victoire qui aurait réjoui sa vieillesse, et il n'assista qu'à une retraite sans exemple, dont la postérité demandera compte à ceux qui osèrent la décider.

Ce fut la politique tortueuse de l'Autriche, et l'or que prodiguèrent les révolutionnaires, qui amenèrent cette mesure honteuse à laquelle nous dûmes notre perte ; ce fut encore, je ne crains pas de le dire, le duc d'Orléans, qui fabriqua une lettre de Louis XVI au roi de Prusse, lettre que mon frère n'écrivit ni n'ordonna d'écrire.

Frédéric-Guillaume, au moment où il déboucha dans les plaines de la Champagne, reçut par la voie d'un trompette une lettre autographe de Louis XVI, qui exprimait le désir que la coalition ne poursuivît pas sa marche triomphante sur Paris, ajoutant :

« Mes ennemis n'attendent que le moment de
« me mettre à mort, avec ma femme, mes enfans
« et ma sœur ; ils reculent devant un jugement,
« sachant que ma défense tournerait à leur honte ;
« ils veulent donc y suppléer par un meurtre, afin
« qu'on n'en accuse que la fureur de la populace. Je
« sais de science certaine que ce noir complot sera
« exécuté aussitôt après la prise de Châlons ou de
« Reims.

« Je ne pense pas que Votre Majesté, que l'em-
« pereur, croient devoir acheter la victoire au prix
« de mon sang et celui de ma famille. Arrêtez donc
« le cours de vos triomphes ; négociez la paix, en y
« mettant pour condition principale ma liberté. Les

« meneurs, et le duc d'Orléans en tête, sont telle-
« ment effrayés qu'ils accorderont tout.

« Je prie donc Votre Majesté de consentir aux
« propositions qui lui seront faites par le général
« Dumouriez, et surtout d'être bien convaincu
« que c'est vouloir ma mort que de persister à
« marcher sur Paris. Je m'adresse à votre géné-
« rosité. Conférez-en avec mes frères ; eux aussi
« ne balanceront pas à joindre leurs instances aux
« miennes. »

Le reste n'était plus que des formules d'usage. Cette lettre, que le roi nous communiqua, nous parut tellement précise, que force fut à nous de suivre la conduite qu'elle nous indiquait. Rien ne nous faisait présumer qu'elle était le produit d'un faux abominable ; ce fait me fut dévoilé plus tard par les soins du vertueux Malesherbes, qui, sur ma prière expresse, s'informa de la vérité de cette lettre. Voici la réponse exacte de Louis XVI, que M. de Malesherbes me fit tenir, et que je communiquai à mon tour à Frédéric-Guillaume :

« Je vous assure, disait le roi à son généreux
« défenseur, qu'on ne m'a jamais proposé d'écrire
« au roi de Prusse sous aucun prétexte que ce soit,
« et que je ne l'ai pas fait non plus de ma propre
« impulsion. Mais je sais, à n'en pouvoir douter, que
« le duc d'Orléans possède l'art d'imiter mon écri-
« ture, au point que je m'y tromperais moi-même.
« Dieu me préserve cependant de l'accuser de cet

« acte de fausseté ; il ne s'est déjà rendu que trop
« coupable. »

Je n'ajouterai aucune réflexion à cette preuve irrécusable de ce que j'avance.

CHAPITRE XIII.

Le comte de Provence accuse formellement le duc de Brunswick. — Conseil de guerre. — Qui le compose.— Propos du roi de Prusse au général Kalkreuth. — Le roi se prononce pour l'attaque. — Le duc de Brunswick veut l'éluder. — Ses intrigues. — Réplique du prince de Nassau. — Politesse du roi. — Suite du conseil de guerre. — Aveu du duc. — Colère du roi. — Opposition des généraux au conseil royal. — Le roi cède. — Fondation de la république. — Lettre inédite des R... Ce que Monsieur écrit au roi de Prusse. — Réponse désespérante du roi. — Le comte de Provence le voit en secret. — Il ne peut rien en obtenir. — La retraite est décidée. — Les émigrés abandonnés. — Citation.

Avant de rapporter successivement les obstacles qui s'opposèrent à notre succès, il est une autre partie de l'intrigue générale que je veux dévoiler : il s'agit ici du duc de Brunswick. Ce général cachait sous des formes graves une grande légèreté de caractère et une irréflexion peu commune. Jusqu'à ce moment il avait conduit la guerre sans songer à ce qui pourrait en assurer la réussite. Il s'avançait dans un pays ennemi, tourmenté par la fièvre révolutionnaire avec une armée beaucoup trop faible pour résister aux forces qu'il avait à combattre ; et lorsque la célérité aurait pu lui rendre les avantages auxquels il semblait avoir renoncé volontairement, il s'arrêtait tout-à-coup, perdait les jours, les semaines, laissant les soldats dans l'inaction, abandonnés à des excès de tous genres, et déjà décimés par la maladie.

Toutes ces fautes provenaient de son incapacité et de l'ascendant que prenait insensiblement sur lui le fatal génie de la révolution. Après avoir été le premier à l'outrager, il fut aussi le premier à le craindre ; il eut peur d'être vaincu, d'être enveloppé, d'être pris, que sais-je ! Il voulut à son tour faire le médiateur, rôle qui convenait bien mieux à Dumouriez, qui avait une armée à former, tandis que le duc de Brunswick entrait en campagne avec des troupes rompues à toutes les manœuvres possibles. Il crut sortir d'embarras par un traité. Il faut dire aussi que l'Angleterre et l'Autriche étaient pour quelque chose dans chacune de ses démarches ; du moins on m'a juré et prouvé même que plusieurs millions, s'ils ne lui furent pas directement offerts, s'arrêtèrent dans les mains de personnes investies de sa confiance. On m'a assuré aussi depuis que les favoris du roi de Prusse avaient également été gagnés, et que, en outre, on était convenu d'une somme considérable pour indemnité de guerre. J'ai eu moi-même la certitude de ce fait, et je me suis promis de le révéler dans mes Mémoires.

Cependant les jours s'écoulaient, et l'on ne faisait aucun mouvement d'attaque. Nos amis allaient des généraux autrichiens au roi de Prusse; les émigrés commençaient aussi à se désespérer; il s'élevait des murmures parmi les chefs de la coalition, qui ne tendaient pas tous à la ruine de la France. Enfin, les esprits s'irritèrent à un tel point, que, pour tacher de concilier tant d'opinions contradictoires, Frédéric-Guillaume assembla un conseil de guerre. Deux émigrés en firent partie avec les dix généraux qui le composaient déjà. Tous deux avaient une réputation honorable justifiée par de longs services : c'étaient le maréchal de Castries et le marquis d'Autichamp. Le roi de Prusse, en ouvrant la discussion, dit au général Kalkreuth, investi de toute son estime :

— Je sais que vous n'êtes point partisan des conseils de guerre, mais ils me semblent d'une nécessité absolue toutes les fois qu'une armée se compose de différentes nations.

Le général répondit par des protestations de dévouement et d'obéissance. Ce n'était pas ce qu'aurait voulu le roi, qui espérait le forcer à prendre l'initiative en ouvrant les avis; mais le général n'osa pas accepter une telle responsabilité dans cette circonstance : il fallut donc suppléer à sa réserve. Le roi alors déclara sa volonté de livrer bataille le lendemain, se plaignant de la lenteur que jusque là on avait mise dans les opérations, lenteur qui rejaillissait sur sa renommée; et il termina en disant que, quant à lui, il voulait triompher ou mourir les armes à la main, ne pouvant survivre à une défaite.

Cette déclaration étonna la plupart de ceux qui l'entendirent ; quelques-uns en furent consternés. Cependant on n'osa pas heurter de prime abord la volonté d'un roi aussi fortement exprimée. Le duc de Brunswick dit qu'il était prêt à exécuter les ordres de Sa Majesté, mais qu'il croyait de son devoir de faire observer que le début de l'attaque entraînerait une perte d'au moins quatre mille hommes.

Aussitôt, le maréchal de Castries demandant la parole au roi, essaya de détruire cet argument. Il vanta la gloire que la coalition retirerait d'une victoire éclatante, qui frapperait de stupeur les révolutionnaires, les disperserait, et amènerait la délivrance de Louis XVI. Enfin, si son éloquence ne convainquit pas tout le conseil, du moins elle parvint à affermir le roi dans sa volonté.

Le duc de Brunswick revint encore aux quatre mille hommes qui seraient sacrifiés sur le champ de bataille ; et le prince de Nassau voyant que c'était ce qui embarrassait le plus Frédéric-Guillaume, se hâta de prononcer ces paroles que lui-même me rapporta.

— Sire, je sollicite l'honneur de forcer les retranchemens français à la tête de messieurs les émigrés qui brûlent de signaler leur courage, et qui, si je ne me flatte trop, m'accorderont leur confiance.

—Prince, répliqua le roi en souriant, je sais que personne n'est plus digne que vous de marcher à la tête de généreux et intrépides chevaliers. Mais, ainsi qu'eux, vous m'êtes trop cher pour que je vous permette légèrement de vous livrer à toute votre ardeur.

Cependant la discussion se prolongeant, plusieurs voix s'élevèrent contre la décision d'une bataille. On dit qu'il était dangereux de s'exposer avec une armée épuisée par les maladies, à combattre des fanatiques décidés à vaincre ou à périr; que les conséquences d'une défaite seraient incalculables; qu'elle mettrait non-seulement en péril les débris de l'armée, mais encore les provinces voisines de l'Allemagne et les Pays-Bas; que quarante mille hommes ne seraient pas assez à opposer aux ennemis, et qu'il faudrait en laisser dix mille au moins à la garde du camp. Ce n'était pas sans raison qu'on employait cet argument. On savait que le roi s'informerait du nombre exact des hommes sous les armes, et la réponse du duc de Brunswinck était prête. En effet, la chose se passa ainsi, et le duc affectant une confusion qui cachait sa joie, avoua qu'il ne fallait pas compter sur plus de trente-cinq mille hommes, en y comprenant ceux que la maladie mettait hors de service. Ce fut pour Frédéric-Guillaume un coup de foudre; il ne put contenir l'explosion de sa colère et de son désappointement, et il s'expliqua en termes si amers, que le duc de Brunswick, qui ne s'attendait pas à cette sortie faite en public, en éprouva un dépit qu'il voulut faire passer pour du désespoir. Il quitta brusquement le conseil, sans rien répliquer à la philippique royale, monta à cheval, et fit semblant de cheminer vers les batteries ennemies. Mais Bischoffwerder, d'accord en secret avec lui pour contraindre le roi à une retraite, vola sur ses traces, et lui dit avec feu ces paroles qu'on a conservées :

« Monseigneur, je ne pénètre que trop le dessein de Votre Altesse ; mais j'ose lui représenter que ni la gloire, ni l'honneur, ni la délicatesse ne lui permettent le sacrifice d'une vie de laquelle dépend la destinée d'une armée dont le commandement lui a été confié. Ce serait donc un acte d'ingratitude de ne pas reconnaître cette confiance d'un monarque qui vous chérit et vous estime. »

La comédie fit son effet ; le duc de Brunswick tourna bride, et le malheureux Louis XVI fut abandonné sans retour.

Pendant ce temps, le conseil continuait, le roi persistait dans sa détermination, voulant acquérir cette renommée dont il était avide et qui, dans la circonstance, devenait une nécessité.

Cette volonté si ferme rencontra une opposition invincible, et malgré tout ce que purent dire MM. de Castries et d'Autichamp, tous les membres du conseil, jusqu'au prince de Nassau, qui se laissa malheureusement influencer, déclarèrent la bataille impossible, et la nécessité d'un accommodement avec la France. Ce fut une honte sans pareille, un calice que dut boire jusqu'à la lie Fréderic-Guillaume. Hélas! pourquoi n'eût-il pas près de sa personne un ami assez courageux pour lui rappeler devant le conseil cette belle pensée d'Horace.

Ubi turpis est medicina, sanari piget.

(Si, pour sortir du malheur vous n'avez que la honte, restez malheureux).

Mais, non, il ne s'en trouva point ; ce fut l'hypocrisie de Bischoffwerder qui l'emporta sur la générosité du monarque. On arrêta que, sous le prétexte d'une amnistie, des négociations seraient ouvertes avec le général en chef de l'armée rebelle.

Cette décision avait lieu au moment même où ces rebelles osaient, dans une séance tumultueuse, proclamer la fondation de la république, et briser avec insolence l'antique couronne de leur roi. Je reçus presque à la fois ces deux fatales nouvelles : j'avais conservé de l'espoir tant que le simulacre de la royauté existait encore ; mais, dès qu'elle fut abolie, je prévis tous les maux qui allaient nous accabler. Une douleur profonde s'empara de mon ame, et elle fut encore augmentée par la lettre suivante, que je reçus d'un personnage très-influent avec lequel j'étais en correspondance pour me tenir au courant de ce qui se passait parmi les meneurs.

En voici le texte :

Paris, 22 septembre 1792.

« Monsieur,

« Hier fut une journée dont le souvenir ne
« s'éteindra pas. Nous venons de franchir le Ru-
« bicon, de proclamer la république. La royauté
« a été renversée sur la proposition d'un comé-
« dien (Collot-d'Herbois), et d'après celle d'un
« prêtre (l'abbé Grégoire). La révolution vient
« en quelque sorte par là de brûler ses vaisseaux
« en présence de l'armée ennemie, et en face des
« souverains de l'Europe. Cet acte important, qui
« termine une monarchie de quatorze siècles, et
« commence une autre ère, a été accueilli avec
« enthousiasme et acclamation. Levés, le 21, sujets
« d'un monarque, nous nous sommes couchés rois
« à notre tour

« Pour dire toute ma pensée à Votre Altesse,
« il ne me convenait pas, d'après le rôle que je
« me suis choisi, de lutter contre la majorité de mes
« collègues. Néanmoins ne soyez pas trop effrayé
« de la proclamation de la république ; ce n'est sans
« doute qu'un obstacle de plus à vaincre pour vous.

« Vous devez penser aussi qu'*Égalité* d'Orléans
« a été forcé hier de renoncer à l'espoir d'un trône
« ou d'une régence, et il doit tourner ses intri-
« gues vers un autre point. Je sais que pour le
« consoler, on lui promettait, hier soir, la prési-
« dence annuelle de la république ; mais je crains

« qu'on lui réserve toute autre chose que peut-
« être il aura bien méritée.

« Je suis profondément affecté du sort que l'on
« prépare à Louis XVI ; avisez, s'il est possible,
« aux moyens d'empêcher que le procès ait lieu,
« car c'est la seule chance favorable qui lui reste.
« Je ne vous cacherai point non plus les dangers
« que courent Marie-Antoinette, son fils et sa
« belle-sœur. En vous parlant avec cette fran-
« chise, c'est vous prouver que je ne suis pas
« courtisan. Faites donc tous vos efforts pour sau-
« ver votre famille de ses ennemis ; c'est l'instant
« de leur montrer l'attachement que vous leur
« portez. Les mesures à l'ordre du jour sont le
« procès du roi et la présidence de la république
« pour le duc d'Orléans. Agissez en conséquence,
« et comptez sur moi ; si je ne puis vous servir
« activement, je le ferai toujours par l'exactitude
« des avis que je vous donnerai.

« Je suis.... R. »

Cette lettre, dont on appréciera l'importance,
est une preuve de la folie où les idées nouvelles
portaient les hommes les plus éclairés. Celui qui
m'écrivait avait un sens droit, un mérite peu
commun ; il m'était attaché, il le fut du moins
jusqu'à l'époque de son vote dans le procès du roi,
et cependant il n'avait pu se garantir de la conta-
gion générale.

On doit comprendre l'affreuse situation où je
me trouvai placé en recevant d'une part de telles

nouvelles, et de l'autre en apprenant la détermination forcée du roi de Prusse, et l'abandon flétrissant dans lequel on nous laissait, moi et mon frère, ainsi que tous les malheureux émigrés. J'écrivis d'abord au roi pour lui faire mes représentations, et lui démontrer les graves inconvéniens qui découleraient de la décision du conseil. Ma lettre était ainsi conçue :

« Sire,

« Je viens d'apprendre ce que votre conseil a
« décidé. Je sais qu'on a fait céder votre juste
« amour de la gloire, à celui de votre peuple et à
« l'affection que vous portez à vos soldats. J'en
« suis navré, sire, pour mon malheureux frère,
« pour la France et pour tous les souverains. La
« retraite qui va s'effectuer ne sera qu'une défaite
« honteuse. La révolution triomphe, la royauté
« est avilie en Europe, et Louis XVI montera sur
« l'échafaud.... Tout cela n'est que trop vrai ; votre
« noble cœur s'en afflige sans doute comme le
« mien ; mais vous croyez pouvoir empêcher le
« crime qui se prépare, et c'est là votre erreur.
« Oui, sire, on vous trompe ; on abuse de vos
« sentimens paternels ; vous pouvez combattre
« avec avantage, remporter une brillante victoire
« et nous sauver tous. Vous pouvez mériter l'ad-
« miration du monde entier, la reconnaissance de
« tout ce qu'il restera de gens de bien en France,
« enfin vous pouvez atteindre à cette prépondé-

« rance, objet de la constante ambition du héros
« votre prédécesseur.

« Votre retraite, au contraire, nuit à votre gran-
« deur ; elle précipite l'émigration dans un abîme
« de calamités ; elle hâte le supplice du roi mon
« frère, et la mort de tous les siens. Ainsi donc,
« sire, au nom de l'humanité et au nom de la
« confraternité des souverains, renoncez à une
« détermination dont les conséquences seront si
« fatales. Souffrez que la généreuse armée royale
« que j'ai l'honneur de commander en chef en-
« gage l'action et soutienne le premier choc. Il
« n'est pas un de nous qui ne soit heureux et
« fier de donner son sang pour sauver son roi et
« arracher sa patrie au joug de ceux qui l'oppri-
« ment. Vous les verrez marcher avec orgueil au-
« devant des batteries, car il est aussi un martyre,
« envié des ames courageuses, celui qui trouve sa
« récompense dans l'admiration de la postérité. »

La réponse du roi, en consolant peut-être ma vanité, ne dissipa point ma douleur, car elle ne me laissa aucune espérance. Il me manda qu'il partageait mes regrets, et que la nécessité seule le contraignait de prendre un parti dont il ne se dissimulait par la *honte* : ce fut son expression.

Je tentai une dernière voie; j'allai le trouver secrètement, et nous eûmes un long entretien dans lequel il épancha son ame tout entière. Il m'avoua que l'Autriche, par ses prétentions excessives, avait entravé ce qu'il voulait faire pour la cause de Louis XVI ; que cette puissance n'aurait consenti à rétablir les choses en France sur l'ancien pied qu'à condition qu'on lui aurait cédé l'Alsace, la Lorraine et la Franche-Comté, sous prétexte d'en investir les divers princes d'Allemagne, mais dans le véritable but de les déposséder plus tard, afin de s'arrondir du côté de la Bavière et de l'Italie. Le roi ajouta qu'il reconnaissait maintenant que le duc de Brunswick, auquel il avait accordé toute sa confiance, en était indigne.

— Je suis d'autant plus à plaindre, poursuivit-il, que nos relations de parenté et des considérations politiques m'empêchent d'éclater contre lui.

Je communiquai alors au roi la lettre du membre de la Convention que j'ai transcrite plus haut. Il la lut avec chagrin ; déplora les malheurs qu'occasionerait une entreprise mal exécutée, et me répéta à plusieurs reprises :

— Croyez, monsieur, que je suis innocent de tout ceci ; et néanmoins j'en aurai un regret qui me suivra jusqu'au tombeau.

Il me parut si désolé, que je dus le consoler, moi qui avais tant besoin qu'on me rendit ce bon office. Il me dit encore que je pouvais compter sur lui ; qu'il ne nous abandonnerait pas, et que nous aurions dans ses états un asile sûr et honorable. Il y joignit toutes les offres possibles de services particuliers ; mais ce n'était qu'un bien faible dédommagement. Nous nous séparâmes navrés l'un et l'autre. Frédéric-Guillaume ne put tenir ce qu'il m'avait promis ; on abusa indignement de sa faiblesse. Ses généraux étaient si empressés de l'éloigner du sol français, que, dans le traité d'échange qu'ils conclurent avec les républicains, ils eurent l'infamie de consentir à ce que les émigrés n'y fussent pas compris comme les autres prisonniers.

Je ne saurais peindre ce que nous éprouvâmes, mon frère et moi, lorsque nous apprîmes ce qui se passait. Nous eussions voulu aller nous joindre aux malheureux émigrés pour partager leur sort ; mais les devoirs des rois et des princes interdisent ce genre de dévouement ; ils leur en imposent souvent un plus pénible, celui de laisser douter de leur courage.

Dumouriez parut dans les conférences qui eurent lieu au sujet de l'amnistie, avec une supériorité marquée sur les généraux prussiens. Il fit preuve de talent et d'adresse. Connaissant les plaisanteries qu'on faisait à l'étranger sur les officiers improvisés sortis des classes populaires, il s'environna de l'élite de son état-major, composé d'officiers aussi remarquables par leur belle tournure que la grâce de leurs manières. A leur aspect, les railleries cessèrent, et on commença à craindre et à respecter les armées républicaines, en attendant qu'on s'humiliât devant elles. Il faut bien l'avouer, la république en uniforme semblait avoir déjà gagné ses éperons.

Je ne puis prendre sur moi de raconter les événemens de cette déplorable retraite ; tout ce que je puis faire est d'attacher à la marge de cette feuille les pages dans lesquelles un Français qui n'a pas été complètement des nôtres, décrit ce qui se passa alors.

Cependant les émigrés, abattus et découragés, marchaient en avant de leurs alliés, semblables aux Israélites dévoués à la mort dans le désert, après avoir vu cette terre promise, que la proscription leur rendait plus chère. Parvenus au bourg d'Arton, ils reçurent un avis-circulaire qui annonçait que la permission de s'éloigner serait accordée à la première demande, sous la condition de rejoindre l'armée à la campagne suivante. Cette espèce d'attaque ne produisant qu'un faible mouvement, trois jours après on invita tous ceux qui avaient des moyens de subsistance de se retirer; enfin, la semaine n'était pas écoulée qu'un ordre précis prononça l'entier licenciement.

Chacun se dispersa, la mort ou la rage au cœur; dans les pays voisins quelques-uns mirent fin à leurs maux par le suicide; d'autres, jurant vengeance sur leurs épées, marchèrent vers la France, et se rangèrent parmi les bataillons républicains, afin de laver dans le sang des étrangers les affronts qu'ils croyaient en avoir reçus.

CHAPITRE XIV.

Détails sur les suites de la retraite des coalisés. — Troisième manifeste du duc de Brunswick. — Propos que l'indignation arrache au comte de Provence. — Le château de Hamm en Westphalie sert d'asile aux princes. — Projet hardi de M. de Calonne rejeté par la coalition. — Conférences de Saint-Maximin. — Quelles personnes y prirent part. — M. de Calonne y va de la part du comte de Provence. — Réflexions. — Disposition des puissances. Désappointement du baron de Breteuil. — Noble proposition de Frédéric-Guillaume. — Elle est repoussée par l'Autriche. — Ce qu'il dit dans sa colère. — On le trompe. — Décret romain de la Convention. — Succès des Français en Savoie. — Lettre inédite de Catherine II. — Quelques conventionnels. — Suite des actes de la campagne. — Longwy. — M. de Valence. — Abandon de Verdun. — Duc de Lauzun. — Marquis de Montesquiou.

Croira-t-on que le licenciement de notre armée et du corps du duc de Bourbon ne nous fut pas communiqué? Nous n'en apprîmes la nouvelle que par des voies indirectes. Cette mesure mit le comble à nos malheurs, et nous eûmes besoin de toute notre force d'ame pour supporter ce dernier avec courage.

Le château de Hamm fut mis à notre disposition

par le roi de Prusse ; c'était accorder un asile à ceux qui n'avaient demandé qu'une tente. Néanmoins il fallut nous y retirer. Pendant ce temps, le duc de Brunswick publiait un troisième manifeste dont le style contrastait d'une manière pitoyable avec la forfanterie du premier. L'insérer dans mes Mémoires est une vengeance que je dois aux émigrés. Ce manifeste était daté du quartier-général de Hum, le 28 septembre. Le voici :

« Lorsque Leurs Majestés l'empereur et le roi
« de Prusse, en me confiant le commandement
« des armées que ces deux souverains ont fait mar-
« cher en France, me rendirent l'organe de leurs
« intentions consignées dans les deux déclarations
« des 25 et 26 juillet 1792, Leurs Majestés étaient
« bien éloignées de supposer la possibilité des scènes
« d'horreur qui ont précédé et amené l'emprison-
« nement de Leurs Majestés le roi, la reine de
« France, et la famille royale.

« De pareils attentats, dont l'histoire des na-
« tions les moins policées n'offre peut-être pas
« d'exemple, n'étaient cependant pas le dernier
« terme que l'audace de quelques factieux, par-
« venus à rendre le peuple de Paris l'instrument
« aveugle de leurs volontés, aurait prescrit à leur
« coupable ambition. La suppression du roi, de
« toutes les fonctions qui lui avaient été réservées
« par cette même constitution, qu'on a si long-
« temps prônée comme le vœu de la nation entière,
« a été le dernier crime de l'assemblée nationale,

« qui a attiré sur la France les deux terribles fléaux
« de la guerre et de l'anarchie. Il n'en reste plus
« qu'un à commettre, et l'esprit de vertige, funeste
« avant-coureur de la chute des empires, vient
« d'y précipiter ceux qui se qualifient du titre d'en-
« voyés par la nation, pour établir son bonheur
« sur des bases plus solides. Le premier décret que
« leur assemblée a porté a été l'abolition de la
« royauté en France. Cette démarche, dont les
« seuls ennemis de la France devraient se réjouir, s'ils
« pouvaient supposer qu'elle eût un effet durable,
« est directement opposée à la ferme résolution que
« Leurs Majestés l'empereur et le roi de Prusse ont
« prise, et dont les deux alliés ne se départiront
« jamais, de rendre à Sa Majesté Louis XVI sa
« liberté, et sa dignité royale, ou de tirer une juste
« et éclatante vengeance de ceux qui oseraient y
« attenter plus long-temps.

« A ces causes, le soussigné déclare à la nation
« française, que Leurs Majestés l'empereur et le
« roi de Prusse, invariablement attachés aux prin-
« cipes, de ne pouvoir s'immiscer dans le gouver-
« nement intérieur de la France, persistent néan-
« moins à exiger que Sa Majesté Louis XVI, ainsi
« que toute la famille royale, soient immédiate-
« ment remis en liberté ; Leurs Majestés insistent
« de même pour que la dignité royale en France
« soit rétablie sans délai, dans la personne de
« Louis XVI, et de ses successeurs, et pour que cette
« dignité se trouve désormais à l'abri des avanies

« auxquelles elle est maintenant exposée. Si la
« nation française n'a pas entièrement perdu de
« vue ses vrais intérêts, et si, libre dans ses ré-
« solutions, elle désire faire cesser les calamités
« qui pèsent sur tant de provinces, elle déclarera
« sur-le-champ son opinion en faveur des deman-
« des péremptoires que je lui adresse au nom de
« Leurs Majestés l'empereur et le roi de Prusse,
« lesquels, en cas de refus, attireront sur le
« royaume de nouveaux et plus terribles mal-
« heurs.

« Le parti que la nation française va prendre, à
« la suite de cette déclaration, ou précipitera ces
« malheurs, ou pourra ouvrir la voie à des négo-
« ciations pour le rétablissement de la paix, que
« ceux qui se qualifient de dépositaires de la volonté
« de la nation, ont le plus d'intérêt à rendre à
« leur patrie. »

Que signifiaient ces phrases redondantes, ces menaces appuyées par une retraite sans gloire, ces injonctions faites à la France de respecter son roi abandonné par la coalition? Le duc de Brunswick m'envoya ce chef-d'œuvre, croyant en avoir des complimens. En le recevant, je m'écriai :

— La postérité s'étonnera quand elle verra dans l'histoire qu'un grand roi, accompagné des plus célèbres généraux, et des meilleurs troupes de l'Europe, a abandonné son plan à la vue d'un général sans nom, chef d'une armée indisciplinée.

Ce général sans nom s'en fit un aux dépens de

toute la coalition, et il acquit à juste titre la réputation militaire dont il jouit encore.

Je partis avec notre armée, ainsi que je l'ai dit. Les républicains nous suivirent ; mais les habiles manœuvres du maréchal de Broglie les empêchèrent de nous attaquer. Nous arrivâmes le 21 octobre au château de la Neuville, à trois lieues de Liége, où nous séjournâmes jusqu'au moment du licenciement de notre armée, qui eut lieu le 13 novembre. De là, nous allâmes au château de Hamm.

Nous étions encore en France, lorsque M. de Calonne, n'écoutant que son zèle, reparut au milieu de nous. Ce fidèle serviteur, dont le dévouement est du moins à l'abri de tout reproche, ne se rappela pas qu'une intrigue injuste l'avait banni de notre conseil ; il ne vit que nos infortunes, et vint, déguisé, nous proposer un projet dont l'utilité ne pouvait être contestée. Il s'agissait de réunir sur un seul point le corps divisé de l'émigration, et de le mettre en possession de Longwy, qu'il défendrait jusqu'à la campagne prochaine. C'eût été montrer que nous étions résolus à ne pas abandonner notre cause.

M. de Calonne, avec son activité accoutumée, s'efforça sans succès d'obtenir le consentement des coalisés, et cette dernière ressource nous fut enlevée comme toutes les autres.

Cependant le roi de Prusse paraissait vivement s'intéresser aux infortunes de la famille royale de France. On le vit prêt à distribuer son armée dans les cantonnemens qu'elle devait occuper jusqu'à la saison prochaine, provoquer et obtenir la réunion au refuge de Saint-Maximin, à Trèves, d'un premier congrès européen. L'Angleterre envoya un représentant à cette assemblée ; la Russie en eut deux, et l'Autriche trois.

J'y dépêchai M. de Calonne, rentré dans notre conseil, pour y solliciter en mon nom, et au nom du comte d'Artois et du prince de Condé.

Les conférences de Saint-Maximin furent longues et orageuses ; chacun y déploya son habileté diplomatique. Les revers de la première campagne contre la France n'avaient pas ramené à de plus saines idées. L'Autriche voulait toujours guerroyer pour son avantage personnel. L'Angleterre, qui se disposait à rentrer en ligne, avait aussi des prétentions exagérées ; les princes d'Allemagne rêvaient le morcellement, et je ne fus pas surpris lorsque M. de Calonne me manda que le roi de Sardaigne, notre beau-père, exigeait pour sa part, la Provence, le Dauphiné et la Bresse.

Les confédérés donnèrent une preuve éclatante de leur but réel. D'abord, en ne voulant permettre à M. de Calonne de ne paraître dans Trèves que sous un sévère incognito, et ensuite en agissant aussi mal envers le baron de Breteuil. Ce dernier, entièrement réintégré dans sa qualité de ministre plénipotentiaire de Louis XVI, était arrivé à Saint-Maximin, pour y *jouer un rôle*, ainsi qu'il écrivait au comte de La Châtre. Ces prétentions essuyèrent un choc violent, lorsqu'on lui dit que si on le souffrait à Trèves, ce n'était point en sa qualité de représentant de son souverain, mais afin de pouvoir fournir des renseignemens sur ce qui se passait en France, dans le cas où on en aurait besoin. Cela dit, on le laissa impitoyablement se morfondre dans la salle commune.

Le roi de Prusse, animé d'un véritable instinct de gloire, s'efforça de le communiquer à l'assemblée ; mais le phlegme et l'avidité ne se laissèrent point ébranler. On voulait bien la guerre, mais non une guerre générale et désintéressée. La discussion s'anima surtout lorsque le roi de Prusse prétendit faire admettre, comme principe des opérations futures de la coalition, la déclaration d'une guerre contre-révolutionnaire, dans laquelle les monarques s'interdiraient toute conquête.

Ce fut alors contre lui une clameur générale ; Frédéric-Guillaume, indigné, s'écria en levant les bras au ciel :

— Je prends Dieu à témoin que vous paralysez les efforts que j'aurais tentés pour sauver le malheureux Louis XVI, et que s'il succombe sous le crime, il ne sera aucun de vous auquel on ne soit en droit de reprocher sa mort.

On finit par se séparer sans rien conclure ; et, en définitive, il fut plus question, entre la Russie l'Autriche et la Prusse, du partage de la Pologne, que l'on complétait dans ce moment, que de la France. On abusa de l'esprit faible de Frédéric-

Guillaume : Bischoffwerder, usant de l'ascendant que l'illuminisme lui donnait sur lui, employa les prêtres de cette secte à le dissuader de son projet, et Louis XVI et les émigrés furent abandonnés.

Cependant, l'Autriche qui s'était montrée si avide, affectait pour mon frère un intérêt que tous ses actes démentaient. C'était elle qui, depuis ma sortie de France, cherchait à dénaturer mes intentions, à faire suspecter mes démarches. Je ne sais comment elle ne m'attribua pas l'arrêté de la Convention, en réponse à des propositions d'un traité avec le roi de Prusse, qui disait :

« La république française ne traite point avec
« des ennemis qui sont sur le territoire. En consé-
« quence, il est enjoint aux généraux français de n'en-
« tendre aucune proposition, avant que les troupes
« prussiennes n'aient évacué le sol français, et ne se
« soient retirées par-delà les frontières. »

Voilà en quels termes les conventionnels s'annonçaient, et quels hommes on prétendait combattre en les irritant, par le plan avoué de démembrer le territoire français. Le général Montesquiou-Fezensac, mon ex-premier écuyer qui, sortant de la ligne que je lui avais tracée, était devenu l'un des plus ardens coryphées de la révolution, avait obtenu le commandement d'une armée destinée contre le roi de Sardaigne. Il s'était d'abord emparé de toute la Savoie, tandis que le général Anselme, attaquant également les possessions de ce monarque, avait pris le comté de Nice.

Si la probité imposait la loi de secourir de grandes infortunes, la prudence n'en faisait pas moins une nécessité impérieuse. Il devenait certain que l'esprit révolutionnaire tournait à la propagande ; qu'il ne suffisait pas à la Convention de s'emparer des états voisins, mais qu'elle cherchait encore à pervertir les peuples.

Je voyais, mieux que personne, les dangers qui menaçaient tous les souverains ; j'écrivais à tous, mais je n'en obtenais que des réponses évasives. J'ai conservé la lettre que Catherine II m'adressait à ce sujet, parce qu'elle est empreinte d'une physionomie particulière. La voici.

« Monsieur,

« Je souffre de votre position, je pleure sur celle
« du roi votre frère, je voudrais condescendre sur-
« le-champ aux désirs de Votre Altesse ; mais je ne
« le puis, mon éloignement de la France m'en em-
« pêche ; d'ailleurs je dois vous parler sans détour : il
« existe dans le cœur humain un levain d'égoïsme
« que nous cherchons vainement à combattre, et
« avant de m'engager dans des expéditions hors de
« mon royaume, je veux terminer un travail qui
« me touche de plus près ; cela fait, soyez certain
« que je m'occuperai avec chaleur de vos intérêts.

« Je sais qu'il faudrait de la célérité pour com-
« battre l'activité des rebelles ; cependant, je ne
« puis croire qu'ils osent concevoir un crime dont
« la seule pensée fait frémir : je suis persuadée

« même que la vie de Louis XVI est en sûreté.
« Mais il nous reste encore à briser ses chaînes,
« et nous le ferons, je vous le promets, dès que les
« circonstances nous le permettront. Je donne l'or-
« dre à tous mes ministres résidans dans les cours
« de l'Europe, d'insister sur l'adoption d'une mesure
« générale qui satisfasse à vos justes demandes, et
« à la majesté des souverains, si indignement of-
« fensée en la personne de votre frère... »

C'était me dire clairement : « Monsieur, avant de songer à délivrer Louis XVI, trouvez bon que je m'empare de la portion du royaume de Pologne que je me suis adjugée. Un roi captif peut attendre ; mais en définitive, s'il succombe, il sera vengé... nous ferons pendre ses bourreaux. »

Repoussé de tous côtés, je me renfermai dans ma douleur. Néanmoins, je négociai secrètement avec la partie de la Convention qu'on nomma depuis la Gironde, ou avec d'autres membres de cette assemblée, dont la plupart me trompèrent indignement.

Parmi ceux dont j'eus à me louer, et que je puis désigner sans faire tort à leur mémoire, furent Boissy-d'Anglas, Lanjuinais, Réal, Rabaut Saint-Étienne, et quelques autres. Mais avant d'entrer dans les détails qui se rattachent à l'infâme procès de Louis XVI, avant de faire connaître quelques particularités relatives à ma querelle avec le baron de Breteuil, et à ma régence, je veux dire les suites de la campagne humiliante que nous venons de faire.

Les opérations militaires, suspendues sur le Rhin, se poursuivaient avec vivacité du côté de la Belgique. Le duc Albert de Saxe-Teschen, général en chef pour le compte de l'Autriche, vint investir Lille avec une armée de trente-quatre mille hommes. Cette place était défendue par trois mille hommes de troupes de ligne, cinq mille gardes nationaux, et cent trente-deux canonniers, ayant Duhoux pour chef. La ville fut bombardée depuis le 29 septembre jusqu'au 8 octobre; mais la garnison se défendit avec une telle intrépidité, qu'il fallut lever le siége. L'archiduchesse Christine vint encourager de sa présence les assaillans, et cela ne servit peut-être qu'à amener la loi révolutionnaire qui ordonna que tout émigré pris les armes à la main, serait dans les vingt-quatre heures soumis au jugement d'un conseil de guerre, condamné et exécuté.

Ce fut à quoi se bornèrent les démonstrations des Autrichiens au nord. La fortune n'avait pas été plus favorable à la coalition du côté où elle avait fait ses premières conquêtes. Il avait fallu abandonner Verdun à la vengeance de la Convention nationale. Il fallut encore souffrir l'affront plus cruel de la reddition de Longwy, car le général Valence, gendre du marquis de Genlis, et l'un des hommes dévoués au duc d'Orléans, exigea expressément, dans l'acte qui eut lieu pour la remise de la place, que les conditions seraient revêtues, pour plus grande autorité, *du sceau du peuple français et de celui du roi de Prusse.*

C'était forcer ce dernier à reconnaître d'une manière positive le gouvernement de la révolution. Mayence, attaquée à son tour, ouvrit ses portes après le délai honteux d'une résistance de vingt-quatre heures. Ce fut le comte de Custines qui fit cette conquête facile ; car les républicains avaient conservé à la tête des armées les hommes de l'ancien régime qui avaient bien voulu leur servir d'instrumens.

Montesquiou, en servant la Convention, fut payé par de l'ingratitude, et cela devait être. Un décret d'accusation lancé contre lui le força de fuir le 9 novembre 1792. Il se sauva en Suisse, se séparant ainsi de l'émigration. Cette conduite facilita sa radiation de la liste des émigrés, qu'il obtint en 1795. Il revint à Paris, et mourut en 1798. J'aurais voulu qu'il eût assez vécu pour voir la restauration, et me laisser le plaisir de lui pardonner.

CHAPITRE XV.

Des affaires de la régence. — Le baron de Breteuil persiste à entraver le comte de Provence. — Le marquis de Laqueille. — Le comte du Moustier. — Le comte de Provence lui envoie une lettre diplomatique. — Commencement de négociation, après le 10 août, sur la régence. Le rideau levé. — Causes des griefs de l'Autriche contre le comte de Provence. — Intrigues du baron de Breteuil. — Pourquoi Monsieur consent à revenir à lui. — Prétentions folles des souverains. — Note du comte de Provence. — Ce qu'en pense le comte du Moustier.

Je vais ici reculer dans l'ordre chronologique, et me reporter à l'ouverture de la campagne, au moment où commencèrent les opérations de l'armée combinée.

Dès mon arrivée à l'étranger, je m'étais placé selon mon rang et *mon droit*. J'avais notifié mon titre de *lieutenant-général de l'état et couronne de France*, et on le reconnut partout, même à Vienne: c'était déjà décider la question en ma faveur. Cependant, lorsque après une étude approfondie des usages du gouvernement national, je crus pouvoir joindre à cette qualité, celle de *régent*, on m'opposa mille obstacles.

Le baron de Bretueil, soutenu de l'Autriche, dont la mauvaise volonté était évidente, intrigua contre moi à Bruxelles. J'y envoyai, pour le combattre, le marquis de Laqueille, qui s'était montré avec distinction aux états-généraux. Le talent qu'il déploya dans la mission dont il était chargé, ne put neutraliser les machinations du baron de Breteuil. L'Angleterre se déclara pour mon antagoniste, et je restai seul, la Russie ayant refusé de me reconnaître en ma qualité de régent, malgré la promesse de l'impératrice, qu'elle tint plus tard.

Néanmoins je ne me laissai point abattre, et me maintins en face des cabinets. Les choses étaient ainsi disposées, lorsque survint la catastrophe du 10 août. La famille royale fut transférée du château des Tuileries à la tour du Temple, et le nom de Louis XVI fut rayé du préambule des lois.

Or, de la captivité du roi, reconnue et déclarée, la régence dérivait naturellement ; il était incontestable qu'un roi ne pouvait gouverner du fond d'un cachot. Mort civilement, tous ses actes, volontaires ou forcés, étaient marqués d'un sceau de nullité. Personne ne pouvait contester ce point, et cependant cela eut lieu. Certaines gens trouvèrent que le cas n'était pas suffisant pour m'investir de la régence.

Le baron de Breteuil, que je n'excuse qu'en le jugeant atteint de la monomanie des pleins-pouvoirs, soutenait les siens avec un acharnement déplorable. Il se prétendait supérieur à moi en droit et en mission. Constamment appuyé par l'Autriche, il maintint ses extravagantes propositions dans une circulaire rédigée en forme de lettre diplomatique adressée à tous les souverains. Cela me fit un tort infini. Croyant qu'il fallait détruire par mes démarches l'ascendant des siennes, je libellai la note suivante, et chargeai le comte du Moustier de la communiquer au roi de Prusse, à son conseil, et même au baron de Breteuil ; puis enfin aux diverses puissances. Je datai cette note du 5 septembre ; elle disait :

« Monsieur le comte du Moustier fera sentir aux
« ministres de Sa Majesté Prussienne, et à M. le
« baron de Breteuil, combien il est indispensable
« pour la France qu'il existe un centre d'autorité
« où tous les rayons viennent se réunir. Il leur fera
« sentir également que, tant que la captivité du roi
« durera, Monsieur ne peut exercer les fonctions
« de régent sans en prendre le titre, sous peine de
« violer les premières lois, pour le maintien des-
« quelles il a pris les armes.

« Si on objectait l'espèce d'autorité dont jouissent
« aujourd'hui les princes, il lui serait facile de
« prouver que cette autorité n'est qu'une marque
« de confiance et de respect à leur personne, à
« laquelle ceux qui la reconnaissent pourraient se
« soustraire sans s'attirer le blâme.

« M. le comte du Moustier fera surtout observer
« que ce n'est pas seulement un droit que Mon-
« sieur réclame, mais un devoir indispensable qu'il

« a à remplir, et qu'il serait moins coupable en
« laissant les choses *in statu quo*, et en exerçant
« avec M. le comte d'Artois l'autorité précaire dont
« ils jouissent, qu'en s'assignant des fonctions sans
« en prendre le titre. Si les personnes avec lesquel-
« les traitera M. le comte de Moustier refusaient
« de reconnaître à Monsieur le titre de régent, il
« leur ferait observer encore que le titre de lieu-
« tenant-général est, en quelque sorte, vide d'au-
« torité, à moins qu'il ne soit appuyé par une com-
« mission du roi ; il citerait pour exemple de cette
« assertion, Antoine, roi de Navarre, et Gaston,
« qui furent, sous les minorités de Charles IX et
« de Louis XIV, lieutenans-généraux du royaume,
« tandis que les deux reines-mères exerçaient, sous
« le titre de régentes, l'autorité royale.

« L'objection du danger que ce titre ferait courir
« au roi serait assurément la plus puissante de
« toutes, si elle n'était en même temps la moins
« fondée. M. le comte du Moustier l'a déjà dé-
« truite d'avance, et il lui sera facile de la détruire
« encore. Si l'on opposait une prétendue volonté du
« roi et de la reine, M. le comte du Moustier se
« bornerait à demander si cette volonté s'est mani-
« festée depuis le 10 août dernier ; si l'on préten-
« dait que dans les instructions données avant cette
« époque Leurs Majestés avaient prévu la catas-
« trophe, M. le comte du Moustier répondrait que
« leur courage a pu la leur faire prévoir pour
« elles-mêmes, mais non dans ses effets relative-

« ment au royaume. Quant à la question que M. le
« comte du Moustier a faite au sujet de l'adminis-
« tration du royaume pendant la régence, la ré-
« ponse est simple. Un régent, durant la captivité
« du roi, ne peut rien faire que du provisoire,
« parce que tout enchaînée qu'est la volonté de
« Louis XVI, cette volonté n'existe pas moins. Or,
« Sa Majesté a tracé elle-même à Monsieur la route
« qu'il doit suivre par sa protestation du 10 juin
« 1791. Monsieur ne peut donc que rétablir les
« parties de l'ancien régime qui sont indispensables
« pour faire mouvoir la machine, sans se permet-
« tre de juger le parti que prendra le roi devenu
« libre. »

Mon agent partit muni de mes instructions particulières, outre ma note. Il trouva le roi de Prusse à Verdun, et de prime abord entama la négociation. Il y eut une conférence indiquée où se trouvèrent, avec M. du Moustier, le duc de Brunswick, le prince de Hohenlohe, non celui qui avait embrassé mon parti, mais le général en chef de l'armée autrichienne, connu aussi sous le nom de Kircheberg, les princes de Reuss et de Nassau, le comte de Schullembourg, les ministres prussiens et le marquis de Lambert, Français émigré, investi de ma confiance, et chargé de me représenter au quartier-général des coalisés. Mais le résultat de cette conférence laissa la question incertaine, ainsi que me le manda M. du Moustier par la lettre suivante :

« Monseigneur,

« Votre Altesse Royale doit être impatiente de
« connaître le résultat de mes démarches pour son
« service : il n'y a encore rien d'achevé, je pour-
« rais même dire de commencé. Il ne me sera per-
« mis de faire valoir les motifs en faveur de la
« régence, renfermés dans les instructions de Mon-
« sieur et de monseigneur le comte d'Artois, qu'a-
« près l'arrivée de M. le baron de Breteuil, dont
« l'absence arrête toute délibération à ce sujet..

« Les principaux personnages du parti prussien
« sont convaincus et conviennent des droits de
« Votre Altesse Royale ; c'est de la cour de Vienne
« que provient le plus grand obstacle. Leurs Al-
« tesses Royales ne peuvent ignorer les causes par-
« ticulières qui ont élevé cet obstacle, et ce sont
« ces causes qu'il conviendrait de détruire, parce
« que les effets cesseraient d'eux-mêmes. La re-
« traite de M. de Calonne est déjà un grand point.

« La déférence de Leurs Altesses Royales pour
« le roi et la reine ne saurait être révoquée en doute
« d'après leur volonté de reconnaître l'influence
« de M. le baron de Breteuil. Leurs Altesses Royales
« adopteront sans doute difficilement les autres
« mesures qu'on a paru désirer de leur part ; me-
« sures qui seront expliquées par une note jointe à
« ma lettre.

« Je puis certifier à Leurs Altesses Royales que
« leur caractère et leurs vues personnelles ne causent

« de ce côté-ci aucune inquiétude ; cependant on
« croit qu'on ne pourrait sans inconvénient leur ac-
« corder un plus haut degré de confiance, à moins
« que les personnes qui font encore ombrage ne
« paraissent plus en mesure d'exercer leur empire.
« Je crois de mon devoir de parler avec cette fran-
« chise. Dès que la grande question sera agitée, je
« ne négligerai rien pour faire valoir les droits de
« Monsieur ; il peut compter sur mon zèle et ma
« persistance. J'aurai à déjouer une foule d'intri-
« gues ; mais Dieu m'accordera peut-être son aide. »

Le comte du Moustier avait mis le doigt sur la plaie en me parlant des secrets motifs qui s'opposaient à mon exercice de la régence. J'en ai déjà dit quelque chose, et je veux ici compléter ce renseignement historique.

Dès le moment où l'archiduchesse Marie-Antoinette était montée sur le trône de France par l'avénement de Louis XVI, la cour de Vienne avait étendu sur Versailles un système général d'espionage auquel je n'avais pas échappé. On sait déjà que toutes mes intentions et démarches furent calomniées, et qu'on ne me pardonna pas la conduite que j'avais tenue à l'assemblée des notables, ou du moins qu'on ne sut pas l'apprécier. Le cabinet de Vienne, instruit d'ailleurs de mon peu de penchant pour sa suprématie, me regarda comme son ennemi personnel, et se serait cru en péril si j'étais parvenu, soit à la régence, soit au trône. Il trouvait au contraire un avantage immense à laisser l'autorité dans les mains de la reine, qui naturellement aimait sa famille et plaçait sa confiance en ses créatures.

A ces causes se joignaient la crainte de ma perspicacité, l'opinion qu'avaient de moi l'impératrice de Russie et le roi de Prusse. On voulait à Vienne empêcher que je me plaçasse par droits reconnus à la tête de l'émigration et des Français fidèles de l'intérieur, parce qu'alors la prépondérance qui en fût résultée aurait fait ombrage à l'Autriche, sachant que je m'opposerais à tout accroissement de territoire à nos dépens.

Telles étaient les causes premières qui inspiraient les objections que faisait le cabinet de Vienne à mon titre de régent. M. de Bretueil, toujours cheville ouvrière des intrigues dirigées contre moi, n'agît pas mieux à l'égard de M. de Calonne, dont le dévouement ne pouvait être suspect. Il le voyait investi de l'entière confiance du comte d'Artois, négocier en notre nom, et être bien accueilli dans les diverses cours où il se présentait; il savait d'ailleurs que le roi et la reine lui conservaient encore secrètement une part dans leur confiance.

Or, c'était plus qu'il n'en fallait pour effrayer un ambitieux qui voulait envahir à lui seul le crédit et l'amitié de ses maîtres; en conséquence, il se hâta de perdre M. de Calonne dans l'esprit de Louis XVI et de Marie-Antoinette. Il le montra à cette princesse comme dirigeant notre conseil, nos actes et nos démarches; il lui fit remarquer que mes prétentions à la régence dataient du jour où M. de Calonne m'avait rejoint ; profitant ainsi avec perfidie d'une circonstance que le hasard avait amenée.

Il fallait peu de chose pour alarmer la reine. Dans ce moment, elle s'inquiéta de ce que faisait M. de Calonne près de moi, se plaignit au roi, et on connaît déjà le succès de cette trame, dont le contre-coup s'était fait sentir en Autriche. J'ai dit aussi avec quelle résignation j'avais obéi aux ordres du roi dans cette occurrence. J'étais donc tranquille dans ma bonne concience. M. du Moustier s'en réjouissait avec moi ; il me parlait aussi d'une détermination que j'avais adoptée dans mon vif désir de complaire au roi et à la reine, et d'obtenir leur consentement à la régence. Je leur proposais de prendre pour ministre régulateur des affaires M. de Breteuil. C'étaient sans doute des chaînes que je m'imposais ; mais en même temps je prouvais la pureté de mes intentions. Je crois avoir calculé avec prudence l'effet que pouvait produire une telle résolution. J'avais chargé M. du Moustier de la signifier aux agens autrichiens, sachant qu'ils trouveraient les moyens de la faire connaître à la reine.

C'était me soumettre à mon ennemi, et montrer une magnanimité qui pouvait passer pour duperie; mais j'étais guidé par mon amour du bien public et de ma famille, et mon ame exempte d'ambition personnelle aurait fait ce sacrifice sans regret ; je me serais également engagé à ne point rappeler M. de Calonne, quoi qu'il m'en dût coûter, d'après ce que j'ai dit.

Maintenant que ces difficultés à m'accorder la régence seraient écartées par les moyens que je viens d'expliquer, arrivait la liste des prétentions, confiée verbalement à M. du Moustier, et que voici :

— L'Angleterre voulait que je m'engageasse, en mon nom et en celui de toute ma famille, à ne plus mêler la France dans une autre guerre avec l'Amérique indépendante, s'il convenait à Georges III de la recommencer à l'avantage des Anglais. Puis l'abandon de l'île Bourbon, la promesse de cesser les travaux de Cherbourg, et de ne jamais reprendre ceux de Dunkerque.

Il fallait satisfaire la cour de Turin sur ses vieilles réclamations, et lui céder des portions de territoire à sa convenance.

L'Autriche persistait à vouloir reprendre les trois provinces d'Alsace, de Lorraine et de Franche-Comté ; il fallait aussi solder une multitude de petits souverains d'Allemagne. L'Autriche, la Prusse et la Russie demandaient la reconnaissance formelle et anticipée de tout nouveau partage qu'elles voudraient faire entre elles de la Pologne ; acte de spoliation dont on ne se cachait plus.

A la suite de ces exigences, venaient des subsides énormes, déguisés sous l'apparence de liquidation de l'arriéré, d'indemnités pécuniaires, de balance compensée, de pensions, de pots-de-vin : que sais-je ? on aurait dit que la famille des Bourbons était, aux yeux de ces puissances, comme une de ces maisons en détresse trop heureuses d'échapper à leur ruine immédiate en escomptant l'avenir à leurs créanciers.

Tel était l'ensemble des conditions auxquelles on m'aurait accordé la régence. Je les communiquai au comte d'Artois ; son indignation égala la mienne, et, d'un commun accord, je rédigeai la note suivante que j'envoyai au comte du Moustier :

« Monsieur et le comte d'Artois ont examiné les conditions que l'on met à reconnaître dans le premier de ces princes son droit légal de régent de France. Leurs Altesses Royales, guidées par ce sentiment d'honneur dont leurs ancêtres ne se sont jamais départis, déclarent ne pouvoir accepter des propositions incompatibles avec les intérêts de la France, la dignité de la maison royale et leur probité personnelle ; déclarent ne point posséder le droit de disposer d'aucune portion de la monarchie ; mais qu'ils sont prêts à concéder tout ce qui sera raisonnable, et hors de là, ils s'en réfèrent à la volonté de la France, librement réunie en ses états-généraux, formés d'après les règles de la monarchie, telle qu'elle existait au 1er janvier 1789 ; déclarent que, pleins de confiance en la générosité des souverains, ils regardent comme une épreuve les propositions faites en leur nom ; déclarent enfin qu'ils poursuivront, par tous les moyens possibles, la délivrance du roi leur frère, et qu'ils se flattent d'y parvenir avec l'assistance de Dieu et le concours des nobles souverains leurs amis. »

Monsieur du Moustier, dès qu'il eut reçu cette note, m'écrivit :

« Monseigneur,

« J'admire Votre Altesse Royale, et je la plains.
« Son honneur est sauvé, mais la régence est per-
« due; l'estime de l'Europe, la reconnaissance des
« Français peuvent seules l'en dédommager. »

CHAPITRE XVI.

Comment Monsieur se débarrasse du baron de Breteuil. — Propos du prince de Reuss. — On refuse de reconnaître ma régence. — Louis XVI est mis en jugement. — Les Girondins. — Les Jacobins. — Quelques hommes du temps. — Propos de Robespierre. — Le Pelletier de Saint-Fargeau. — Le comte de Provence propose au roi de récuser ses juges. — Le roi s'y refuse. — Pourquoi Monsieur se tait sur la mort du roi. — Fin de la campagne de 1792. — Décrets menaçans contre les souverains. — L'armoire de fer. — Révélation curieuse sur ce fait. — Le ministre Roland de la Plâtrière. — Sa femme. — Lettre de Cyrus Valence. — L'Angleterre se propose de rompre avec la Convention. — Le marquis de Chauvelin.

Cependant, M. du Moustier, en diplomate consommé, ne jeta pas tout d'abord notre note à la tête de ceux qu'elle concernait ; il répondit à ces messieurs que les demandes verbales qu'ils m'avaient communiquées étaient d'une telle importance que je voulais en délibérer avec le comte d'Artois, les soumettre au roi et à la reine, et enfin les discuter en conseil avec le baron de Breteuil, qui aurait à les prendre en grande partie sous sa responsabilité. Ceci venait de moi ; j'étais persuadé que jamais M. de Breteuil, quelle que fût son ambition, ne me pousserait à signer le déshonneur de notre maison. Je savais en outre qu'il n'oserait même entrer dans mon conseil, s'il fallait qu'il débutât par traiter ce point délicat. Je me débarrassais donc de cet homme, que je ne pouvais souffrir, sans qu'on pût m'accuser de manquer à mes promesses. Je le chargeais aussi du poids de cette désagréable négociation, et c'était me venger généreusement de lui, en en appelant à ses meilleurs sentimens.

On ne s'étonna point du délai que je mis à répondre. Pendant ce temps, M. du Moustier pressait la reconnaissance de la régence; il eut l'honneur de voir deux fois en particulier le roi de Prusse pour traiter ce sujet, et parvint avec un tel succès à convaincre ce monarque de la justice de mon droit, qu'il devint mon partisan zélé. Frédéric-Guillaume sollicita pour moi les autres cabinets, et y mit tant de chaleur, qu'à la fin, le prince de Reuss, qui avait le secret de la cour de Vienne, lui dit :

— Sire, vous êtes libre de reconnaître Monsieur en sa qualité de régent de France; mais si la chose a lieu, je donnerai l'ordre au général Clairfait, conformément à mes instructions, de quitter votre armée avec les forces qu'il commande, et de se retirer dans le Brabant. L'empereur mon maître ne saurait souffrir que les armées secondent les intérêts d'un régent de France, lorsque le bien de ses états et sa gloire personnelle l'autorisent à soutenir une guerre qui lui laisse en entier le droit des conquêtes.

Le roi répliqua :

— Je croyais faire une guerre de principes, mais non une guerre de spoliation, et je déclare que je m'opposerai à cette dernière de tous mes moyens.

A ces mots, les ministres présens se hâtèrent de prendre la parole. On calma Frédéric-Guillaume ; on lui prouva qu'il ne pouvait seul m'accorder un titre qui serait contesté par tous les autres cabinets ; enfin on parvint à détourner l'effet de ses bonnes intentions. Ce fut de cette manière que, dès l'entrée en campagne, on s'opposa à ce qui nous eût assuré ou facilité du moins le succès. Je restais régent aux yeux de l'émigration, mais ce ne fut qu'un vain titre.

Les événemens qui survinrent empêchèrent les choses de s'arranger au gré des divers partis. M. de Breteuil ne vint pas me rejoindre, puisque j'y avais mis pour condition ma reconnaissance préalable. Lorsque la honte de la retraite eut rendu les coalisés plus faciles, M. de Calonne reparut près de moi. D'ailleurs, les circonstances s'aggravaient : nous apprîmes que la famille royale était de plus en plus resserrée dans la prison du Temple, et bientôt qu'un acte sacrilége de la Convention mettait le roi en jugement.

Cette nouvelle nous causa une douleur que j'exprimerais difficilement. Nous essayâmes de faire naître de la sympathie dans le cœur des étrangers ;

mais, hélas! nous ne trouvâmes que de l'indifférence dorée de belles paroles. Au fond, il importait peu aux souverains ce que deviendrait Louis XVI. De froides démonstrations furent faites en sa faveur, et rien de plus : on abandonna la royauté, en ayant l'air de plaindre le monarque.

Quant à moi, qui savais jusqu'à quel excès pouvait se porter la rage révolutionnaire, j'étais désespéré ; je le fus encore plus en recevant de Boissy-d'Anglas des détails sur ce qui se passait, Les voici :

« Le parti ennemi de la famille royale vient de
« l'emporter : on va mettre aux voix l'accusation
« de Louis XVI, et elle sera admise. On espère ef-
« frayer les souverains et les amener à traiter promp-
« tement avec la république en garantissant son exis-
« tence : voilà le plan *de nos Girondins*. Les orléa-
« nistes s'imaginent que la mort du roi délivrera
« leur chef de l'obstacle qui seul s'oppose à son
« couronnement. Telle est la principale cause de la
« mesure que je déplore amèrement.

« N'espérez pas que les honnêtes gens se soulè-
« vent : ils gémiront, pleureront, et se tiendront
« tranquilles.

« Je suis sûr de Manuel, je crois pouvoir l'être
« de Pelletier Saint-Fargeau ; celui-ci nous procu-
« rera une trentaine de voix. Il serait tout à vous,
« si vous consentiez à lui faire des agaceries. Je
« redoute Robespierre ; je ne me fierais pas à Pé-
« thion, bien qu'il prétende que lorsqu'il crie

« c'est pour ne pas mordre. J'ai la promesse posi-
« tive de Cambacérès ; je cherche à gagner Barba-
« roux, y parviendrai-je? ce serait un grand point
« de remporté.

« Je vous le répète, monseigneur, il faut que
« les puissances frappent un coup d'éclat. Nous
« prolongerons le procès, mais sauver le roi est
« impossible. Robespierre me disait l'autre jour
« avec sa mine de chat-tigre : — Boissy-d'Anglas,
« ne mangerons-nous pas bientôt de la chair de
« roi ? Puis, après avoir ri comme pour faire pas-
« ser cette atroce plaisanterie, il ajouta : — Dans
« une république, pour régner, il suffit de plaire
« au peuple, ce qui est ne faire la cour à per-
« sonne. Soyez des nôtres, vous vous en trouverez
« bien. »

Boissy-d'Anglas fut trompé dans quelques-unes de ses espérances. Barbaroux lui manqua dans le procès de Louis XVI, Pelletier Saint-Fargeau en fit autant ; ce fut le duc d'Orléans qui entraîna ce dernier, en lui promettant de marier le duc de Chartres avec sa fille, aujourd'hui madame de Morfontaine. Ce leurre grossier décida Saint-Fargeau à son vote de mort. Je tiens ce fait de personnes irrécusables.

Dès que je sus la mise en jugement du roi, je me hâtai de lui écrire, et lui fis tenir ma lettre par un membre de la Convention, dont les meneurs ne se défiaient point. Je recommandai à mon frère de ne jamais reconnaître la Convention nationale comme un tribunal apte à le juger : d'imiter en tous points ce que fit Charles 1er en pareille circonstance ; qu'un acte de faiblesse de sa part ne ferait que tourner à son détriment. Qu'il ne devait sous aucun prétexte accepter des sujets révoltés pour juges, et que, amené à leur barre, il n'aurait qu'à dire que, si sur la terre il pouvait y avoir des hommes investis du droit de le juger, ce ne pouvait être qu'un tribunal élu à cet effet par le peuple en masse. J'ajoutais que dans tous les cas cette conduite honorable n'aurait aucune influence fâcheuse sur les événemens ; que les hommes qui étaient déterminés à le condamner ne se laisseraient pas désarmer par sa résignation, tandis que ceux qui voulaient le sauver seraient charmés de trouver ce prétexte de se décharger d'une responsabilité fâcheuse. J'achevais en suppliant mon frère de peser mes conseils dans sa sagesse, ayant besoin de tous nos moyens pour la lutte qui se préparait.

Je remplissais là une tâche pénible, mais je croyais devoir conseiller à mon frère de faire ce que j'aurais fait à sa place ; je ne me flattais pas de le convaincre, je connaissais son amour de la controverse ; je savais qu'il était si fort de son innocence, qu'il s'imaginait pouvoir la prouver aux yeux de tous, et qu'il espérait sortir triomphant de cette fatale épreuve, en acceptant le combat sur le terrain où on voudrait le lui proposer. Je ne me trompai pas en effet, bien que j'aie la certitude que mon moyen ait été adopté par les trois défenseurs de

Louis XVI, comme le plus convenable à sa dignité et même à ses intérêts. Néanmoins il fut repoussé, le roi répétant toujours :

— Mais je ne suis point responsable ; mon acceptation de la constitution, en couvrant mes actes, me met à l'écart. L'accusation tombera devant la défense. Je consens donc à être jugé, parce que ce sera le seul moyen de faire reconnaître mon innocence.

Cette sécurité de mon malheureux frère tenait en partie à une perfidie atroce que je veux dévoiler.

Égalité d'Orléans souhaitait que Louis XVI fût jugé de son consentement. Il savait que s'il persistait à reculer, ses juges ne demanderaient pas mieux que le décret de l'appel au peuple passât sans difficulté, et que la décision à intervenir fût renvoyée à la double chambre du vote des assemblées primaires, et de la Convention nouvelle nommée à cet effet. On devait présumer que le roi adopterait cette voie ; elle faisait gagner du temps, et donnait à la coalition celui de tenter d'autres efforts. On pouvait en profiter pour essayer une fuite, un coup de main, ou une réaction. C'était donc de toute manière un avantage immense qu'il convenait d'écarter. Mais comment s'y prendre ? *Égalité* imagina de décider Louis XVI à consentir de reconnaître à la Convention le droit de le juger. En conséquence on dépêcha au Temple de faux royalistes, qui annoncèrent au roi que les girondins et la majorité de la Convention avaient l'intention de l'acquitter. Il reçut des listes de noms, des notes, des renseignemens rédigés dans ce sens. Le vertueux Cléry y fut pris ; la reine tomba également dans le piége, et cette trame odieuse me fut révélée trop tard pour que je pusse m'opposer à sa réussite. C'est après la mort du roi que je connus tous les meneurs de ce noir complot ; la révolution en a fait justice, ils ont tous péri à leur tour. Un seul existe aujourd'hui (1818), un seul... J'ai dû lui pardonner, et je tairai son nom.

Ce fut par cette déception que le duc d'Orléans atteignit l'accomplissement de son œuvre, qu'il se souilla d'un régicide. Je sais aussi de bonne part qu'il avait pris la résolution de feindre une maladie à dater du commencement de janvier 1793, afin de se dispenser de donner son vote ; mais cette ressource lui fut enlevée ; les révolutionnaires, qui voulaient en faire leur complice avoué, le menacèrent de la vengeance du peuple et de la perte de la présidence. Il lui fallut donc marcher à la Convention, et recommencer trois fois son crime en votant toujours pour la mort.

On ne doit pas s'attendre que je m'appesantisse sur les détails du meurtre de mon malheureux frère; ils rouvriraient des blessures non encore cicatrisées. Ici, je l'avoue à mon tour, chargé de l'exécution d'un testament de pardon, j'ai besoin d'oublier pour pardonner. Je me tairai donc sur les derniers momens de ce martyr qui a donné un second saint Louis à ma famille ; car le temps seul, le temps exigé par les lois canoniques manque à la canonisation de Louis XVI.

Dumouriez, après avoir chassé le roi de Prusse du territoire de la république, alla prendre, ainsi que je crois l'avoir dit, le commandement de l'armée de Belgique. Il débuta par une proclamation empreinte de l'esprit d'anarchie et de propagande révolutionnaire ; il commença ses opérations le 28 octobre et le 6 novembre ; puis il entreprit de forcer les Autrichiens dans leur camp retranché de Jemmapes. Ce fut une action brillante et bien conduite. Tous les retranchemens furent enlevés à la baïonnette, les troupes de l'empereur forcées sur tous les points, et son armée en pleine déroute. Le 13 du même mois, Dumouriez livra un autre combat à Anderlecht, où il vainquit encore le prince Albert de Saxe. Le lendemain il entra à Bruxelles, le 22 à Tirlemont, et le 27 à Verroux, où il dispersa l'arrière-garde autrichienne. On n'eut pas envie de continuer la campagne contre lui, et il fut libre de prendre ses quartiers d'hiver, qui protégèrent tant de glorieuses affaires.

La Convention, imbue du principe de la terreur dont elle s'était déjà si bien trouvée, cherchait à la propager au dehors, afin d'appuyer les armes triomphantes de Dumouriez. Elle rendit à cet effet un premier décret par lequel elle promettait secours et protection à tous les peuples qui voudraient renverser leurs gouvernemens pour en établir de révolutionnaires. Quelques jours après, elle arrêta, sur la proposition du médecin Chambon, nommé nouvellement maire de Paris, qu'il était enjoint aux généraux français de proclamer dans les pays conquis la doctrine de la souveraineté des peuples, et de dissoudre les autorités existantes. La nation française, disait ce décret, déclare qu'elle traitera comme ennemi le peuple qui, refusant la liberté ou l'égalité, voudrait conserver ou rappeler les princes ou les castes privilégiées. Elle promet et s'engage à ne souscrire à aucun traité, et à ne poser les armes qu'après l'affermissement de la souveraineté et de l'indépendance du peuple, sur le territoire duquel les troupes de la république sont entrées.

Avec de tels leviers pour moyens, on devait bouleverser les empires. On répandit en effet dans plusieurs une fermentation sourde qui, si elle n'éclata pas d'abord, finit par produire son fruit.

Un peu avant ce second décret, le 20 novembre, le ministre Roland vint annoncer à la Convention la découverte d'une armoire en fer, cachée au château des Tuileries. Ce fut une de ces jongleries que les gouvernemens qui se respectent devraient s'interdire. Cette armoire, dérobée aux yeux par une boiserie, était bien connue de tous les meneurs; elle avait été visitée, et on n'y avait rien trouvé; le serrurier Gamon, qui prétendit l'avoir faite, bien qu'il n'en fût rien, prêta son aide à cette intrigue. Louis XVI, après le 20 juin, en avait retiré tous les documens précieux qui s'y trouvaient antérieurement. Au moment où il fut mis en accusation, on voulut faire apparaître tout-à-coup des pièces à sa charge, et Fouché imagina cette ruse ; lui-même m'en a fait l'aveu en 1814, dans la première audience secrète que je lui accordai. On entassa dans cette armoire une multitude de notes, de comptes, et de rapports de tous genres, qui ne compromettaient que les morts (Mirabeau, par exemple), puis Lafayette, ou des émigrés et des royalistes dont le trépas était résolu. On aurait pu y ajouter des documens qui auraient montré sous un nouvel aspect la plupart des membres de la législative, et une multitude de ceux de la constituante ; *car ils avaient été dans l'armoire de fer avant l'arrestation de Louis XVI, et c'étaient les seuls qu'il n'en retira après le* 20 *juin*. Mais ceux-là disparurent dès qu'au 10 août le château fut tombé entre les mains des rebelles ; aussi le ministre Roland n'eut pas à les présenter.

Cet homme, qui dut à sa femme une sorte de réputation qu'il ne méritait point, était, pour le peindre en un mot, un Necker au petit pied. On vante sa probité ; je la nie. Il ne vola point, c'est vrai ; mais il trahit indignement son roi. Il devint son espion auprès de la commune de Paris, et travailla de tout son pouvoir à le chasser du trône. D'un esprit plus que médiocre, il n'était pas en état de faire un mémoire, une note, sans l'aide de sa femme. Démocrate, parce que sa vanité y trouvait son compte, il ne fit que du mal, et recueillit comme il avait semé.

Quant à madame Roland, permis à qui voudra de l'admirer; c'est pour moi une bourgeoise de Paris se donnant des airs de Romaine. Elle avait de l'énergie, de la vivacité, du trait dans le style; mais elle était loin d'être dans sa vie privée ce qu'elle s'est faite dans son livre. Sa mort fut héroïque, comme celle de mille autres femmes dont on n'a rien dit, et elle a trop nui à ma famille pour que je puisse partager l'engouement de certaines gens à son égard.

Cinq jours auparavant, Barrère, cet Anacréon de la..., ainsi qu'on l'a surnommé si plaisamment, lut à la convention une lettre adressée au ministre de la guerre, ainsi conçue :

« J'ai l'honneur de vous rendre compte, citoyen
« ministre, que les troupes de la république occu-
« pent la ville autrefois appelée *Charles-le-Roi*, et
« aujourd'hui *Charles-sur-Sambre*. L'arbre de la
« liberté est planté dans cette ville, et presque dans
« tout le pays entre Sambre et Meuse. J'ai prévenu
« que demain les citoyens rassemblés nommeront
« leurs magistrats. Ce soir, j'assisterai à la pre-
« mière séance des Amis de la Liberté et de l'Égalité.

« Je suis, etc.

« Cyrus Valence. »

Et le comte de Valence trouva étrange qu'en 1814 mon frère et moi eussions peu d'empressement à le voir. Ces messieurs de l'ancien régime, qui avaient donné tête baissée dans la révolution, auraient voulu qu'à notre retour nous les admissions dans notre intimité. Je préférai les laisser dans mon antichambre où ils se présentèrent.

Les dernières opérations de la campagne furent la prise des citadelles de Namur et d'Anvers. La coalition, vaincue sur tous les points, comprit, mais trop tard, l'étendue de sa faute. Peut-être que, malgré le désavantage de sa position, elle aurait pu reprendre l'offensive, si, renonçant à toute ambition personnelle, elle n'avait agi que dans l'intérêt commun; mais l'avidité de l'Autriche et celle de l'Angleterre furent toujours les mêmes jusqu'à la fin, et la Prusse se retira du jeu avec plus d'or que de gloire.

L'Autriche intrigua pour se donner l'alliance de tout l'empire; l'assassinat de Louis XVI lui procura celle du reste de l'Europe. Mais avant d'en venir à cette seconde coalition, il fallut réunir des élémens bien opposés. La Convention dut prévoir l'orage, lorsque la cour d'Angleterre refusa de recevoir le marquis de Chauvelin en sa qualité de ministre de la république. Comblé des bienfaits de Louis XVI, l'ambition de ce gentilhomme le poussa dans un parti pour lequel il n'était point fait. C'était le libéralisme en talons rouges. A mon retour il sollicita sa grâce, mais je me déterminai à me passer de lui; il me bouda, et se venge en faisant pour la seconde fois *le patriote*.

J'ai dans ce genre quelques rancunes, je l'avoue, je ferais mieux de les oublier ; mais l'apostasie est difficile à pardonner.

CHAPITRE XVII.

Situation de la France et de l'Europe en 1792. — La reconnaissance des Bourbons envers les étrangers doit être médiocre. — Avidité des alliés. — Le comte de Provence écrit au duc d'Orléans. — Motifs de cette démarche. — Conversation de Boissy-d'Anglas et du duc d'Orléans, qui promet de s'abstenir de voter dans le procès du roi. — Acte honorable du duc de Chartres. — Peyre. Opinion de Boissy-d'Anglas sur Dumouriez. — Le duc d'Orléans vote malgré sa parole. — Réflexions et prophéties. — Le chevalier d'Antibes. — Fidélité à prix. — La messe des morts le 20 janvier 1793. — Idées superstitieuses. — Prédictions singulières du comte de Saint-Germain.

1793 ! c'est un chiffre à jamais fatal que ce millésime. Cette année commençait sous de sinistres auspices : le roi mon frère était en jugement, et l'on ne prévoyait que trop quelle en serait l'issue. La révolution promenait son sanglant niveau sur tout le royaume ; à peine si quelques royalistes osaient, dans le silence de leur demeure, adresser au ciel des vœux pour le rétablissement de la légitimité. Chaque ville subissait le joug d'une poignée de misérables, qui la pillaient et la décimaient à la fois. D'une autre part, toute la jeunesse en état de porter un fusil courait aux frontières, ou par enthousiasme, ou préférant le glaive ennemi à la hache française ; on manquait de tout, mais on espérait se le procurer à la prochaine rencontre avec l'ennemi.

La frontière, dans toute son étendue de terre et de mer, allait présenter la ligne formidable de quatorze armées. La garde nationale offrait un renfort vivant d'un million d'hommes ; et en joignant à ces forces les idées funestes de propagande, on aura l'évaluation des ressources du gouvernement révolutionnaire. Malgré la détresse publique, il y avait deux moyens de se procurer de l'argent : la création du papier-monnaie et la demande du dernier écu à celui qui le possédait, l'instrument de mort étant toujours là pour prévenir toute résistance. On peut joindre encore à ces ressources la confiscation des propriétés, la vente des biens des émigrés, le pillage des églises et des maisons religieuses.

Le reste de l'Europe présentait un tableau tout différent. Les revers de la campagne qui venait de finir inspiraient de la méfiance aux soldats, inquiétaient les rois, et donnaient à penser aux peuples. A la vérité, il se formait une coalition nouvelle, mais avec des élémens de crainte et de prétentions exagérées. Personne ne laissait pénétrer sa pensée, ce qu'on faisait n'était pas ce qu'on voulait faire. On parlait de rétablir l'antique royauté en France, et on laissait périr le roi dans l'intérieur, tandis qu'à l'extérieur on abandonnait ses frères ; on cherchait à les déshonorer ostensiblement, afin d'en avoir meilleur marché quand le moment du partage serait venu; en un mot, l'égoïsme et l'avidité étaient les mobiles uniques de cette seconde coalition. Il n'était donc pas difficile de prévoir que les résultats en seraient encore plus désastreux que ceux de la première.

Nous autres, princes français, sommes quittes de reconnaissance envers presque tous les souverains. La courtoisie peut m'avoir inspiré d'autres paroles, qu'on m'a reprochées; mais je dois ma pensée tout entière à l'histoire : ils n'ont fait pour nous que ce qu'ils ont été forcés de faire; aussi notre politique doit être indépendante, et nul d'entre eux n'a le droit de rappeler d'anciennes obligations. Ce n'est pas ainsi qu'on recevait jadis en France les rois bannis de leurs états; ce n'est pas ainsi qu'on leur prêtait secours. Les monarques de ma famille ont dans tous les temps montré une magnanimité désintéressée dont on ne rencontre point d'exemple. Ce ne fut qu'à la dernière extrémité, et comme un sacrifice nécessaire à la paix générale, que Louis XIV et Louis XV délaissèrent les Stuarts. Que Dieu épargne aux autres souverains des revers pareils aux nôtres! Néanmoins, si la fortune leur est contraire, ils pourront recourir à nous, car jamais la générosité capétienne ne se démentira.

Je voyais ce contraste funeste; cette énergie du côté de la révolution, et de l'autre cette avidité insatiable des rois encore debout. Je m'efforçais de ramener les monarques à des idées saines, à des sentimens plus nobles; mais mes instances, mes représentations importunaient. Les petits princes d'Allemagne eux-mêmes s'indignaient de ce que je demandais une guerre généreuse. Néanmoins, loin de me décourager, je frappais à toutes les portes : il s'agissait de sauver la vie de Louis XVI, et rien ne me coûtait. J'avais une correspondance active avec une foule de royalistes, de semi-constitutionnels et de républicains, du moins soi-disant tels. Je m'adressai même au malheureux duc d'Orléans, ne pouvant encore le supposer capable du crime dont il souilla son nom. Je lui fis remettre par Boissy-d'Anglas, mon agent secret à Paris, une lettre où je lui disais :

« Mon Cousin,

« Si l'on a eu des torts à votre égard, vous ne
« vous êtes déjà que trop vengé. Nous ne pouvons
« contester votre influence et votre popularité.
« Vous nous avez tous contraints à la fuite. Le roi,
« la reine, le dauphin, ma nièce et ma sœur, gé-
« missent dans une prison dont vous avez la clef;
« ne serait-il pas temps de rappeler dans votre
« cœur les sentimens que vous en avez chassés !

« J'espère que le ressentiment vous a seul guidé;
« car si vous aviez voulu être roi, il me semble
« que vous n'aviez qu'à dire un mot. Maintenant
« il n'y a plus de trône, une république s'élève
« sur ses débris; elle veut d'abord se débarrasser

« de Louis XVI : prenez garde de la gêner à votre
« tour ! il est des ambitions qui ne s'accommoderont
« pas de votre présence, et peut-être l'instant n'est
« pas loin où vous l'apprendrez à votre détriment.

« Ces gens ont-ils pour vous la déférence due à
« votre rang ? Non, sans doute ; déjà ils ne vous
« ménagent plus ; votre fortune leur fait envie, et
« pour vous l'enlever, ils veulent vous rendre leur
« complice, vous donner en exécration au monde
« entier, afin de n'avoir plus qu'à vous condamner
« quand ils décideront votre perte. Voilà ce qui
« vous attend si vous continuez à jouer un rôle
« dans l'odieuse tragédie qui se prépare. Le sang
« du roi marquerait votre front d'un sceau indélébile,
« et souillerait votre vie entière.

« Mon cousin, car vous l'êtes, en dépit de votre
« conduite, revenez, je vous le répète, à des sen-
« timens plus dignes de votre sang. Il en est temps
« encore, plus tard tout sera vain. Le roi est porté
« à l'indulgence ; d'ailleurs, ce que nous aurons de
« mieux à faire de part et d'autre, sera d'oublier
« le passé. Je vous donne ma parole d'honneur
« que nous agirons ainsi à votre égard, et j'ai les
« moyens de la tenir. Je vais plus loin, une double
« alliance aura lieu entre nous, une alliance indis-
« soluble qui sera le gage de la sincérité de nos
« intentions. Pesez bien ces avantages : comparez-
« les avec ce que vous pouvez espérer dans votre
« position présente. Il n'y a plus pour vous de
« royauté possible ; quant à une présidence, où en

« sera le fondement ? Réfléchissez à l'avenir, voyez
« celui de vos enfans ; songez aux terribles consé-
« quences qui retomberaient sur leur tête et la
« vôtre si vous vous rendiez coupable d'un vote de
« mort contre un roi de votre sang. Non, mon cou-
« sin, il est impossible que vous vous chargiez la
« conscience d'un remords, que nulle considération
« humaine ne pourrait adoucir ! N'élevez pas un
« mur d'airain entre la branche aînée et la branche
« cadette de notre maison ; ne nous contraignez
« pas à punir vos descendans de vos fautes. Nous
« oublierons tout, je vous le répète, et nous ne
« vous demandons en retour que de vous abstenir
« de prendre une part directe ou indirecte dans le
« procès du roi, bien assurés que si vous adoptez
« cette détermination, vous en viendrez bientôt à
« celle de tout tenter pour le sauver. »

J'avoue qu'en écrivant cette lettre, je me berçais d'une sorte d'espérance. Je ne pouvais croire
le duc assez dénué de sens pour ne pas voir où on
voulait le conduire ; seulement je me figurais que,
craignant de ne pas obtenir le pardon de ses attentats antérieurs, il persisterait dans sa rébellion,
comme étant le seul asile qui pût le mettre à couvert de notre juste colère. Or, je pensais aussi
qu'en lui accordant ce pardon, j'ouvrirais la porte
à ses remords.

Ce fut donc ce motif qui me décida à lui écrire.
Je voulais d'ailleurs n'avoir aucun reproche à me
faire. J'expédiai ma missive à M. Boissy, en lui

recommandant de la remettre en mains propres, et d'insister pour une réponse. Voici celle qu'il me fit. Je supprime les complimens, me renfermant toujours dans le simple exposé des faits.

« Je suis allé au Palais-Égalité; on a quelque
« peine à arriver jusqu'au propriétaire lorsqu'on
« n'est pas dans ses bonnes grâces. Il y a aux por-
« tes une sorte de garde en veste, composée de
« gens à mine féroce, de Marseillais à tant par
« jour, héros de juin et d'août, qui ne laissent
« passer librement que les affidés. Cependant le
« palais ne m'a pas été fermé, bien que j'aie le mal-
« heur, dit-on, de porter une figure d'honnête
« homme. Votre cousin, monseigneur, m'a dé-
« dommagé, par son accueil, de la grossièreté de
« ses officieux valets. Il est toujours d'une politesse
« achevée; il a voulu me faire asseoir, mais je
« m'y suis refusé, par malice peut-être, afin de
« lui rappeler qu'il est prince. Bref, nous sommes
« entrés en pourparlers. Dès qu'il a pu comprendre
« le but de ma mission, il a presque pâli, m'a
« regardé fixement, puis a dit en repoussant la
« lettre que je lui présentais :

« — Une lettre de Monsieur pour moi ? c'est
« impossible ! que me voudrait-il ? Je ne veux me
« mêler en rien de ce qui le concerne.

« — Vous pouvez du moins la lire sans que cela
« vous compromette en rien, ai-je répondu.

« — Non, c'est inutile... Il serait même dan-
« gereux...

« C'est alors que j'ai vu quel était son soupçon ;
« j'ai pris un ton convenable à la circonstance, et
« élevant la voix d'un air de mécontentement, je
« me suis plaint de la méfiance qu'il me témoignait.
« Il a rougi, a pris la lettre, et s'est approché de
« son bureau pour l'y déposer. Je l'ai prié de l'ou-
« vrir ; il a d'abord hésité, et s'est enfin décidé en
« voyant que j'insistais. En la parcourant, son
« visage a changé plusieurs fois de couleur; puis,
« sa lecture achevée, il s'est rapproché de moi
« avec embarras en me disant :

« — Que veut-on que je fasse? Certes, il me
« serait affreux de voter la mort du roi : il n'est pas
« dans mes intentions de prendre part à cet acte.
« Le roi et la reine sont mes ennemis; ils n'ont
« guère pris la peine de le nier ; mais ma loyauté
« me commande de me tenir à l'écart, et je n'ai pas
« besoin, pour m'y décider, de promesses ou de
« menaces ; on ne tiendrait pas plus les unes qu'on
« ne pourrait exécuter les autres. Quant à une ré-
« ponse, je n'en ferai pas, ce serait peut-être four-
« nir une arme contre moi. Les choses en sont au
« point que de part et d'autre tout est permis. Mais,
« je le répète, pour vous, monsieur, uniquement
« pour vous, mon intention est de me retirer lors-
« que viendra le moment d'émettre nos votes; j'en
« prends l'engagement avec vous, et je le tiendrai. »

« Je l'ai examiné avec attention, et il m'a paru
« sincère. J'ai vu aussi que vos propositions d'ac-
« commodement le tentaient, mais qu'il ne pou-

« vait y croire, à tel point sa conscience lui fait de
« reproches. Il est persuadé qu'il s'est trop avancé
« pour reculer. Cette erreur, plus commune qu'on
« ne le pense, est une des causes qui font que tant
« d'hommes persistent dans le crime. J'ai péroré
« de mon mieux ; mais il a éludé tous mes argu-
« mens en se tenant toujours sur la défensive.
« Cependant, en me quittant dans la dernière
« antichambre, car attendu ma *qualité de collègue*,
« il m'a reconduit jusque là, il m'a pris la main, et
« m'a dit d'un ton pénétré :

« Je tiendrai ma parole, je vous le jure,

« J'ai su que son fils, qui est avec Dumouriez,
« s'est jeté à ses pieds pour en obtenir la même
« promesse, et qu'il lui a répondu comme à moi.
« Le duc de Chartres s'est conduit à merveille dans
« l'affaire qui nous occupe tous ; je dois lui rendre
« cette justice. Il n'y a de démocrate parmi les
« trois fils que le duc de Montpensier. Quant à
« M. de Beaujolais, il est aussi royaliste que Votre
« Altesse Royale. Au reste, l'excellent Peyre ne peut
« que l'entretenir dans de bons sentimens, car la
« révolte n'a pas encore eu le temps de le per-
« vertir.

« Je ne sais si le roi doit compter beaucoup sur
« l'appui de Dumouriez ; la conduite de ce général
« me semble tortueuse et ambiguë. Aux uns il dit :
« Je suis venu pour sauver Louis XVI ; et aux
« autres, il proteste de son amour pour la républi-
« que. Il se rapproche de votre cousin, et je crois

« en définitive que s'il ne voit pas jour à agir pour
« lui-même, il le fera dans les intérêts du duc de
« Chartres. Je l'ai vu, je lui ai parlé ; néanmoins
« il me serait difficile de vous rapporter ses paroles,
« tant elles m'ont semblé vides de sens. C'est un
« excellent militaire, mais si fin, si rusé, que,
« dans sa perpétuelle méfiance des autres, il ne
« fera jamais aucun fond sur leurs promesses, ne
« donnera rien au hasard, voudra tout prévoir tout
« calculer, et finira par se laisser gagner de vitesse. »

C'était le 10 janvier 1793 que le duc d'Orléans avait tenu ce langage rassurant sur ses intentions au vertueux Boissy, et moins de six jours après il s'était rendu trois fois parjure, en votant trois fois avec les régicides.

Tous les projets d'évasion qu'on tenta pour sauver Louis XVI pendant sa dernière captivité furent en pure perte. D'une part, la vigilance avec laquelle il était surveillé, et de l'autre l'impossibilité de soustraire toute la famille royale à ses geôliers, présentèrent des obstacles invincibles. Le roi ne voulait pas fuir seul; la reine persistait à ne pas se séparer de ses enfans, et jamais on ne put vaincre cette opiniâtreté magnanime. On multiplia aussi les plans d'une contre-révolution, d'un soulèvement instantané; c'était l'unique moyen de sauver les infortunés prisonniers, mais cette tentative échoua comme les autres.

On dépensa donc sans fruit une somme d'argent assez considérable pour organiser un mouvement qui d'abord devait enlever le roi à son passage du Temple à la Convention. Ce mouvement, qui ne s'opéra pas, devait aussi avoir lieu pendant le jugement, puis le jour du rejet de l'appel au peuple. L'occasion, bien que favorable, fut manquée encore. On fit de nouveaux sermens pour le jour fatal de la sanglante catastrophe ; on jura de mourir ou de vaincre ; mais, hélas ! les plus fidèles ne se montrèrent pas, et mon malheureux frère marcha au sacrifice sans entendre une voix s'élever pour le bénir, sans voir s'agiter un bras pour le défendre. On aurait dit que Paris tout entier était d'intelligence avec ses bourreaux.

Cependant on nous maintint dans cette cruelle déception jusqu'au dernier moment. Un chevalier d'Antibes, qui se qualifie de *Blondel*, je ne sais trop pourquoi, m'écrivait lettres sur lettres pour m'assurer qu'il sauverait Louis XVI. Il avait, me disait-il, sous ses ordres vingt mille hommes dont il pouvait répondre. Leur désintéressement était sans bornes, mais il fallait de l'argent pour gagner la canaille. Je puis certifier que nous avons payé cher ces prétendus secours. Cependant nous nous lassâmes de cette nuée d'affamés et de fripons, nous fûmes moins prodigues, et on nous servit mieux, car les honnêtes gens prirent alors leur place.

Je disais donc que je me berçais constamment de l'espoir qu'on tenterait un dernier et énergique effort pour sauver Louis XVI. Depuis le commencement du procès, nous attendions chaque jour des nouvelles, avec une anxiété difficile à décrire ; les moindres lueurs de succès nous causaient une joie qui nous faisait mal, n'osant entièrement nous y abandonner. C'est alors que j'ai reconnu combien, dans les grandes catastrophes, l'esprit le plus fortement trempé est porté à des idées superstitieuses.

On voulait trouver des présages dans les moindres phénomènes de la nature ; et j'avoue avec franchise que je suivais la pente commune. Je partageai donc l'étrange terreur que causa le fait suivant.

Nous entendions la messe dans une chapelle dressée exprès dans une des plus vastes salles du château, afin de ne pas nous servir de celle qui était destinée au culte luthérien. Le dimanche 20 janvier, j'arrive, suivi de mon frère, de nos aumôniers et des gens de notre service. En entrant dans la chapelle, nous voyons avec surprise l'autel paré comme pour une cérémonie funèbre. Chacun de s'écrier, et de se regarder d'un œil interrogateur. Enfin on s'informe de ce que cela veut dire ; on va aux renseignemens, et nous apprenons que le sacristain chargé du soin de la chapelle vient d'être attaqué d'un accès subit de folie, à la suite d'un songe dans lequel il a vu Louis XVI égorgé, puis montant au ciel. Ce malheureux, aussi pieux que zélé royaliste, avait la tête très-faible ; ce qu'il entendait dire tous les jours sur les périls que courait le roi lui troublait la raison, et enfin son rêve acheva de la lui déranger complètement. Ce fut donc cette aliénation mentale qui le porta à dresser ce qu'il appelait le catafalque royal.

Il ne fut pas un de nous qui ne fondit en larmes à ce sinistre présage, que nos craintes nous montraient trop comme une réalité. Nous fûmes tous frappés, malgré nous, d'effroi et de consternation, comme si nous venions d'apprendre que le lendemain était le jour qui devait mettre un terme à toutes nos espérances, et nous plonger dans le deuil et l'affliction. Nos inquiétudes furent encore augmentées par un orage épouvantable, qui éclata le même soir, et des tourbillons de vent, tels que je n'en ai entendu de ma vie. C'était sans doute un incident ordinaire; mais, dans notre disposition d'esprit, nous aurions prêté du surnaturel aux choses les plus simples.

Quoi qu'il en soit, la mort des grands est quelquefois accompagnée de particularités bizarres, que la saine philosophie rejette, mais dont les têtes les plus fortes sont souvent frappées. Qui ne connaît pas, par exemple, l'histoire de ce spectre, lequel dansa aux noces d'un Stuart en Écosse, annonçant par sa présence hideuse les infortunes de cette maison? Qui ne connaît encore *la femme blanche* attachée à la destinée des princes de Brandebourg? Cette femme mystérieuse, qui balaie avec une effrayante activité les longues galeries de leurs palais, lorsque l'un des héritiers de l'antique Hohenzollern doit être appelé à comparaître devant le trône de Dieu? Personne n'ignore non plus les présages qui signalèrent la fin de la dernière branche des Valois; mais ce qui est moins connu, c'est la prédiction du comte de Saint-Germain, le fameux thaumaturge, à Louis XV. On ne sera peut-être pas fâché de la trouver ici.

Cet homme singulier était admis dans l'intimité du roi et de la marquise de Pompadour. Il donnait des preuves si surprenantes de sa science et de sa pénétration, qu'un jour le monarque exigea qu'il tirât l'horoscope de ses trois petits-fils, le dauphin, moi, et le comte d'Artois. Nous venions, pour ainsi dire, de naître, car c'était en 1760. Saint-Germain se défendit long-temps de complaire à Louis XV; il représenta le danger d'une semblable obéissance, dans le cas *où les astres seraient contraires;* mais le roi insista, et il fallut obéir. Quelques jours s'écoulèrent; le devin ne se pressait pas de s'expliquer; madame de Pompadour lui rappelait sa promesse, et il ne disait mot. Enfin Louis XV lui ayant ordonné de parler, il s'écria d'un ton d'impatience mêlé de frayeur :

— Sire, vous avez trois petits-fils. Eh bien! admettez que Charles Ier d'Angleterre était le frère aîné de ses deux enfans.....

Le roi fit un geste de colère, madame de Pompadour poussa un cri d'horreur, et le comte de Saint-Germain garda le silence.

CHAPITRE XVIII.

Lettre que Louis XVI écrit au comte de Provence le 20 janvier 1793. — M. de Conzié annonce le régicide à ce prince. — Douleur du comte d'Artois. — Propos de Monsieur sur le crime des conventionnels. — Adresse aux Français sur l'attentat du 21 janvier. — Le comte de Provence prend solennellement possession de la régence. — Il investit le comte d'Artois de la lieutenance-générale du royaume. — Formation du ministère de régence. — Les puissances refusent à Monsieur le titre de régent. — La Russie le lui accorde. — Travaux administratifs de ce prince. — Lettre de la reine. — Monsieur annonce le complément de sa justification.

Ce même jour, 20 janvier, je reçus une lettre de Louis XVI, qui, au milieu d'une douloureuse agonie, revenait à moi, et me dictait ses dernières volontés. Toutes ses illusions s'étant dissipées en face de la mort, il reconnaissait mon titre de régent, ou plutôt le constatait par un acte solennel, qui, sans y donner plus de force, y impreignait le sceau sacré de son consentement. Mais ce qui m'était plus précieux, c'est qu'il rendait justice à ma fidélité, à mon obéissance et à ma tendresse. Je fus fier et accablé à la réception de cette sorte de codicille à son testament.

« Mon chère frère,

« J'obéis à la Providence et à la force en allant
« porter sur un échafaud ma tête innocente. Ma
« mort impose à mon fils le fardeau de la royauté :
« soyez son père, et gouvernez l'État pour le lui
« rendre tranquille et florissant. *Mon intention
« est que vous preniez le titre de régent du royaume;*
« mon frère Charles-Philippe prendra celui de lieu-
« tenant-général. Mais c'est moins par la force des
« armes que par une liberté bien entendue et des
« lois sages que vous rendrez à mon fils son héri-
« tage usurpé par les factieux. N'oubliez jamais
« qu'il est teint de mon sang, et que ce sang vous
« crie clémence et pardon : votre frère vous en prie,
« votre roi vous l'ordonne.

« Louis. »

Ce 20 janvier 1793.

— Mais avant que cet écrit, monument sublime
de résignation et de magnanimité, vînt ajouter
au poids de mes devoirs, j'avais reçu le coup le
plus affreux qui puisse frapper un frère, un sujet :
je savais que la hache était tombée sur la tête d'un
roi de France...

Le courrier porteur de cette affreuse nouvelle,
avait remis, contre l'usage, ses dépêches entre les
mains de l'évêque d'Arras, en lui disant ce qu'elles
contenaient. Ce prélat n'osant prendre sur lui de
les ouvrir, vint me les présenter. Ce cérémonial
inusité me frappa au cœur : je compris ce qu'il

voulait dire, et me jetant à genoux, suffoqué par mes sanglots, j'adressai à Dieu une fervente prière pour le roi-martyr.

— Ah ! monseigneur, s'écria M. de Conzié, adressez-vous à Dieu, mais par l'intermédiaire du nouveau saint Louis ; car pour qui les cieux s'ouvriront-ils si ce n'est pour le vertueux Louis XVI ! Maintenant il veillera du haut du ciel sur la France, sur sa famille. Quant à vous, monseigneur, conservez-vous pour réparer tant de maux par votre constance, votre connaissance des hommes et des affaires.

Je ne pus répondre qu'en serrant les mains de M. d'Arras. Bientôt le comte d'Artois, instruit par une rumeur sourde que la grande catastrophe avait eu lieu, se précipita dans ma chambre, où il me trouva encore à genoux et les yeux baignés de larmes. Cette vue amena chez mon frère une égale manifestation de désespoir. Je me relevai, le serrai dans mes bras ; rapprochées encore par ce nouveau malheur, nos ames sa confondirent, et nous jurâmes d'agir toujours en commun dans les intérêts de notre neveu et roi.

Presque aussitôt après, le château de Hamm retentit de cris et de lamentations. Chacun maudit les meurtriers, et se demanda où étaient en France, ce jour-là, les amis de notre maison ; on s'accusait d'avoir laissé le roi et de n'être pas rentrés tous en masse pour lui faire un rempart de nos corps : c'était un spectacle déchirant. Mes jeunes neveux s'efforçaient de calmer la douleur de leur père ; ils s'attachaient à son cou, essuyaient ses larmes avec leurs innocens baisers, puis venaient à nous nous prodiguer aussi leurs consolations.

Mes serviteurs intimes, d'Avaray, Richelieu, La Châtre, Caraman, Lachapelle, Roller, Flachellanden, Maillé, d'Escars, Saint-Priest, Bouillé, de Broglie, Castries, d'Aubier, et nombre d'autres, partageaient l'amertume de cette perte irréparable. Ils étaient présens lorsque je m'écriai :

— Toutes les ondes de l'Océan ne pourraient effacer cette tache odieuse !

Le comte d'Artois, se fiant à ce que Boissy-d'Anglas lui avait mandé, ajouta dans sa sincérité :

— Du moins, messieurs, dans ce régicide, aucun membre de notre maison ne comptera parmi les bourreaux !

Nous ne sûmes que le lendemain la part infâme que le duc d'Orléans y avait prise.

Dès que le premier instant de la douleur fut passé en public, je me renfermai dans ma chambre, et ne permis même pas à d'Avaray de rester avec moi. Là, je repassai dans ma mémoire toutes les vertus de mon frère, toutes ses bontés à mon égard. Je m'engageai devant Dieu et de toute la chaleur de mon ame à remplir avec constance et énergie la grande tâche qui m'était dévolue. Je ne reculai pas devant son étendue ; je me vouai au service de mon neveu, de ma chère patrie. Je résolus, dès que Marie-Antoinette serait délivrée (pouvais-je penser que les bourreaux de mon frère auraient soif aussi du sang d'une femme?) de me rallier à elle, et d'adoucir par mon dévouement une partie de ses irréparables douleurs.

Ce furent les seules pensées qui m'occupèrent tant que dura ma solitude; mais elle ne tarda pas à être troublée par la tendre amitié du comte d'Artois et celle de d'Avaray; Madame voulut aussi partager le poids de ma douleur. On vint à mon secours : j'en avais besoin!

Les choses demeurèrent ainsi jusqu'au 28 janvier, jour où j'expédiai diverses pièces que je veux faire connaître successivement. La première fut une proclamation adressée aux Français en masse et aux émigrés en particulier. Elle disait :

« Messieurs,

« C'est avec le sentiment de la plus vive douleur
« que je vous fais part de la perte que nous venons
« de faire dans la personne du roi mon frère, im-
« molé à la rage des tyrans qui depuis long-temps
« désolent la France. Cet horrible attentat m'im-
« pose de nouveaux devoirs, et je m'efforcerai de
« les remplir dignement. J'ai pris le titre de *régent*
« *du royaume*, que me donne le droit de ma nais-
« sance, pendant la minorité du roi mon neveu;
« j'ai confié au comte d'Artois celui de lieutenant-
« général du royaume. Votre attachement à la reli-
« gion de nos pères et au souverain que nous pleu-
« rons aujourd'hui, me dispense de vous exhorter

« à redoubler de zèle et de fidélité envers votre
« jeune et infortuné monarque, et d'ardeur pour
« venger le sang de son auguste père. Si, dans de
« tels maux, il nous est possible de recevoir quel-
« que consolation, c'est bien celle de restituer
« l'antique héritage des Bourbons au fils du roi-
« martyr, et de rendre à la France sa gloire et sa
« tranquillité. »

Cette déclaration fut accompagnée d'un autre document que je jugeai nécessaire de publier. C'était en quelque sorte une prise de possession de la régence. Je m'exprimais en ces termes :

« Pénétré d'horreur en apprenant que les plus
« criminels des hommes viennent de mettre le
« comble à leurs nombreux attentats, nous avons
« d'abord invoqué le ciel pour qu'il nous donnât
« la force de surmonter les sentimens d'une dou-
« leur profonde et les mouvemens de notre juste
« indignation, afin de pouvoir nous livrer à l'ac-
« complissement des devoirs qui, dans des circon-
« stances aussi graves, sont les premiers que les
« lois immuables de la monarchie imposent.

« Notre très-cher et très-honoré souverain sei-
« gneur le roi Louis XVI de nom, étant mort le
« 21 du présent mois de janvier, sous le fer parri-
« cide des usurpateurs de la royauté en France,
« nous déclarons :

« Que le dauphin, Louis-Charles, né le vingt-
« septième jour du mois de mars 1785, est roi de
« France et de Navarre sous le nom de *Louis XVII*,

« et que, par le droit de naissance, ainsi que par
« les dispositions des lois fondamentales du royaume,
« nous sommes et serons régent de France durant
« la minorité du roi notre neveu et seigneur.

« Investi en cette qualité de l'exercice des droits
« et pouvoirs de la souveraineté et du ministère
« supérieur de la justice royale, nous en prenons
« la charge, ainsi que nous sommes tenus de le
« faire, pour l'acquit de nos obligations et devoirs,
« et à l'effet de nous employer avec l'aide de Dieu,
« et l'assistance des bons et loyaux Français de tous
« les ordres du royaume, et des puissances alliées
« de la couronne de France, à la libération du roi
« Louis XVII, notre neveu, de la reine son auguste
« mère et tutrice, de la princesse Élisabeth sa
« tante, notre très-chère sœur, et de Madame
« Royale, notre très-chère et bien aimée nièce, tous
« détenus dans la plus dure captivité, par les chefs
« des factieux, et simultanément au rétablissement
« de la monarchie et de la religion.

« *Louis-Stanislas-Xavier,* Monsieur,
Régent de France. »

Un acte d'équité et d'attachement me restait à faire, celui d'élever le comte d'Artois aussi haut que cela était en mon pouvoir. Je m'y déterminai ce jour même, en lui transférant les fonctions que je quittais, qui jusque là ne m'avaient pas du moins été contestées, celles de lieutenant-général du royaume. M. de Barentin remplissant la charge de chancelier, scella les lettres patentes, qui disaient :

« Le Dieu de nos pères, celui de saint Louis,
« qui protégea si long-temps la monarchie fran-
« çaise, ne permettra pas sans doute qu'elle périsse
« maintenant sous les coups que lui portent des
« furieux non moins exécrables par leur audacieuse
« impiété, que par l'énormité de leurs forfaits. Si,
« comme nous l'espérons, le ciel nous destine à
« être le ministre de sa justice, à venger le sang
« du roi notre frère, nous nous emploierons de
« tous nos moyens à remplir ce devoir sacré et à
« relever le trône de notre roi et neveu, afin de le
« réintégrer dans tous les droits de la couronne.
« C'est dans ce but que nous appelons à notre aide
« Charles-Philippe de France, comte d'Artois,
« notre très-cher frère, lequel nous nommons
« lieutenant-général du royaume.

« Le premier acte de la régence dont nous pre-
« nons la charge, manifestera, selon le vœu de
« notre cœur, la pleine confiance que nous avons
« en vous.

« A ces causes, et pour ces honorables fins et
« motifs, nous vous avons nommé et constitué par
« ces présentes, lieutenant-général des troupes de
« France, vous investissant de tous les pouvoirs
« qu'un régent de France peut déléguer, et parti-
« culièrement celui de commander en notre absence
« et en notre présence, et sous notre autorité, les
« armées du roi, bien entendu que tous les officiers
« de Sa Majesté, militaires ou civils, ainsi que

« tous les Français sujets du roi, obéiront aux ordres
« donnés par vous, au nom du roi ou du régent.
« C'est notre bon plaisir que vous assistiez à tous
« les conseils d'état, de justice, d'administration
« et autres qu'il sera jugé nécessaire d'établir. Nous
« souhaitons aussi que vous les présidiez en notre
« absence. Tous ces pouvoirs continueront pendant
« la durée de notre régence, à moins qu'ils ne
« soient annulés ou restreints par notre autorité.

« En vertu de ces présentes, toutes lettres patentes
« dans la forme ordinaire, et adressées aux cours de
« justice du royaume, quand elles seront rétablies
« en leur ressort respectif, y seront enregistrées,
« vérifiées, publiées, et exécutées.

« Données à Hum en Westphalie, sous notre seing
« et sceau ordinaire, et contresignées par les ma-
« réchaux de Broglie et de Castries, nos ministres
« d'état. Le 28 janvier 1793, et la première année
« du règne de Sa Majesté.

Signé, LOUIS-STANISLAS-XAVIER.

Contresigné par ordre du régent de France.

Signé : le maréchal DE BROGLIE ;
le maréchal DE CASTRIES.

Ceci terminé, je m'occupai de la formation du ministère que j'attachai à ma régence ; de la lettre de notification de la mort de mon malheureux frère, et des hautes fonctions dont cette fois je me croyais pleinement investi.

M. de Barentin, garde-des-sceaux, eut en apparence la présidence du cabinet. Je dis en apparence, car, bien que j'eusse confiance en son zèle, je ne laissais pas à d'autres qu'à moi la direction suprême des affaires.

M. de Saint-Priest fut chargé peu après du département de l'intérieur. Je trouvais tout en lui : dévouement, sagacité, formes agréables, et connaissances administratives.

Il en était de même du marquis de Bonnay, qui remplit auprès de ma personne les fonctions de ministre de la maison du roi. Lieutenant dans la compagnie des gardes-du-corps du duc de Villeroy; membre des états-généraux en 1789; appelé à la présidence de l'Assemblée nationale le 12 avril 1790, et renommé en juillet suivant, il méritait, par sa conduite, l'estime et l'affection de ses collègues. A l'époque de la fuite du roi, il fut attaqué par des membres du comité des recherches, qui le prétendirent instruit du projet de Louis XVI. Il répliqua aussitôt : « Si le roi m'avait demandé mon avis, je ne lui aurais pas conseillé ce départ ; mais s'il m'eût choisi pour le suivre, je répète que je serais mort à ses côtés, et que je serais glorieux d'un tel sort. »

Il fut l'un des derniers à quitter Paris, où il se trouvait encore au commencement de 1792. Il y revint lorsqu'on eut entamé le procès du roi ; et ce fut lui qui m'apporta la réponse de Sa Majesté à la lettre dans laquelle je lui conseillais de ne pas reconnaître aux conventionnels le droit de le juger.

Le maréchal duc de Broglie, dont la réputation européenne ne faiblissait pas avec l'âge, continua à diriger le ministère de la guerre, que Louis XVI lui avait confié au moment de la révolution. Sa renommée jetait un grand éclat sur mon conseil; il avait sous lui le prince Amédée, son fils et notre aide-de-camp. Ce jeune homme, âgé de vingt-deux ans, était chargé de préparer le travail que rédigeait le maréchal avant de l'apporter à la signature. En 1794, il demanda à servir d'une manière active la cause royale, et demeura dans l'armée du prince de Condé jusqu'au licenciement en 1801. Il reprit son rang près de ma personne, lorsqu'en 1796 je rejoignis cette brave armée, afin de partager ses périls. Je fus si satisfait du prince de Broglie, que, de mon habitation de Blackenbourg, j'écrivis au maréchal, son père, le 7 décembre de cette même année, une lettre que sans doute son fils aura retrouvée dans ses papiers : la voici ; je dois ce témoignage à la fidélité qu'ont montrée la plupart des membres de cette maison illustre.

« Ce que vous me mandez, mon cher maréchal,
« de l'armée de Condé, de son général et du duc
« d'Enghien, me cause une joie bien vive ; mais
« je jouis particulièrement du témoignage satisfai-
« sant que votre fils rend de mon neveu (le duc de
« Berry.) C'est un bon juge qu'Amédée ; j'ai pu
« l'apprécier pendant le peu de temps que j'ai été
« à l'armée, et je puis vous répondre qu'il n'a pas
« dégénéré. Nous voyons dans les anciennes chro-

« niques que le Cid était le dernier des fils de
« don Rodrigue de Bivar, et qu'il le surpassa, au
« grand étonnement de toute l'Espagne..... Adieu,
« mon cher maréchal ; vous connaissez mon ami-
« tié. »

Le prince de Broglie, digne des éloges que je faisais de lui, resta avec nous. Je le nommai chevalier d'honneur du duc d'Angoulême, mon neveu, au mariage de ce dernier. Mais enfin, ayant désiré rentrer en France, je lui en donnai la permission ; le rétablissement de sa santé lui rendant nécessaire l'air de la patrie ; car ce n'est pas de lui que je dirai avec Sénèque :

Pauci reges, non regna colunt.

(Les rois trouvent peu d'hommes plus attachés à leur personne qu'à leur fortune.)

Bien que le ministère de la marine fût sans administration dans ce moment, j'en conservai néanmoins le titre. J'avais d'ailleurs des espérances du côté des colonies, et il me fallait quelqu'un pour négocier avec elles. Je rendis donc au maréchal duc de Castries, toujours ministre d'état, ce portefeuille, qu'il avait abandonné lors de la malheureuse entrée aux affaires de M. de Brienne. Je lui donnai en outre une sorte de suprématie sur diverses autres parties du service, de manière à employer activement un homme rempli de zèle, d'honneur et de loyauté, et qui, dans une administration, d'ailleurs moins importante dans l'exil qu'en France, rachetait par des vertus ce qui pouvait lui manquer en capacité.

Je donnai au chevalier Paris, un de ces braves qui ne nous ont jamais manqué, la mission de former une compagnie de gardes chargée du service auprès de ma personne. Quant à lui, je lui confiai des fonctions plus conformes à ses habitudes belliqueuses, et dont il sortit toujours avec autant de dévouement que de valeur.

Ces diverses nominations faites, j'assis en quelque sorte mon gouvernement, qui fut reconnu par toute l'armée de Condé, par ce prince et ses enfans, et tout le reste de l'émigration. Un seul Français, passé à l'étranger, me refusa son hommage, et se maintint dans une indépendance coupable. On a déjà deviné le baron de Breteuil. Il ne lui restait aucun prétexte pour conserver encore ce qu'il appelait *ses pleins-pouvoirs*. Louis XVI n'existait plus, et une règle universellement établie éteint tous les pouvoirs possibles avec l'existence de celui de qui on les tient. Le baron de Breteuil crut pouvoir s'affranchir de cette loi commune, en évitant de me répondre lorsque je lui annonçai qu'il devait donner sa démission. Il manda quelque temps après au comte d'Artois, qu'avant de prendre une détermination il voulait consulter la reine, afin de savoir si elle renonçait à la régence ; car, dans le cas contraire, il croyait qu'elle seule la possédait de droit.

Le baron de Breteuil se sentait soutenu, dans ses absurdes prétentions, par l'Autriche, qui persistait à ne point abandonner les espérances qu'elle attendait de la régence de Marie-Antoinette. D'ailleurs cette puissance trouvait son compte à laisser fomenter entre nous un petit levain de discorde et d'anarchie.

Le cabinet de Vienne se refusa donc, comme par le passé, à m'accorder mon titre de régent. Son influence détermina les autres souverains à tenir semblable conduite. Les têtes couronnées de ma propre famille ne me reconnurent pas non plus comme je l'aurais désiré. Partout, en un mot, tant les légitimités étaient alors aveugles sur leurs propres intérêts, éclata une mauvaise volonté dont j'eus droit de me plaindre. Cependant je fus dédommagé en partie de cette injustice par la conduite généreuse de la Russie.

La grande Catherine, qui seule comprenait la royauté en Europe, m'écrivit pour m'apprendre que si jusque là elle avait tardé à m'accorder un titre qui m'était dû, c'était dans la crainte d'exposer l'existence de Louis XVI; mais que, n'étant plus retenue par les mêmes considérations, elle croirait manquer à l'équité en éloignant cet acte de justice. Qu'en conséquence elle envoyait le prince de Nassau pour me complimenter sur la mort du roi, et le comte de Romanzow, qui demeurerait près de moi en qualité de son ministre plénipotentiaire. L'impératrice ajoutait à cela des choses si flatteuses que j'en fus enchanté. Je pus dès lors compter sur son appui, et assurément, si plus tard on ne l'eût pas refroidie pour notre cause, nous aurions obtenu d'elle ce que depuis son fils nous accorda.

La reconnaissance de la cour de Russie était trop importante pour que je négligeasse de la communiquer à celle dont la conduite à mon égard était si différente. Le cabinet de Vienne en éprouva plus que du dépit; le roi de Prusse en fut honteux, et l'Angleterre s'indigna qu'il y eût une puissance qui ne réglât pas sa manière d'agir sur la sienne. Quant à moi, j'en obtins une prépondérance qui me manquait. Il en résulta que les princes de ma famille rougirent à leur tour en voyant qu'une souveraine étrangère à notre sang leur enseignait leur devoir; ils revinrent successivement à moi, et je reçus d'eux ce que je devais en attendre.

Je me mis dès lors en relations plus intimes avec divers comités royaux qui s'établirent en France. J'aidai au soulèvement vendéen, dont j'esquisserai rapidement l'histoire en temps et lieu. J'ai été trop fier des généreux efforts de cette portion de mon royaume pour négliger de donner aux braves qui s'y distinguèrent les éloges que mon cœur trouvera si doux de proclamer. J'écrivis à Marie-Antoinette, ainsi qu'à ma chère et infortunée Élisabeth; mes lettres leur furent remises exactement. Je me ferais un scrupule de dérober à l'admiration des Français la réponse de la reine. Je la leur lègue comme un monument à conserver. Elle était ainsi conçue :

Paris, de la tour du Temple, ce 12 mars 1793.

« Mon Frère,

« Vous avez raison de le croire, mon cœur est
« brisé; mais Dieu, je l'espère, me donnera la
« force de ne pas me laisser abattre par le poids de
« mes malheurs. Le roi votre frère, mon époux,
« est mort en pardonnant à ses bourreaux. Je veux
« imiter son exemple; mais je suis décidée à ne
« jamais transiger sur les droits de mon fils. Vous
« m'aiderez à les conserver dans leur étendue.
« C'est un devoir que Louis XVI vous a laissé à
« remplir, et je ne doute pas que vous y consacre-
« rez votre vie entière.

« Mon frère, vous devez comprendre ma dou-
« leur comme reine, mais vous ne pouvez sonder
« la plaie de mon cœur comme épouse et comme
« mère. Le crime qui vient d'être commis est le
« prélude de ceux qui se commettront encore; et
« mon fils... je n'ose m'arrêter à une aussi horrible
« pensée. C'est dans ces instans que je sens com-
« bien l'assistance du ciel m'est nécessaire pour
« m'empêcher de succomber à tant de maux.

« Oh! qui m'aurait dit, le jour où je montai sur
« le trône avec Louis XVI, que derrière était l'é-
« chafaud avec son glaive menaçant nos deux
« têtes! Enseignez à mon fils que trop de faiblesse
« perd le souverain... Hélas! quel sort lui destine-
« t-on? mon fils... mon pauvre enfant, roi dans
« un cachot au milieu de son royaume, en attendant

« qu'il vous cède cette couronne d'épines... Mon
« frère, vous nous vengerez tous, en rendant heu-
« reuse la France, en ajoutant à sa gloire.

« Ma fille supporte nos infortunes avec une
« énergie qui me rendrait fière, si son frère était
« hors de péril. Elle rappellera son aïeule. Je sou-
« haite qu'elle épouse mon neveu et le vôtre, le
« duc d'Angoulême. Quant à notre sœur Élisabeth,
« c'est une sainte. Depuis long-temps, vous le
« savez, le ciel est sa véritable patrie, et l'on ne
« tardera pas à l'y envoyer. Je conserve une vive
« reconnaissance pour l'attachement que me pro-
« diguent encore quelques fidèles. Tenez-leur-en
« compte, si jamais vous le pouvez. Je ne sais si
« je suis destinée à vous revoir, si même je pourrai
« vous écrire une autre fois. Mais quoi qu'il puisse
« arriver, les Français me trouveront toujours
« reine ; je les forcerai à m'accorder leur estime,
« si je n'ai pu obtenir leur amour. »

Je baisai avec respect ces caractères sacrés où
s'épanchait une ame noble. J'y voyais avec une
joie douloureuse que la reine ne doutait pas de
mon attachement inviolable. Elle oublia, au milieu de tant de secousses, de me parler de la régence dont le roi m'avait investi la veille de sa
mort, comme je l'ai déjà rapporté ; mais je vis avec
admiration, qu'elle aussi ne respirait que clémence
en retour de tant d'horribles forfaits. J'avoue qu'à
cette époque je n'avais point la même magnanimité ;
je ressentais avec trop de vivacité les maux affreux

qui accablaient la France et toute ma famille, pour admettre la possibilité d'un pardon général. Dieu m'est témoin qu'au milieu des concessions que je fis aux circonstances, je regrettai toujours que les régicides y fussent compris. Mon devoir, ma conviction, me commandaient impérieusement de les poursuivre ; et si, plus tard, j'ai agi en sens opposé, qu'on ne se hâte pas de m'en accuser. Je compte me justifier, en rapportant ce qui me contraignit à me souiller d'un tel acte de faiblesse.

Je puis assurer que le comte d'Artois a dans tous les temps partagé mes sentimens, et que lui aussi, en 1814, a reconnu l'impossibilité de persister dans un châtiment qu'on nous interdisait de toutes parts. Je fus long à m'accoutumer à la vue de certains de ces hommes de sang ; l'un d'eux cependant... mais je le répète encore, qu'on ne se hâte pas de m'accuser avant de m'avoir entendu. Je crois déjà avoir dissipé bien des préventions relativement aux faits qui précèdent la mort de Louis XVI, et je me flatte d'être également heureux dans les explications que je donnerai sur les événemens postérieurs à cette époque.

CHAPITRE XIX.

Effet que la mort de Louis XVI produit à l'étranger. — Seconde coalition. — Opinion erronée de Catherine II. — On éloigne de l'armée les comtes de Provence et d'Artois. — Le premier se plaint. — On élude de lui répondre. — Ce prince envoie en Russie le comte d'Artois. — Préparatifs des républicains. — Création des tribunaux révolutionnaires et de salut public. — Ouverture dans le nord de la campagne de 1793. — Succès et revers de Dumouriez. — Sa résolution de suivre une nouvelle voie politique. — Il traite secrètement avec le prince de Saxe-Cobourg. — Arrestation du duc d'Orléans. — Le comte de Beaujolais. — Mort du duc d'Orléans. — Le prince de Conti. — La béate et la discipline, moyen de reconquérir le royaume. — La guerre en Roussillon. — Le comte de Ricardo.

La mort de Louis XVI jeta l'épouvante dans le cœur des rois ; ils se sentirent atteints du coup qui l'avait frappé. La propagande menaçait toutes les têtes couronnées. Un conventionnel régicide demandait à ses collègues la formation d'une légion de *tyrannicides*, dont il aurait pris le commandement. Ces extravagances atroces pervertissaient les esprits, et effrayaient tous les états.

Les cabinets reconnurent alors la faute qu'ils

avaient commise en assistant aux attentats successifs qui avaient signalé notre révolution, sans chercher à les réprimer par des efforts énergiques. S'ils étaient enfin forcés d'ouvrir les yeux sur les dangers qui les menaçaient à leur tour, il fallait se mettre en mesure de se défendre. Les courriers et les négociateurs furent expédiés de tous côtés, de toutes les capitales. Une seconde coalition se forma, dans le but, dit-on, de châtier les révolutionnaires de France, et de venger la mort de Louis XVI. Les puissances contractantes furent :

Le pape Pie VI, qui se mit à la tête de cette croisade royaliste ;

L'empereur d'Allemagne, l'empire avec son chef qui conduisait l'Autriche, la Bohême, la Hongrie, et ses autres états héréditaires ;

L'Angleterre,

La Hollande,

Le Portugal,

L'Espagne,

Naples,

Et la Sardaigne, auxquels devaient se joindre plus tard la Russie et la Suède. Jamais, depuis le règne de Louis XIV, la France (était-ce encore la France?) n'avait été ainsi menacée.

On pouvait donc croire que, malgré ses efforts, la république ne serait pas de force à repousser une telle masse d'ennemis. Telle était la pensée des gens sages, et de la multitude elle-même. Cette fois, les puissances coalisées croyaient marcher à une victoire certaine, ignorant ce que peuvent être le fanatisme et l'enthousiasme. L'impératrice de Russie, que je priais de se joindre aux alliés, me répondit :

« Je le ferai, n'en doutez pas; mais la coalition n'est-elle pas dix fois assez forte pour tout terminer avant que mes armées se soient réunies à elle?... »

Les émigrés croyaient enfin toucher au moment si ardemment désiré de rentrer dans leur patrie, de ressaisir leurs propriétés confisquées par des lois injustes, et de se reposer de tant de fatigues et de revers. Chacun courait aux armes ; le prince de Condé voyait se ranger sous ses drapeaux une foule de nouveaux guerriers. Les divers contingens de l'empire arrivaient successivement; les bataillons s'organisaient, et le comte d'Artois et moi nous demeurions au château de Hamm, dans une inaction forcée, sans recevoir de nulle part l'invitation de venir commander nos Français fidèles, afin d'imprimer à cette guerre européenne le cachet de la légitimité.

Ne pouvant rester inactif dans cette conjoncture, je m'adressai à tous les souverains en ces termes :

« La campagne va s'ouvrir ; l'Europe, instruite
« de ses véritables intérêts, va les défendre, en
« comprimant la révolution française. Un tel acte
« ne peut avoir lieu sans le concours des princes
« de la maison de France. Il faut que le peuple
« qu'on veut délivrer les voient dans les rangs de
« ses libérateurs, car leur absence lui ferait crain-

« dre pour la violabilité du territoire à laquelle il
« ne consentira jamais, et contre laquelle ses prin-
« ces protesteront toujours : mais cette hypothèse
« est chimérique ; les nobles souverains entendent
« trop bien le droit des gens pour ne pas le res-
« pecter ; leurs vues sont pures ; elles tendent à la
« consolidation universelle des trônes, par le re-
« dressement de celui qui vient d'être renversé, à
« venger la mort de l'un d'entre eux, à briser les
« fers de son jeune successeur, à punir les cou-
« pables, à rétablir la tranquillité publique, à
« rendre aux lois leur pouvoir, aux mœurs leur
« influence, et à chaque ordre de l'état ses droits,
« et les garanties qui peuvent les assurer.

« C'est pour aider à l'accomplissement d'une si
« belle tâche que les princes français demandent à
« marcher avec les libérateurs. Ils peuvent seuls
« leur indiquer les meilleures voies pour entrepren-
« dre et consommer cette grande œuvre, et s'in-
« terposer avec avantage entre les Français fidèles,
« les représentans et les rebelles. Ils procureront
« aux alliés une force morale dont l'importance ne
« saurait être bien appréciée que sur les lieux ;
« enfin, ils seront à leur place, et on ne pourrait
« s'opposer à leur juste demande qu'au détriment
« commun. »

J'avais évité de parler dans cette note de ma régence, ne voulant pas embarrasser la question. Le
plus grand point pour moi était de prendre part
aux opérations militaires, et de me trouver à pro-

ximité d'entrer en France, pour peu que je fusse accueilli comme je devais l'espérer. Alors je me serais mis à la tête de la nation qui, réunie, sera toujours invincible, afin de m'opposer à tout projet d'envahissement.

Mais pour réussir dans cette tentative, il aurait fallu avoir affaire à des cabinets moins tortueux que ceux de Londres et de Vienne. Une fois revenus de leur première stupéfaction, une fois rendus à une politique moins continentale que celle de leur générosité spontanée, ils sentirent combien ma présence à l'armée serait nuisible à certains plans, et ne me répondirent point. L'Allemagne et la Hollande déclarèrent que ma demande devait être soumise à la décision d'un congrès général, et qu'on aviserait aux moyens de le convoquer. La Sardaigne prit le même faux-fuyant ; quant à l'Espagne, et aux Deux-Siciles, je n'eus qu'à m'en louer. Charles III m'offrit de venir dans ses états, et de marcher avec ses armées. C'était chose impossible dans ce moment; car je dois dire que je ne jouissais point d'une liberté entière, et j'ai eu l'assurance que si j'avais voulu passer en Espagne, on s'y serait opposé.

Force donc fut à moi de ronger mon frein. Je me soumis avec autant de douleur que de dignité. Le chagrin du comte d'Artois fut plus bruyant; il s'indigna de ce qu'on le retenait loin des lieux où il aurait pu acquérir de la gloire, et soutenir sa réputation toute chevaleresque. Je l'envoyai en

Russie, pour le consoler; c'était la seule cour qui nous portât un véritable intérêt. Catherine, d'ailleurs, était curieuse de connaître mon frère. Je lui traçai son plan de conduite, et fis tout enfin pour que ce voyage fut utile à notre cause. On m'accuserait donc injustement du peu de succès qu'il obtint.

Cependant les révolutionnaires comprenaient les dangers qui les menaçaient; l'Europe en armes s'avançait contre eux. Les jacobins résolurent de conjurer l'orage à force d'audace et de courage. Cambacérès demanda, à la séance de la Convention nationale du 10 mars 1793, qu'on procédât à la création d'un *tribunal révolutionnaire*. C'est de ce moment que data l'existence de cette cour d'assassins, où le meurtre fut revêtu des formes d'une justice dérisoire, où comparurent des victimes et non des accusés, et d'où enfin il sortit des arrêts sans être formulés, et sans aucune garantie.

Danton, dans cette même séance, montrant à la tribune sa figure colossale, s'écria d'une voix mugissante : « Oui ! il faut tout décréter sans désemparer; il faut que nos commissaires partant de tous côtés, que la France entière marche à l'ennemi, que la Hollande soit envahie, que la Belgique soit libre, que le commerce de l'Angleterre soit ruiné, que nos armées victorieuses apportent au peuple la délivrance et le bonheur, et que le monde entier soit vengé ! »

Déjà, depuis le 1er février, la guerre avait été

déclarée à l'Angleterre et à la Hollande, sur la proposition de Brissot, ci-devant M. de Varville. C'était encore un de ces démagogues par désespoir, qui se faisait naturellement républicain parce que la noblesse n'avait pas voulu l'admettre dans ses rangs. Bientôt la guerre est déclarée aussi à l'Espagne, au Portugal, à l'Italie et à l'Allemagne. La Convention gagne les monarques de vitesse; c'est elle qui défie, qui attaque; un comité de *sûreté générale* est formé dans son sein pour activer les mouvemens militaires et ceux de l'intérieur. On ne tarde pas à lui adjoindre un second comité, qui prend le nom de *comité de salut public*, et qui réunit les attributions du pouvoir exécutif.

Ce fut de cet antre infernal que partirent tant de mesures atroces, tant d'arrêts de proscription. Ce fut ce comité de salut public qui provoqua la permanence des échafauds, les noyades de Nantes, les fusillades de Lyon, les mitraillemens de Toulon, et tous les forfaits qui signalèrent la durée de cette époque exécrable. Jamais la tyrannie ne se montra sous un aspect plus terrible, et n'employa des formes plus sanguinaires. L'anarchie despotique était le régulateur du comité de salut public. Il se prononça avec une fureur peu commune contre les nobles, les émigrés, les prêtres et la bourgeoisie honnête; il ne fit même pas grâce à l'habitant des campagnes probe et religieux. Le pillage, l'incendie, le meurtre et le viol, se commirent avec l'approbation du gouvernement. On dut encore au comité de salut public la banqueroute générale, la loi des suspects, le *maximum*, la ruine du commerce et de l'industrie, la destruction des routes, la chute de tous les établissemens utiles, en un mot, tous les malheurs que cent ans d'administration perpétuelle suffiront à peine pour réparer.

De si grands attentats contre le droit public et le droit particulier furent justifiés aux yeux des révolutionnaires par l'impulsion que ce comité féroce imprima aux événemens. La campagne venait de s'ouvrir en Belgique. Dumouriez, qui était commandant en chef de l'armée de la république destinée à manœuvrer sur ce point, entreprit le siége de Maestricht, et menaça la Hollande en s'emparant de Bréda et de Klandert. Mais de si heureux débuts ne se soutinrent pas ; le prince de Saxe-Cobourg, qu'on lui opposa, ayant surpris et battu Cyrus de Valence, débloqua Maestricht, et contraignit Dumouriez à venir au secours de ce général. Une rencontre eut lieu dans la plaine de Tirlemont ; la bataille de Nervinde fut gagnée par les Autrichiens, grâces au général Miranda, qui commandait l'aile gauche de l'armée de Dumouriez. Celui-ci, obligé d'effectuer sa retraite, s'en acquitta avec une rare présence d'esprit, et se replia en bon ordre sur Louvain et Bruxelles.

Ce moment était décisif ; les plus habiles en profitèrent. Dumouriez pensant que sa mauvaise fortune présente fournirait des armes à ses ennemis, abandonna le duc d'Orléans, dont il n'avait plus rien à attendre ; il vit aussi que la Convention menait à une désorganisation universelle, et dans ces conjonctures il se décida en faveur du parti dont il n'aurait jamais dû se détacher ; il renonça aussi au projet de se faire duc de Brabant, et se détermina à relever le trône constitutionnel de 1791.

Il ne perdit pas de temps : ses émissaires s'adressèrent au prince de Saxe-Cobourg, par l'intermédiaire du Baron de Mack, son chef d'état-major. Dumouriez proposa d'enlever Louis XVII, et de l'établir roi en le soumettant à accepter la constitution jurée par son père, avec des modifications, telles que celles d'une chambre des pairs, du *veto* absolu, etc., etc. Pour arriver à ce résultat, il demandait la cessation des hostilités jusqu'à ce qu'il eût triomphé des obstacles intérieurs, et qu'on lui rendît les troupes demeurées en Hollande avec l'artillerie, dont le retour en France se trouvait coupé.

Le prince de Cobourg se garda bien de refuser de semblables propositions. Il accéda à tout ce que voulut Dumouriez, qui, à la surprise générale, ne fut pas inquiété dans ses mouvemens rétrogrades, et arriva à la frontière française, où il stationna.

Cette affaire, dont les conséquences pouvaient devenir immenses, a besoin d'être développée. Je dois joindre des révélations nouvelles au récit qu'en a fait Dumouriez, afin de le rendre complet ; mais, auparavant, je veux parler, pour ne plus y revenir, de ce qui advint au duc d'Orléans.

Le premier, ayant consommé sa ruine, errait

dans Paris, odieux aux gens de bien et importun aux révolutionnaires. Il ne pouvait douter du discrédit où il était tombé ; la fuite de son fils l'exposait à de terribles soupçons ; enfin, on résolut de s'en débarrasser. Il avait demandé qu'on admît ses explications, on lui répondit en forme de conseil : « Demandez plutôt, dans l'intérêt de votre sûreté, un décret de bannissement pour vous et votre famille. »

Le duc d'Orléans ne comprit point ce que cela voulait dire ; il chercha un appui, un sauveur, et crut le rencontrer dans... Marat!!! Mais Marat n'était pas homme à se dépopulariser pour abriter sous son bonnet rouge celui qui avait cessé de plaire à la multitude ; il abandonna donc le duc d'Orléans, et la Convention décida que des mesures seraient prises à son égard. Un premier décret, en date du 4 avril, ordonna l'arrestation de madame la duchesse d'Orléans, de cette femme si vertueuse, si digne d'un meilleur sort ; puis celle de madame la marquise de Montesson, de madame de Valence, fille de madame de Genlis, et de ses enfans. Une disposition particulière ajoutait : Les citoyens Sillery et *Égalité* père ne pourrons sortir de Paris sous aucun prétexte.

Le 7, le ministre de la justice Gohier, qui avait sans doute le mot des meneurs, ordonna de sa pleine autorité l'arrestation du duc d'Orléans et de Sillery. Le premier sa hâta d'écrire à la Convention pour réclamer contre cette mesure ; il rappela son patriotisme, son dévouement, et son vote lors du procès *du tyran*. La Convention ne répondit qu'en passant à l'ordre du jour, et ordonna en même temps le transfert à Marseille de tous les membres de la famille de Bourbon qui résidaient en France, hors ceux détenus dans la prison du Temple. Madame la duchesse d'Orléans, qu'on prétendit malade, obtint de rester à Paris. Le duc d'Orléans, auquel on joignit bientôt ses deux jeunes fils, le duc de Montpensier et le comte de Beaujolais, partit malgré ses instances et ses intrigues : il avait atteint le terme marqué par la Providence, et le moment de compter avec elle était venu.

J'ai dit ailleurs, je crois, que le comte de Beaujolais ne partageait pas les opinions de sa famille, et je me plais à citer à ce sujet un trait que Marie-Antoinette raconte dans une lettre adressée à sa sœur, l'archiduchesse Christine, gouvernante des Pays-Bas :

« Le jeune comte de Beaujolais est resté Bourbon dans toute l'innocence de son ame, et cet aimable enfant éprouve une tendre sympathie pour mes malheurs. Il m'a envoyé secrètement ces jours derniers un nommé Alexandre, valet de chambre de l'éducation ; ce brave homme, dont la physionomie candide m'a prévenue en sa faveur, a mis un genou en terre en m'abordant, et, après avoir essuyé quelques larmes, il m'a donné une lettre du jeune prince où j'ai trouvé les plus touchantes paroles et les sentimens les plus purs. Le bon Alexandre m'a supplié de lui garder un secret inviolable, et m'a dit que souvent le comte de Beaujolais parlait d'échapper à son père, et de mourir les armes à la main pour la défense de son roi. »

Combien j'ai regretté que la mort de ce jeune prince m'ait privé du bonheur de lui ouvrir les portes de la France, et de récompenser ses nobles sentimens !

Arrivé à Marseille, enfermé dans le fort Saint-Jean, interrogé et jugé par le tribunal de cette ville, le duc d'Orléans fut déclaré innocent ; néanmoins on ne lui rendit pas la liberté. Robespierre, fatigué de ses instances, dit un jour devant Amar et Fouquier-Tinville :

— *Égalité* est, à ce qu'il paraît, fatigué du poisson de Marseille que Milon appréciait tant ; il demande à venir à Paris (1).

— Pourquoi, repartit Fouquier-Tinville, l'empêcher d'y rentrer ? son affaire serait plus tôt faite.

— Je me charge de l'y amener, ajouta Amar.

Et peu de jours après, il monta à la tribune, où il accusa de complot contre la république quarante-deux de ses collègues orléanistes, sans désigner le duc qui était leur chef ; cependant son nom

---

(1) Milon ayant assassiné le tribun Clodius, fut mis en jugement et exilé à Marseille. Cicéron lui envoya son plaidoyer si éloquent qu'il ne ressemblait plus à celui qu'il avait prononcé d'abord. Milon dit alors : — Je remercie Cicéron de n'avoir pas défendu ma cause ainsi qu'il l'a écrite, car, s'il l'eût fait, je ne mangerais pas d'aussi bon poisson à Marseille.

termina la liste de ceux que la Convention renvoya devant le tribunal révolutionnaire. *Égalité* fut donc ramené à Paris, et conduit en présence de ses juges. On l'interrogea pour la forme, et il fut déclaré conspirateur : c'était s'en apercevoir un peu tard. Il périt le 6 novembre 1793. On dit qu'un serrurier, qui fut exécuté le même jour, ne voulait pas monter dans la charrette ou était le duc, dans la crainte *qu'on le crût complice d'un tel homme*. Sa fin nous délivra d'un poids énorme, celui d'être contraints de lui pardonner un jour.

Le prince de Conti, dont je n'ai guère eu l'occasion de parler pendant le cours de la révolution, ne manifesta pas vis-à-vis d'elle cette sorte de mutinerie dont il avait fait preuve lors de la première assemblée des notables. Il fit semblant d'émigrer quelques mois ; puis il se hâta de rentrer en France, et se soumit à toutes les avanies révolutionnaires, au lieu de se réunir à nous ; il alla même plus loin, car il parla, agit et écrivit comme les jacobins n'auraient osé le lui proposer. Il sauva sa vie, mais non sa réputation. Après la chute de la Convention, le Directoire, auquel il faisait ombrage, l'exila en Espagne avec madame la duchesse d'Orléans ; il y mourut au moment de la restauration. Dieu veuille avoir son ame !

Je reçus, peu de temps après la mort du roi mon frère, une lettre et un petit paquet que l'on m'expédiait d'Alby. Il existait dans cette ville une bonne et vieille religieuse, presque centenaire, qui expulsée de son couvent par suite de la liberté des cultes, et menacée d'être incarcérée en vertu de la liberté individuelle, menait à l'écart dans sa famille la vie d'une sainte ; elle aimait de tout son cœur les Bourbons, et pour m'en donner la preuve, elle m'envoya, ai-je dit, par un de ses parens, qui fit à pied cette longue route, une recette infaillible que le bienheureux saint Salvy lui avait révélée pour rendre le trône à mon neveu. C'étaient deux rosaires que je devais dire chaque jour, et une discipline que je m'appliquerais tous les samedis, pendant un an, après les vêpres et complies. Cet instrument était béni par saint Dominique, afin que sa vertu fût plus efficace. J'avoue que je n'eus pas le courage de rire au nez du pauvre messager, à tel point j'admirai sa simplicité et cet amour de son roi qui lui avait fait braver tant de fatigues. Je me contentai de le charger, le plus sérieusement possible, du soin de me remplacer dans ces pieux devoirs, et lui fis compter quelque argent, ne me sentant pas la force de tenter la restauration *à posteriori*.

Je raconte ce fait, non comme une plaisanterie, mais pour donner une idée des mille extravagances dont pendant l'émigration on s'est complu à m'accabler. Il ne se passait pas de semaine que je ne reçusse des lettres, des avertissemens, des prières, des demandes, des menaces, et le tout aussi absurde qu'on peut l'imaginer. On me croyait possesseur du nouveau et de l'ancien monde, à tel point on tirait sur ma cassette.

Tandis que la fortune trompait la première sortie de la république du côté du nord, elle ne lui était guère plus favorable au midi. L'armée des Pyrénées manquait de soldats et de munitions ; elle fut attaquée par don Antonio, comte de Ricardos Curillo, général espagnol, qui, dès le début des hostilités au mois d'avril 1793, s'empara de la ville de Céret, du fort de Bellegarde et du fort les Borns. Ce général dédaignant les officiers français, et ayant à demander un cartel pour l'échange de quelques prisonniers, adressa une lettre avec une suscription ainsi conçue : *A qui que ce soit, qui commandera l'armée française*. Il fallait du succès pour soutenir cette impertinence, et il prit successivement Mont-Louis, appelé *Mont-Libre* par les républicains, Ville-Franche, et les lieux circonvoisins ; puis, il s'approcha de Perpignan pour l'assiéger, et emporta la porte de Cornélie, où les Français firent de grandes pertes. Mais ces succès eurent un terme ; attaqué devant Salles, contraint de reculer, il se retira sur Trouillas, et là, prenant mieux ses mesures, il remporta une victoire complète, qui assura l'avantage aux Espagnols pendant le reste de la campagne.

CHAPITRE XX.

Affaire de Dumouriez. — Conseil de haute politique. — Dumouriez communique au comte de Provence sa résolution de soutenir le roi son neveu. — Ce prince adhère forcément à ses propositions. — Les Jacobins veulent traiter avec Dumouriez. — Ils ne peuvent s'entendre. — Proly. — Dubuisson. — Peyreira. — La Convention presse Dumouriez de se rendre à Paris. — Les républicains tentent de l'assassiner. — Le prince de Cobourg veut qu'il se déclare. — Le ministre de la guerre et quatre commissaires viennent le suspendre. — Il refuse d'obéir. — La Convention. — Ce que lui demande Beurnonville. — Plaisanterie du docteur Menuret. — Les députés destituent Dumouriez, qui les fait arrêter.

J'ai promis plus haut de développer l'affaire de Dumouriez dans tous ses détails, parce que ce fut la dernière ressource qui me fut enlevée de rentrer en France avant que les jacobins eussent tout renversé. Il est important encore que mes successeurs apprennent de moi-même combien un roi doit faire peu de fond dans le malheur sur les étrangers, dont les secours sont rarement désintéressés. Cependant je dois dire qu'il s'est rencontré plus d'un exemple du contraire parmi les monarques de la maison de Bourbon.

Dès que Dumouriez eut envisagé sa position sous son véritable aspect, il se rangea, comme je l'ai déjà fait connaître, dans le parti du roi mon neveu. En conséquence, il s'empressa de me donner avis de sa nouvelle résolution, persistant toujours à se maintenir dans la constitution de 1791. Lorsqu'il m'eut demandé mon consentement, je me trouvai fort embarrassé; car, bien que sa proposition me parût avantageuse, d'un autre côté je ne voyais pas encore la nécessité absolue de renverser le grand principe de la légitimité, en reconnaissant celui de la souveraineté du peuple; car cet acte constituant ne montrait le roi que comme premier fonctionnaire, et effaçait en même temps la division de la nation en trois ordres, division aussi ancienne que la monarchie, dont, selon moi, elle faisait l'essence.

Il me semblait pénible d'établir le trône sur d'autres fondemens que ceux qui l'avaient soutenu pendant quatorze siècles; de renoncer à récompenser de leur dévouement et leurs persécutions les nobles et les prêtres. Ce fut donc la nécessité seule qui me contraignit à me soumettre; et cependant je ne pus me défendre de la crainte d'avoir fait une chose injuste, et ma conscience n'est pas sans me la reprocher quelquefois.

Il fallut répondre à Dumouriez; je le fis avec franchise, en lui exposant mes doutes, mes objections. Cependant je terminai par cette phrase significative :

« Au reste, monsieur, malgré tout ce que je
« viens de vous dire, je sais que, lorsqu'il s'agit de
« sauver un vaisseau du naufrage, il vaut mieux
« faire le sacrifice d'une partie de la cargaison, que
« de la perdre en entier. *Réglez-vous là-dessus.* »

Dumouriez, après la réception de cette dépêche, se lia plus étroitement avec le prince de Cobourg. Il me fit le récit de tout son plan de campagne contre les révolutionnaires. Je ne le rapporterai pas ici, car il est consigné dans ses Mémoires. Mais ce qu'il a omis de dire, c'est le prix énorme auquel il fallut lui acheter son dévouement. Il voulait que je lui garantisse l'épée de connétable par un écrit, signé de la reine, du comte d'Artois, du prince de Condé et du duc de Bourbon, lequel traité je ratifierais en ma qualité de régent de France ; pour une rente annuelle d'un million, qu'on prélèverait sur divers services ou propriétés foncières des régicides dans la Provence et dans le comté de Nice, dont il voulait être souverain pendant son vivant. C'était, certes, une folle prétention ; mais nous n'étions pas en position de lui dicter des lois. D'ailleurs, il n'aspirait pas au démembrement de la France, et c'était un grand point.

Toutes ces clauses réglées selon ses désirs, et un décret de la Convention ayant prononcé le bannissement de tous les membres de la famille royale encore en France, Dumouriez vit qu'il ne pouvait plus garder auprès de lui le duc de Chartres, et il se décida à agir avec rapidité, surtout après son entrevue avec trois des mandataires de la société des jacobins, qui vinrent le trouver en son nom.

C'étaient Proly, fils naturel du prince de Kaunitz. Chassé de l'Autriche, il vint en France, s'affilia aux jacobins, et enfin, l'année suivante (1794), il périt sur l'échafaud, en la compagnie d'Hébert, si connu sous le nom de *père Duchêne*.

Dubuisson, le second envoyé, avait obtenu une sorte de renommée dans la littérature, par sa tragédie de *Nadir* ou *Thamas Kouly-Kan*; il fut également plus tard puni de mort. Le même sort arriva au troisième député Peyreira, juif de religion, et Portugais d'origine. Dumouriez dut être peu flatté du choix de pareils mandataires, aussi vais-je lui laisser le soin de raconter lui-même la manière dont il les reçut.

« Le 29 (mars) arrivèrent à Tournay trois députés des jacobins, qui s'annoncèrent de la part du ministre Lebrun, dont ils apportèrent une lettre au général. Cette lettre disait qu'ils avaient des communications à lui faire concernant la Belgique. Ces trois hommes, dont les dépositions exagérées forment un corps de délits contre le général Dumouriez, se nommaient Proly, Dubuisson et Peyreira. Le premier avait été fort connu du général ; le second affectait un air d'homme de lettres, et le troisième était un jacobin fort emporté. Ils se formalisèrent de ce que le général ne voulut point traiter d'affaires avec eux, ni devant mademoiselle d'Orléans (venue là avec son frère et madame de

Genlis leur gouverneur), ni dans son appartement où ils le relancèrent ; il leur assigna un rendez-vous chez lui.

« Ils furent d'accord avec Dumouriez sur l'incapacité, le désordre de la Convention, sur la nécessité de l'anéantir, et d'établir une autre législature, et ils lui donnèrent à entendre qu'ils lui en réserveraient la présidence. Mais Dumouriez répondit qu'il ne consentirait jamais à se lier avec des hommes auxquels il attribuait tous les malheurs de la France.

« —Qui donc, alors, lui demanda Proly, mettriez-vous à la place des représentans actuels, sans avoir recours aux lenteurs du mode d'élection des assemblées primaires ?

« — Rien n'est plus simple, répondit Dumouriez : le patriotisme des administrateurs des départemens est connu. Il faut donc prendre tous les procureurs-généraux des départemens et des districts, et y joindre les membres de ces mêmes départemens et mêmes districts. Ils formeront une législature très-régulière ; on rétablira la constitution de 1789, 90 et 91 ; les prétendus royalistes mettront bas les armes, et les puissances étrangères n'ayant plus de prétexte de guerre, et trouvant un gouvernement solide avec qui traiter, se montreront moins difficiles sur les conditions de la paix ; car ne croyez pas, ajouta-t-il, que la république puisse se maintenir avec ses crimes.

« Les mandataires, après avoir écouté assez tranquillement le général, prirent congé de lui. Le jour même, il reçut une lettre des sept commissaires de la Convention réunis à Lille, qui lui mandaient de se rendre en cette ville pour répondre à des accusations intentées contre lui. Il répondit qu'il ne pouvait pas quitter l'armée en présence de l'ennemi ; que si les commissaires voulaient se transporter à son camp, il leur répondrait avec sa franchise ordinaire sur tous les points ; mais que si cette affaire pouvait se remettre jusqu'à ce qu'il eût achevé sa retraite sur le territoire français, il irait alors lui-même à Lille, ajoutant :

« Qu'on sache cependant que je n'entrerai dans cette ville qu'à la tête de mes troupes, pour punir les lâches qui, après avoir abandonné leurs drapeaux, calomnient les braves défenseurs de la patrie. »

Dumouriez, en agissant ainsi, cherchait à gagner du temps ; il eût mieux fait de mettre plus de prudence dans sa conduite ; mais parmi les qualités qui le distinguaient, il s'y mêlait une impétuosité, une sorte de mépris pour cette retenue si nécessaire à un homme qui entreprend une grande œuvre, et à prévenir ou à vaincre mille obstacles. Cependant il aurait dû plus qu'un autre se tenir sur la réserve ; car sa position se compliquait chaque jour. Déjà on s'était mis en mesure de l'empêcher de prendre Lille ; on allait faire échouer son plan sur Valenciennes ; et comme si ce n'était pas assez pour paralyser ses mouvemens, on formait même le complot d'attenter à sa vie. Voici comment il raconte ce fait :

« Le 31 mars, six volontaires du bataillon de la Marne demandèrent à parler au général, qui les fit introduire. Ils avaient le derrière de leurs chapeaux sur le devant de la tête, et dessus était écrit avec de la craie blanche : *République* ; ils lui firent une longue harangue qui avait pour but de le prévenir qu'il allait recevoir l'ordre de se présenter à la barre de la Convention, et que s'il n'obéissait pas, ils avaient juré sa mort, ainsi que plusieurs autres de leurs camarades.

« Dumouriez leur répondit avec le plus grand calme, et essaya de leur ouvrir les yeux sur la fausse voie que suivait le gouvernement qu'ils servaient ; mais eux, sans l'écouter, se disposaient à l'envelopper, si le fidèle Baptiste n'eût saisi celui qui mettait déjà la main sur le général en appelant la garde. Dumouriez leur sauva la vie, et empêcha qu'ils ne fussent maltraités. L'indignation était au comble dans l'armée ; tous les corps firent des adresses signées des officiers de tous grades, dans lesquelles ils protestaient d'un attachement inviolable à la personne de leur général. La plupart de ces adresses contenaient le vœu de marcher sur Paris pour rétablir le roi et la constitution de 1791.

« De tels actes nécessitaient des mesures promptes. Le prince de Cobourg, qui tenait à compléter sa négociation, espérant en tirer autant de gloire en Europe que d'avantages de la part des princes français, pressait Dumouriez d'agir, sous menace de recommencer les hostilités. Ce dernier hésitait encore; il voulait avoir une place forte pour point d'appui. Mais l'impatience du prince de Cobourg d'une part, et de l'autre le méfiance de la Convention, ne lui laissaient plus la possibilité de maîtriser sa destinée. Celle-ci voulant savoir à quoi s'en tenir, dépêcha au général de Beurnonville, ministre de la guerre, chargé de conférer avec lui en la compagnie des quatre commissaires Camus, Lamarque, Bancal et Quinette. Ces messieurs, qui avaient été précédés par des courriers, entrèrent ensemble chez Dumouriez. Le ministre, lié avec lui depuis long-temps, l'embrassa d'abord avec cette effusion qui avait toujours caractérisé leur mutuel attachement, puis il lui annonça qu'ils venaient lui notifier un décret de la Convention. Tous les officiers de l'état-major se trouvaient dans l'appartement avec le général en chef Valence. Ayant tout partagé, les travaux et les victoires de Dumouriez, ils montrèrent une vive indignation à la déclaration du ministre de la guerre. Camus, chargé de porter la parole au nom de la députation, pria le général de passer dans une autre pièce avec ses collègues, pour entendre la lecture du décret. Dumouriez lui répondit que, comme ses actions avaient toujours été publiques, ses compagnons d'armes devaient être témoins de tout ce qui se passerait dans cette entrevue. Cependant Beurnonville et les autres députés insistèrent avec tant de politesse, que le général consentit à les faire entrer avec lui dans un cabinet, où le suivit seulement le général Valence.

« Camus lui présenta le décret ; après l'avoir lu, Dumouriez le lui rendit, et dit d'un ton ferme : Que sans blâmer une décision de la Convention nationale, il ne pouvait obéir, ainsi qu'il l'avait déjà dit, en y joignant les raisons de ce refus. Il les répéta encore, et termina en offrant sa démission.

« — Mais que prétendez-vous faire après avoir donné votre démission, lui demanda Camus.

« — Ce qu'il me conviendra, répondit le général ; mais je vous déclare sans détour que je ne me rendrai pas à Paris, pour être insulté par des frénétiques, et condamné par un tribunal révolutionnaire.

« — Vous ne reconnaissez donc point ce tribunal ? dit Camus.

« — Je le reconnais pour un tribunal de sang et de crimes, et jamais je ne m'y soumettrai tant que j'aurai en main une épée.

« Les trois autres députés, voyant que la conversation s'échauffait, s'interposèrent, et voulurent persuader à Dumouriez que la Convention l'aimait et l'estimait ; que sa présence ferait taire les calomnies, et que les commissaires et les ministres resteraient à l'armée pendant son absence ; Quinette s'offrit même à l'accompagner et à le ramener sain et sauf, s'y engageant par serment.

« Mais Dumouriez persista toujours dans sa résolution de rester. Après avoir employé vainement leur éloquence, les commissaires passèrent dans une pièce voisine pour délibérer. Dès qu'ils furent sortis, le général reprocha à Beurnonville de ne l'avoir pas averti de sa démarche ; il lui offrit ensuite de rester à l'armée et de prendre le commandement de l'avant-garde.

« — Je sais, répondit le ministre, ce que je dois attendre de mes ennemis, mais je mourrai à mon poste. La seule grâce que je vous demande, c'est de me faire partager le sort des députés.

« — N'en doutez pas, dit Dumouriez.

« Ils passèrent alors dans la chambre commune, où les officiers attendaient le général avec impatience pour connaître le résultat de cette longue conférence. En arrivant chez Dumouriez, les députés avaient trouvé le régiment des hussards de Berching en bataille dans la cour, et leur colonel Nordmann avait reçu l'ordre de tenir à pied un officier avec trente hommes prêts à agir au premier signal.

« Lorsque les députés rentrèrent dans la salle, Camus s'approchant du général lui dit d'un ton brusque :

« — Citoyen général, voulez-vous obéir au décret de la Convention nationale ?

« — Pas dans ce moment, répondit Dumouriez.

« — Eh bien ! je vous suspends de toutes vos fonctions : vous n'êtes plus général. J'ordonne qu'on s'empare de votre personne et qu'on mette le scellé sur tous vos papiers.

« Un murmure d'indignation se fit entendre.

« — Quel est le nom de ces gens-là ? dit brutalement Camus en désignant les officiers qui l'entouraient.

« — Ils le diront eux-mêmes, répondit le général.

« — Donnez-moi tous vos portefeuilles, ajouta Camus.

« Dumouriez s'aperçut alors aux gestes des officiers que leur indignation était à son comble :

« — Il est temps de mettre un terme à tant d'impudence, s'écria-t-il avec colère.

« Puis il ordonna en allemand à ses hussards d'entrer.

« — Arrêtez ces quatre hommes, dit-il à l'officier ; mais je veux qu'on ne leur fasse aucun mal : arrêtez aussi le ministre, auquel vous laisserez ses armes.

« — Général Dumouriez, vous perdez la république, s'écria Camus.

« — C'est bien vous plutôt, vieillard insensé, répondit Dumouriez.

« On conduisit les députés à Tournay avec une lettre pour le général Clairfait, auquel Dumouriez manda qu'il lui envoyait des otages pour répondre des excès qu'on pouvait commettre à Paris, ajoutant qu'il le priait d'avoir des égards pour le général Beurnonville. Ils furent escortés jusqu'à Tournay par un régiment de hussards de Berching (1). »

(1) *Extrait des Mémoires du Dumouriez.*

CHAPITRE XXI.

Le prince de Cobourg appuie par une déclaration le manifeste de Dumouriez. — L'armée française se révolte contre Dumouriez. — Il fuit. — Qui l'accompagne. — Congrès spoliateur d'Anvers. — Il dément le prince de Cobourg. — La Convention. — Les montagnards. — Les girondins. — Leurs chefs. — Prise de possession de la ville de Condé au nom de l'empereur. — Le comte de Provence proteste contre. — Prise de Mayence. — Note du roi de Prusse. — Partage de la Pologne. — Les Polonais offrent leur couronne au comte de Provence. — Mot de Bonaparte. — Deux fois le valet pris pour le maitre, anecdote. — Les rois numérotés comme les fiacres. — Charlotte Corday. — Marat et Robespierre. — Apothéose sacrilége de Marat.

Jusqu'ici Dumouriez, que j'ai à peu près laissé parler, avait bien conduit son plan. Les députés arrêtés, ainsi que le ministre de la guerre, étaient un gage donné à la coalition. On pouvait espérer un heureux résultat de sa coopération, de son influence, de ses talens et de son armée. Le prince de Saxe ne douta point du succès, et décidé à remplir tous les engagemens qu'il avait pris avec le général, il appuya le manifeste que rédigea Dumouriez, lorsqu'il se flattait encore de ne point être abandonné par la fortune. Je ne rapporterai pas cette pièce importante, qui n'exprimait que les sentimens personnels de l'auteur, mais je citerai deux ou trois passages de celle du prince de Cobourg, qui força l'empereur et une partie de la coalition à faire connaître leur pensée secrète.

Le prince disait donc :

« Le général Dumouriez m'a communiqué sa dé-
« claration à la nation française. J'y trouve les sen-
« timens et les principes d'un homme vertueux, qui
« aime véritablement sa patrie et voudrait faire ces-
« ser l'anarchie et les calamités qui la déchirent,
« en lui procurant le bonheur d'une constitution
« et d'un gouvernement sage et solide. *Je sais que
« c'est le vœu unanime de tous les souverains*, et
« principalement celui de l'empereur et de Sa Ma-
« jesté Prussienne... Je soutiendrai de toutes les
« forces qui me sont confiées les intentions géné-
« reuses et bienfaisantes du général Dumouriez et
« de sa brave armée... Je ferai joindre, si le géné-
« ral Dumouriez le demande, une partie de mes
« troupes, ou toute mon armée, à l'armée fran-
« çaise... pour rendre à la France *son roi consti-*
« *tutionnel* et *la constitution* qu'elle s'est donnée...
« Je déclare par conséquent, sur ma parole d'hon-
« neur, *que je ne viendrai nullement sur le terri-*
« *toire français pour y faire des conquêtes ;* mais
« purement et uniquement aux fins ci-dessus indi-
« quées. Je déclare aussi, sur ma parole d'honneur,
« *que si les opérations militaires exigeaient que*

« *l'une ou l'autre place forte fût remise à mes trou-*
« *pes, je ne la regarderais jamais autrement que*
« *comme un dépôt sacré, et m'engage ici, de la*
« *manière la plus expresse et la plus positive, à la*
« *rendre, aussitôt que le gouvernement qui sera éta-*
« *bli en France, ou le brave général avec lequel je*
« *vais faire cause commune, le demanderont.* »

Il était impossible de s'expliquer avec plus de clarté et de bonne foi. Dumouriez crut qu'avec un tel appui il vaincrait les obstacles qu'on lui opposerait ; mais, comme il le dit lui-même, par un de ces coups du sort qu'on ne peut prévoir, par un de ces reviremens de parti qui renversent tous les calculs de la prudence humaine, son armée, jusque là si attachée à sa personne, si dévouée, changea soudain. La révolte sortie d'abord de la garnison de Condé, gagna les autres corps. Bientôt un soulèvement général eut lieu ; chaque régiment, chaque bataillon poussa le cri de *vive la république ! mort au traître !* Il ne s'agit plus pour Dumouriez de marcher sur Paris, mais de se réfugier en grande hâte dans les rangs du prince de Cobourg, avec le duc de Chartres, les deux frères Thévenot, le général Valence, le colonel Montjoie, le lieutenant-colonel Barrois, et quelques autres officiers.

Ce fut une fatale catastrophe, qui rompit pour long-temps le fil de mes espérances. Je connaissais le moment où Dumouriez devait lever le masque. J'attendais avec une vive impatience qu'il me fît prier de venir me joindre à lui pour aller à la délivrance du roi mon neveu et de ma famille, et cependant le courrier porteur de cette heureuse nouvelle n'arrivait pas. Déjà un bruit sinistre annonçait que Dumouriez avait péri par la main de ses propres soldats. Enfin je sus la vérité, et je dus m'humilier devant Dieu, que tant d'infortunes dans ma maison ne satisfaisaient point encore.

Cependant la publication de l'engagement pris par le prince de Côbourg envers la nation française, dans sa déclaration, excita une vive colère parmi les coalisés. Les Allemands surtout, et les Anglais ne prétendaient point faire une guerre de dupes. On réunit donc un congrès à Anvers, où toutes les puissances envoyèrent des représentans. Là on accusa le prince de Cobourg d'avoir outrepassé les intentions de la cour d'Autriche et des autres alliés. On dit aussi que la coalition, en faisant la guerre à la France, voulait du moins se réserver le droit d'en recueillir les avantages si elle en courait la chance, et que tout engagement contraire à ce principe serait regardé comme nul ou personnel à celui qui l'avait pris.

C'etait un oubli complet du respect dû aux rois malheureux; c'était, je ne crains pas de le dire, s'associer à nos persécuteurs. Aussi je laisserai dans l'oubli les intrigues et les menées des divers envoyés des souverains au congrès, et les négociations secrètes qui furent plus honteuses encore que celles qu'on ne crut pas devoir cacher. Je vais donc poursuivre le récit des faits historiques du reste de cette funeste année 1793, avant de raconter ce qui me regarde personnellement.

Trois grandes insurrections signalèrent le commencement de régime des jacobins. Elles l'eussent renversé sans doute, si on eût pu les coordonner avec le mouvement que Dumouriez tentait de son côté. Ce furent celles de la Vendée, de Lyon et de Toulon. J'en parlerai plus tard séparément.

Paris non plus ne fut pas tranquille. Une lutte sanglante, provoquée par l'ambition des deux factions révolutionnaires, s'éleva entre les girondins et le parti de la Montagne. Robespierre, Marat, Danton, Hébert, Lebas, Lebon, Couthon, Collot-d'Herbois, Antoinelle, Tallien, Legendre, etc., étaient du nombre de ces démagogues, amis prétendus de la souveraineté absolue du peuple.

Le parti des *girondins* avait succédé dans la Convention aux constitutionnels de l'Assemblée nationale ; ce parti d'hommes plus enthousiastes que corrompus se croyait animé d'un amour réel de la patrie. Il eût voulu la république sans l'anarchie ; et la plupart de ses membres avaient condamné le roi par faiblesse, ou en s'imaginant le sauver au moyen d'un appel au peuple, et d'un sursis déterminé. Néanmoins il ne manquait pas d'ambitieux parmi eux ; et comme ils voulaient conserver le pouvoir, ils ne seraient pas revenus franchement à la monarchie dans la crainte de le perdre. Cependant, lors de la défection de Dumouriez, les girondins commencèrent à comprendre ce qu'il y avait de précaire dans leur position, et songèrent à proposer un accommodement à qui de droit ; ils y mirent de la nonchalance jusqu'à la journée du 31 ; mais alors, voyant qu'ils étaient perdus s'ils ne relevaient pas le trône constitutionnel, ils entrèrent en pourparlers avec les royalistes. J'eus à leur répondre, et le fis, bien qu'il m'en coutât ; mais je tenais avant tout à sauver la reine et mon neveu. Je ne sais jusqu'à quel point nous nous serions entendus, si la faction de Robespierre n'eût envoyé les girondins les plus marquans à l'échafaud.

Les girondins montrèrent un vrai talent dans leurs discours, et peu de sagesse dans leur conduite politique. Ils commirent une grande faute, qui entraîna tous les crimes de la révolution ; et se persuadant qu'ils pourraient à eux seuls diriger le peuple, ils ne réfléchirent pas que dans les conflagrations civiles le pouvoir ne reste pas toujours au plus habile, mais plutôt au plus audacieux : que leur principal avantage consistait à être bons administrateurs, à bien parler à la tribune, et qu'un furieux, en proposant des extravagances, produit plus d'effet sur la masse que des gens sages en cherchant à l'éclairer. Ce n'était pas leurs théories qu'il fallait opposer au torrent révolutionnaire.

Avec une royauté, tout est possible ; sans elle, tout est incertain. Un gouvernement bien établi fait surgir le mérite, tandis que l'anarchie le laissant à ses propres forces, il succombe souvent avant d'avoir jeté le moindre éclat. Les girondins, après avoir aidé à établir la république, s'aperçurent trop tard qu'il s'étaient donnés des maîtres dans ceux qu'ils prétendaient gouverner, et de concession, en concession, de défaite en défaite, ils finirent par être écrasés. C'est ainsi que les gens de bien, qui s'associent aux méchans, deviennent eux-mêmes l'instrument de leur perte, et dans leur disgrâce méritée, ils ne peuvent s'appliquer en dédommagement cette pensée de Valère-Maxime, que « celui qui a fait son devoir peut braver « les revers de la fortune, le témoignage de sa « conscience le dédommage des éloges qu'on lui « refuse. »

Les girondins comptaient dans leurs rangs, Vergniaud, Guadet, Gensonné, etc. Un grand nombre d'entre eux aurait conduit le royaume avec autant de sagacité que de succès dans un temps calme; mais il n'aurait pas fallu pour cela vouloir tout détruire, car on ne bâtit pas sur des ruines.

Cependant la campagne ouverte continuait avec désavantage pour les républicains; ils avaient essuyé un échec au combat d'Arlon, et la ville de Condé était tombée au pouvoir des Autrichiens. Les armoiries de la maison de Lorraine furent arborées partout où figuraient auparavant celles de France; on plaça même dans l'Hôtel-de-Ville, sous un dais, le portrait de l'empereur. Ce n'était plus qu'une guerre de conquête et de spoliation. Je l'appris avec indignation, et protestai contre ces actes, non-seulement à Vienne, mais encore dans toutes les autres cours. Ma protestation déplut ; on ne me le cacha pas, et je répondis comme il convenait à la dignité d'un prince français.

Le général Custines s'étant emparé de Mayence, la coalition voulut rendre à l'empire cette capitale du premier électorat. Dans cette conjoncture, le roi de Prusse marcha à la tête des alliés, et Mayence, après un siége meurtrier et une défense héroïque, dut être rendue par les républicains. La Convention, connaissant l'importance de cette place, avait ordonné au général Alexandre Beauharnais de tout tenter pour la délivrer. Le 20 juillet, il fut complètement défait à la bataille de Germensheim, par le prince de Hohenlohe et le général Warmler. Cette défaite devint le prétexte de sa condamnation par les jacobins, et força la garnison de Mayence à capituler.

Frédéric-Guillaume, satisfait d'un triomphe qui relevait la gloire de ses armes, ne voulut point se maintenir dans une coalition dont les principes lui semblaient flétrissans. Toutefois, avant de s'en retirer, il fit une tentative pour ramener les alliés à de plus nobles sentimens ; ne pouvant rien en obtenir, il s'éloigna d'eux après avoir rédigé la note suivante :

« La justice et l'honneur me prescrivaient la loi
« de reprendre Mayence, mon invasion en Champa-
« gne ayant fait tomber cette ville au pouvoir des
« Français. Ici se borne le cours de mes hostilités.
« Je ne sanctionnerai point par ma présence une

« guerre qui a pour objet le démembrement de la
« France ; je pars donc en emmenant les princes
« de mon sang, car je rougirais si quelqu'un d'en-
« tre eux assistait à un partage qui blesse mes
« principes et répugne à mes sentimens. Je laisse
« une partie de mes troupes sous les ordres du duc
« de Brunswick, mais c'est uniquement pour la
« défense de l'Allemagne ; je confie à sa sagesse et
« à son expérience le soin de saisir l'occasion favo-
« rable de servir la cause des Bourbons, et je fais
« des vœux sincères pour qu'ils conservent la cou-
« ronne dans leur famille, et qu'ils sauvent l'inté-
« grité de la France. »

Cependant, au milieu de tant d'agitations diverses, on procédait au partage de la Pologne, contre lequel je protestai également. On me fit l'honneur, au moment où Poniatowsky consentait à descendre paisiblement du trône, de m'offrir d'y monter à sa place. Plusieurs palatins et autres grands seigneurs me voulaient pour roi, et à mon refus s'adressèrent à mon frère, qui n'accepta pas non plus, nos premiers devoirs étant de sauver la France. Ce fait peu connu fut cependant raconté à Bonaparte lorsqu'il alla à Varsovie, et il laissa échapper ces paroles : « *S'ils voulaient s'en contenter !* »

Le partage de la Pologne me rappelle aussi un propos du prince de Reuss. Lorsqu'il parut à la cour de Stanislas Poniatowski, quelque temps avant sa chute du trône, il prit Repnin, l'ambassadeur de Russie, pour le roi, en voyant la foule qui affluait autour de lui, et il alla lui présenter ses hommages. Celui-ci le détrompa avec une arrogance qui donna au prince de Reuss le désir de l'humilier. Le soir, en faisant sa partie avec Stanislas Poniatowski et l'impertinent ambassadeur, il jeta sur la table le valet de cœur pour couper un roi. Stanislas ayant relevé cette erreur, le prince répondit aussitôt :

— Je supplie Votre Majesté d'excuser ma distraction, qui du reste ne me surprend pas, car voici la seconde fois aujourd'hui qu'il m'arrive de prendre le valet pour le maître.

Repnin n'osa faire la grimace, bien que son dépit fût visible. C'est ce même prince de Reuss qui antérieurement avait répondu aussi d'une manière fort spirituelle à Frédéric-le-Grand. On sait que tous les mâles de sa maison ne portent d'autre prénom que celui de Henri, ce qui nécessite de les distinguer par un chiffre. Frédéric, qui se prêtait volontiers à une bonne ou mauvaise plaisanterie, rencontrant un jour le prince de Reuss sur son passage, lui dit avec malice :

— Ainsi donc, les princes de votre famille sont numérotés comme les fiacres?

— Comme les fiacres, non, sire, répliqua avec vivacité le prince de Reuss, mais comme les rois.

Frédéric ne dit mot, et depuis ce jour il n'attaqua plus celui dont la riposte était si prompte.

C'est ce même prince de Reuss qui, je ne sais pourquoi, s'attacha à nous nuire avec une persistance désespérante.

Un acte de la justice céleste eut lieu en France à cette époque. Un des dieux de la démagogie, Marat, périt sous le poignard de Charlotte Corday. Il ne m'appartient pas, en ma qualité de roi, d'approuver un meurtre; mais comme homme privé, je ne puis blâmer cette action courageuse, qui du reste ne fit qu'arracher Marat à l'échafaud, où un peu plus tôt, un peu plus tard, il serait monté comme tant d'autres de ses complices.

La révolution se dégrada encore un peu plus dans cette circonstance, en accordant à Marat les honneurs du Panthéon; mais la justice divine ne voulut pas qu'il les conservât long-temps, car le 9 thermidor, ses restes impurs furent jetés dans l'égout de la rue Montmartre.

Le chevalier Cubières, homme que ma famille avait comblé de biens dans sa jeunesse, consentit à se faire le poëte de Marat. On a conservé des pièces *anacréontiques* composées par lui à la louange de *l'ami du peuple*. L'apothéose de Marat fut complète; on lui dressa des autels, on le déifia. L'orateur qui prononça son oraison funèbre prit pour texte ces mots: *Cœur de Jésus, cœur de Marat, vous avez tous deux également droit à nos hommages.* Il conclut en disant que, *si Jésus était un prophète, Marat était un dieu.* Ces blasphêmes ne trouvèrent pas de contradiction.

CHAPITRE XXII.

Les jacobins veulent la mort de Marie-Antoinette. — Décrets conventionnels. — Le comte de Provence propose à l'Autriche un moyen de sauver la reine. — Refus de la cour de Vienne. — Derniers momens de Marie-Antoinette. — Son éloge. — Sa justification. — Lettre du comte de Provence à Madame Royale. — Ses consolations. — Colloque entre le roi de Prusse et le prince de Condé. — Héroïsme de l'armée des émigrés. — Le chevalier de Charbonnel. — Lettre servant de titre de noblesse. — Paroles admirables du duc d'Enghien.

La prise de Valenciennes, après deux mois de siége, amena le même scandale qui avait eu lieu à Condé. On s'en empara au nom de l'empereur. Les souverains de l'Europe avaient oublié le mot de ce roi français, qui disait que si la loyauté disparaissait jamais de la terre, on devrait la retrouver dans le cœur des rois.

Mais si une telle conduite blessait nos droits politiques, un coup plus affreux allait être porté à notre malheureuse famille. C'était le complément de tous les attentats de la révolution, et le plus atroce de tous, car il n'était commandé ni par la crainte, ni par la nécessité. L'infâme Barrère se chargea de provoquer cette mesure, qui brise encore mon cœur lorsque je suis contraint de me la rappeler. Il monta à la tribune de la Convention le 10 août, et fit un rapport sur des résolutions que, vu les circonstances, le comité de salut public avait cru devoir prendre dans ce qu'il osa appeler l'intérêt du peuple français. A la suite de son discours, il lut quatre projets de loi également atroces ; c'était :

1° Une mesure d'extermination contre la Vendée ;

2° Que les propriétés de tout homme mis hors la loi appartiendraient de droit au trésor de la république ;

3° Que l'on confisquerait tous les biens qui portaient encore des armoiries ;

4° Que les terres des habitans d'un pays alors en guerre avec la république, situées sur le territoire français, seraient séquestrées, et leurs propriétaires incarcérés.

La Convention sanctionna ces décrets, et ne recula pas non plus devant la proposition suivante :

« Marie-Antoinette est renvoyée au tribunal ré-
« volutionnaire ; elle sera transférée sur-le-champ
« à la Conciergerie. Tous les individus de la famille
« des Capets seront déportés, à l'exception des deux
« enfans de Capet et de ceux qui sont sous le glaive
« de la loi. Élisabeth Capet ne sera déportée qu'a-
« près le jugement de Marie-Antoinette. La dépense
« des deux enfans de Louis Capet sera réduite à ce

« qui est nécessaire pour l'entretien et la nourriture
« de deux individus. Les tombeaux des ci-devant
« rois qui sont à Saint-Denis ou dans les autres
« églises seront détruits. »

Tremblant sur le sort qu'on réservait à l'infortunée Marie-Antoinette, je suppliai la cour de Vienne de faire des efforts dignes de la grandeur des dangers qui la menaçaient. Je dis que peut-être on parviendrait à la sauver, en proposant à la Convention de lui rendre les deux places fortes de Condé et de Valenciennes, et je m'engageai à trouver dans cette assemblée un homme qui se chargerait, soit d'ouvrir cet avis, si on tenait à ce que la proposition vînt de l'intérieur, soit à la soutenir si on la présentait en forme de cartel. Au lieu d'un homme j'en avais deux, Boissy-d'Anglas et Lanjuinais, car ni l'un ni l'autre n'eussent reculé devant une action généreuse, dût-elle compromettre leur existence.

La réponse du cabinet de Vienne fut embarrassée et tortueuse ; mais sans me faire un refus positif, je vis que je ne pouvais pas compter sur ses promesses ; ainsi les nombreux services que Marie-Antoinette avait rendus à l'Autriche étaient récompensés par de l'ingratitude, et elle allait être lâchement abandonnée ! Cette conduite me navra ; mais j'eus du moins la faible consolation de réussir à faire savoir à l'infortunée princesse ce que je tentais pour elle, et reçus, en retour, ses remercîmens. Hélas ! ma prévision ne fut point déçue ; sa famille la délaissa, on ne fit rien de ce qui eût assuré le succès de ses démarches : et la révolution fit passer son horrible niveau sur cette tête innocente, comme elle l'avait fait sur celle du vertueux Louis XVI..... On connaît les derniers momens de la reine ; on sait quel mélange de courage, de modestie, de résignation et de noblesse elle montra en présence de ses bourreaux ; avec quelle supériorité elle repoussa et confondit les infâmes accusations dont on osa la couvrir ; avec quelle fermeté elle marcha au supplice, car elle fut reine, même sur l'échafaud ! La Providence nous a conservé un monument admirable dans la dernière lettre qu'elle adressa à l'angélique Élisabeth : espèce de testament sacré, que nous avons connu trop tard pour notre pieuse vénération.

Je ne m'appesantirai pas davantage sur ce crime odieux, qui fut consommé le 16 octobre, second jour de deuil éternel pour la France !

La nouvelle de la mort de la reine plongea le comte d'Artois dans une cruelle affliction ; Madame et sa sœur en furent long-temps inconsolables. Il est des pertes qu'on ne répare pas. La reine Marie-Antoinette, que j'ai pu blâmer lorsqu'elle était reine sur le trône, montra depuis 1789 des qualités supérieures qui devaient se développer dans l'infortune ; elle fit preuve d'une énergie, d'une activité qu'on ne lui avait jamais soupçonnée ; on ne put l'humilier, même dans ses concessions ; elle disait à ce sujet :

— Je préfère mourir avec l'estime de mes ennemis, plutôt que de vivre avec leur mépris. L'honneur et ma dignité personnelle me sont encore plus chers que le pouvoir et l'existence.

C'est ici le moment de rendre à la reine un témoignage conforme à la vérité, de la justifier d'infâmes inculpations que la malignité des cours a répandues indignement contre elle. Marie-Antoinette a pu faire des imprudences, mais elle ne commit aucune faute ; je proteste donc solennellement de sa vertu ; et je veux du moins, par cette déclaration qui part du cœur, rendre à sa renommée l'éclat dont on a cherché à la priver.

La mort de la mère de mon neveu et roi ne permettait plus de me disputer la régence, dont le poids me semblait déjà si lourd. Je dus renouveler au baron de Breteuil l'ordre de cesser toute négociation ; et cette fois, il comprit que sa résistance deviendrait un attentat de lèze-majesté. Il s'excusa par une déclaration sans subterfuge, et s'engagea à rentrer dans l'obéissance.

J'écrivis dans cette circonstance une lettre commune à toute l'émigration, et une autre adressée au prince de Condé. La première s'exprimait ainsi :

« Messieurs,

« Je reçois à l'instant la nouvelle de l'horrible
« attentat qui vient de terminer les jours de la
« reine ; la douleur et l'indignation qu'il me cause
« ne peuvent être adoucies que par votre sympa-

« thie à nos maux. Comme Français de cœur, sujets
« fidèles, nous devons sentir doublement l'hor-
« reur de ce crime. C'est en montrant un nouveau
« zèle pour notre jeune et malheureux roi que
« nous pouvons un jour lui rendre moins amères
« des pertes si cruelles, et faire disparaître la tâ-
« che que des monstres veulent imprimer au nom
« français. Tels sont, j'en suis certain, les senti-
« mens qui vous animent ; tels sont ceux que nous
« conserverons, mon frère et moi. »

Je ne rapporterai pas la lettre au prince de Condé, dont le sens était à peu près le même. Enfin, profitant de mes moyens de correspondance avec les prisonniers du Temple, j'adressai à Madame royale le billet suivant :

« Ma chère fille,

« Acceptez ce titre, car je remplirai envers vous
« tous les devoirs d'un père. Vos douleurs ne sont
« pas de nature à être consolées ; mais je vous sup-
« plie de les vaincre, et de vivre pour nous tous,
« pour votre frère et pour votre tante, qui vous
« aime comme sa fille... Les coups dont nous frappe
« la Providence sont bien cruels ; mais nous devons
« courber la tête, et les supporter en chrétien.
« Que ne puis-je vous arracher à vos fers !... je
« ne désespère pas d'y parvenir, car je tenterai
« l'impossible. Adieu... »

Ce fut tout ce que ma plume put tracer. Je recommandai Madame royale, par une autre lettre, à ma sœur Élisabeth ; en écrivant, j'éprouvai un saisissement qui me parut de funeste présage. Je me demandai si cette créature si pure n'aurait pas été rejoindre sa céleste patrie lorsque cette lettre lui parviendrait. Ce qu'on me mandait de Paris me plongeait dans une morne tristesse dont rien ne pouvait me distraire. Je m'enfermais alors dans mon cabinet avec mes livres, et me livrais avec assiduité à mes études favorites, espérant par là, sinon bannir la souffrance de mon cœur, du moins la rendre moins amère. C'est dans mon repos contraint de Hamm que j'ai commencé à travailler sérieusement à la rédaction de mes Mémoires, que je revois aujourd'hui ; j'en traçai le plan, et j'en écrivis même plusieurs passages antérieurs aux états-généraux. Ces souvenirs brillans de ma jeunesse, qui contrastent tellement avec les événemens de mon âge mûr, jettent encore quelques éclairs de bonheur sur la solitude glorieuse du trône où la Providence a voulu me faire asseoir dans mes derniers jours.

Peu de temps après la mort de Marie-Antoinette, je reçus de M. de Saussayes, à qui elle l'avait remis, le cachet de Louis XVI. C'était une relique sacrée dont je ne me suis jamais séparé. Le même serviteur fidèle remit au comte d'Artois un anneau qui avait également appartenu au roi notre frère, et un billet écrit de la main de la reine. Ces gages précieux de leur souvenir renouvelèrent encore nos regrets.

Il nous restait une seule consolation : c'était de voir la bravoure que déployaient nos Français réunis au prince de Condé et à ses généreux enfans. Ce fut le 4 avril que ces héros passèrent le Rhin sur un pont de bateaux jeté devant Rhelisbourg. Le corps du prince de Condé formait une des divisions de l'armée autrichienne sous les ordres du comte de Warmler. Par un jeu de la fortune, ce général, Français d'origine, et qui avait passé du service de son souverain à celui de l'empereur, se trouvait commander à un prince de la maison de Bourbon.

Le corps de Condé prit ses cantonnemens aux environs de Spire. Le roi de Prusse vint le passer en revue, et profita de cette circonstance pour faire cadeau au prince de huit pièces de canon de quatre.

— Puissiez-vous, prince, lui dit-il en même temps, les déposer à Chantilly en souvenir de mon estime.

— Sire, répondit notre cousin, je le ferais avec grand plaisir, si on voulait bien franchement m'en ouvrir la route.

— Si cela ne dépendait que de moi... dit Frédéric-Guillaume. Puis il s'arrêta, et la conversation se termina ici.

Le 17 mai eut lieu le premier engagement entre les émigrés et les soldats de la république. Les nôtres s'y distinguèrent ; les ducs de Bourbon et d'Enghien combattaient de leur personne. MM. de Voimesnil et de Béthisy y faisaient des prodiges de valeur, et le chevalier de Charbonnel étant enveloppé d'ennemis qui lui criaient de demander quartier, il répondit :

— Je l'accorde souvent, mais ne l'implore jamais.

On le tua sur un canon qu'il serra dans ses bras mourans, comme pour ne point l'abandonner.

Le 19, fut enlevée à la baïonnette la redoute de Belheim. Je crois devoir consigner ici la lettre que j'écrivis à ce sujet au prince de Condé.

« Vous avez bien jugé, mon cher cousin, le plai-
« sir que j'éprouverais en apprenant l'affaire du 19,
« et la conduite de la noblesse en cette occasion.
« Sa gloire est la mienne, et ses succès ma plus
« douce satisfaction. Dites-lui bien que mon seul
« regret est de n'avoir pas partagé dans cette jour-
« née ses dangers et ses lauriers ; je n'ai pas besoin
« de vous recommander les gentilshommes qui
« ont été blessés. Donnez de ma part à MM. Sal-
« gues, de Cluny, de Laureau, de Chambon, d'O-
« lonne et d'Ovèle les éloges qu'ils méritent. Je vous
« prie aussi de témoigner à MM. de Durfon et de
« Corbière toute la satisfaction que leur conduite
« me cause. »

Je regrettai de ne pouvoir suivre cette brave noblesse dans tous les combats où elle se distingua. Elle trouva dans les républicains de dignes antagonistes, ce qui fit dire au duc d'Enghien :

— Ne sommes-nous pas malheureux d'avoir à

combattre sans relâche des gens que nous voudrions embrasser !

Et il a péri dans les fossés de Vincennes, de la main de soldats français !...

FIN DU TOME CINQUIÈME.

TABLE DES MATIÈRES

CONTENUES

DANS LE TOME CINQUIÈME.

                                            Pages.

CHAP. Ier. — Le comte de Provence songe à son évasion. — Son valet de chambre Péronnet. — Il veut d'abord partir avec madame de Balby. — La reine le décide à attendre. — Refus d'un ami, qui a peur. — Dévouement d'un autre ami, *le cher* d'Avaray. — Préparatifs de fuite. — Divers désappointemens. — Madame de Balby précède Monsieur à Bruxelles. — Ce que lui dit la reine. — Le jour du départ est fixé. — Conseil tenu avec d'Avaray sur la sortie du Luxembourg et de Paris. — Nécessité de se procurer un passeport. — Monsieur corrige la fameuse déclaration du roi. — D'Avaray falsificateur par sentiment d'un acte public. — On décide le voyage par Mons. — Détails. — Avis que donne le médecin Beauchêne. — Lettre énigmatique de d'Avaray. — Motifs d'inquiétude. — Tout est prêt. 1

CHAP. II. — L'huissier de mon cabinet apprend à d'Avaray que je dois me mettre en route cette nuit. — Madame Élisabeth me donne une image de dévotion. — Dernier souper en famille. — Le duc de Lévis exact mal à propos. — Je m'escamote à mon valet de chambre de service. — Détails de ma sortie du Luxembourg et de Paris. — Madame s'évade de son côté. — Rencontre de voitures. — Crainte de d'Avaray. — L'image perdue et retrouvée. — Incidens de la route. — Danger évité à Soissons. — M. de Tourzel. — La croûte de pâté et Marie-Thérèse. — Le domestique anglais de d'Avaray jase politique. — D'Avaray crache le sang. — Désespoir. — Je m'amuse à jouer ma tête contre dix sous. — Passage périlleux dans Avesnes. 19

Chap. III. — Je cause avec le postillon du dernier relais. — Nous le décidons à tourner Maubeuge. — Adieux à la cocarde tricolore. — Plaisanteries. — Repos dans un village. — Le postillon est homme de sens. — Arrivée à Mons. — Quiproquo d'auberge. — On me refuse un lit parce que je ne suis pas le comte de Fersen. — Je trouve madame de Balby *à la Couronne impériale.* — Je me couche citoyen anglais — Lever du frère du roi de France. — Réception qu'on m'a faite à Namur. — La mère, la fille, la bonne hôtesse, anecdote sentimentale du voyage. — D'Avaray pleure. — Et j'embrasse les dames. — Effroi que cause l'annonce d'un mauvais souper. — Il se trouve bon. 37

Chap. IV. — Monsieur apprend l'arrestation du roi et de sa famille. — Madame est sauvée. — Retour à Namur. — Le général et l'évêque. — Bruxelles. — L'archiduchesse. — Le comte d'Artois vient rejoindre Monsieur. — Accueil général fait à d'Avaray. — Nobles sentimens du comte d'Artois — Liége. — Aix-la-Chapelle. — Le roi de Suède. — Le comte de Hautefort. — L'électeur de Trèves. — Monsieur habite un de ses châteaux. — Je fais d'Avaray mon capitaine des gardes. 56

Chap. V. — Position politique de Monsieur dans l'émigration. — Situation de la France. — Ce que le roi aurait dû faire. — Tableau de l'Europe en 1791. — La révolution française y était mal appréciée. — Fautes de l'émigration contre Monsieur. — Elle est portée à lui résister. — Il saisit l'autorité d'une main ferme. — Il notifie sa nomination de *lieutenant-général de l'état et couronne de France* à tous les souverains. — Coblentz. — L'électeur de Cologne. — Soumission fraternelle du comte d'Artois. — Monsieur prévient le baron de Breteuil que ses pouvoirs ont cessé. — M. de Breteuil répond en escobardant. — Le prince est dupe de son manége. — Il engage sa parole d'honneur de ne pas se servir du titre que Monsieur laisse en ses mains. 65

Chap. VI. — Comment arrive le premier agent au comte de Provence. — Probité du marquis de Bouillé. — Les émigrés affluent à Coblentz. — Éloge de la noblesse. — Dévouement courageux d'un gentilhomme. — Un mot de Monsieur l'en récompense. — Monsieur reçoit le prince de Condé. — Il travaille à former une coalition armée. — Sa lettre à Louis XVI. — M. de Luvert. — Monsieur continue à négocier. — Résultat bienfaisant. — L'empereur Léopold et le roi Frédéric-Guillaume II à Pilnitz. — Monsieur y envoie le comte d'Artois, MM. de Bouillé et de Calonne. — Son opinion sur ce dernier. — *Déclaration de Pilnitz*, premier manifeste. — Monsieur le rédige, et son frère le signe avec lui. 80

Chap. VII. — Imputations odieuses sur la politique des comtes de Provence et d'Artois. — Le baron de Breteuil entre en scène. — Il agit contre Monsieur. — Il s'oppose à ce qu'il se déclare régent. — Le comte de Provence croit avoir des droits à la régence. — Le comte de La Châtre lui apprend les intrigues de M. de Breteuil. — Monsieur convoque une assemblée à Manheim des trois ordres de France. — Elle lui reconnaît le droit de régence. — Orage qui s'élève contre ce prince par suite de cette déclaration — On le blâme à Vienne et aux Tuileries. — Il se justifie. — Il maintient son droit. — Démarches du baron de Breteuil. — Fragment d'une lettre de Louis XVI contre le comte de Provence. — *Post-scriptum* de la main de la reine. — Monsieur y répond d'abord par un ordre du jour. — Il s'explique avec les puissances. — Lettre inédite de Catherine II. — Le baron de Breteuil, l'évêque d'Autun, le comte de Provence. — Protestation publique de ce prince et du comte d'Artois. — Monsieur traite durement le baron de Breteuil. — Tort que font ces querelles à l'émigration. — Le duc de Broglie. — Le marquis de Bouillé. — Le comte d'Avaray. — MM. de la Vauguyon, de la Châtre, du Moustier, d'Entraigues. — M. Montgaillard, et son serment de mort. — MM. de Caraman et de Saint-Priest. — MM. de Flachelanden, de la Chapelle, de Rolle, Roger de Damas, d'Escars, de Maillé. — Le comte de Vauban. — Opinion de Monsieur sur ce dernier. . 87

CHAP. VIII. — La coalition languit. — Le comte de Provence y supplée par ses efforts. — Il veut décider la France à déclarer la guerre à l'Autriche. — Boissy-d'Anglas. — L'assemblée nationale condamne Monsieur à la peine de mort. — Les princes font une tentative inutile sur Strasbourg. — Détails *d'argent*. — Mort de l'empereur Léopold. — Avènement de François II. — Assassinat de Gustave-Adolphe. — Le portrait de ce roi, et le couteau de cuisine, anecdote. — Projets de Gustave-Adolphe relativement à une descente en Bretagne. — Qui on accuse de sa mort. — Deux cours à Coblentz. — Les hommes vus de près. — Monsieur pense comme Bonaparte. — Marie-Antoinette se méfie des intentions du comte de Provence. — M. Bertrand de Molleville est contre lui. — Monsieur s'explique avec la reine. — On veut la guerre en France. — Le comte de Provence reçoit l'envoyé de Russie. — L'assemblée nationale exige une explication catégorique de la part de l'Autriche.

— Cette puissance la donne avec hauteur. — La guerre lui est déclarée le 20 avril 1792. — Ce que Monsieur apprend à ce sujet. 104

Chap. IX. — La déclaration de guerre plait à tout le monde. — Le comte de Provence a une conversation avec le duc de Brunswick. — Le général Hainau. — Ce que lui dit l'ambassadeur d'Espagne. — Force et composition des armées françaises, et de celle des coalisés. —. Portrait du roi de Prusse. — Honteuses concessions des ministres du saint Évangile. — Rietz. — Bischoffwerder. — L'ivrogne, maitre de son secret, anecdote. — Le marquis de Luchesini. — Le colonel Manstein. — Le prince Henri de Prusse. — Opinion défavorable qu'en avait Frédéric-Guillaume. — M. de Calonne. — Lettre de Louis XVI au comte de Provence. — Chagrin que ce prince et le comte d'Artois en éprouvèrent. — Le roi de Prusse ajourne le départ de M. de Calonne. — Réponse de Monsieur au roi. — Effet qu'elle produit. 120

Chap. X. — Le comte de Provence se dispose à la guerre. — Il écrit aux Suisses. — Son opinion sur le manifeste du duc de Brunswick. — Dispositions de l'Autriche. — Ce qui perd la coalition. — Jugement sévère sur le roi de Prusse et le duc de Brunswick, et sur l'émigration. — Politique anglaise. — Le roi de Prusse à Mayence. — Le prince-électeur. —. Fêtes. —. Plan de campagne arrêté. — Celui de Monsieur et du comte d'Artois. — Celui du prince de Condé. —. L'armée royale d'émigration divisée en trois corps. — Qui commandait sous les princes. — Détails militaires. — L'empereur passe en revue l'armée française. — Discours du comte de Provence le jour de l'entrée en campagne. — Attentat du 10 août. — La reine venait de faire manquer une nouvelle évasion. — Pourquoi. 134

Chap. XI. — Gouvernement de la terreur. — Sa force.

— La coalition était peu nombreuse en troupes. — Lettre curieuse de la femme du roi de Prusse. — Le temps combat contre les princes. — Torts de la coalition envers eux. — Attaque de Thionville. — Assaut manqué faute de canons de calibre. — Mot du prince de Waldeck. — Lettre au prince de Hohenlohe. — Prise de Longwy. — Décret de la convention contre cette ville. — Le duc de Brunswick rédige un second manifeste. — Le baron d'Aubier en montre le danger. — Le comte de Provence refuse de le signer. — Le marquis de Lafayette veut sauver le roi. — Il est contraint de fuir. — Les Autrichiens l'arrêtent. — Massacres des 2 et 3 septembre 1792. — Prise de Verdun. — Mort du général Beaurepaire. — Citation. — On refuse au prince de Condé de le laisser prendre Landau. — Propos du prince de Hohenlohe. — Kercheberg. . . . 149

Chap. XII. — Mouvemens des armées. — Les coalisés pénètrent dans la Champagne. — Dumouriez prend le commandement de l'armée révolutionnaire. — Le comte de Provence lui envoie un émissaire. — Lettre qu'il lui écrit. — Entretien de Dumouriez avec l'agent du prince. — Causes de son refus de traiter. — Inaction des coalisés. — L'armée des princes mise en marche et arrêtée soudain. — Elle touche au moment d'une bataille. — Le roi de Prusse la veut. — Lettre supposée de Louis XVI. — Combat de Valmy. — Motif de la retraite des coalisés. — Soupçons contre *Égalité*. 163

Chap. XIII. — Le comte de Provence accuse formellement le duc de Brunswick. — Conseil de guerre. — Qui le compose. — Propos du roi de Prusse au général Kalkreuth. — Le roi se prononce pour l'attaque. — Le duc de Brunswick veut l'éluder. — Ses intrigues. — Réplique du prince de Nassau. — Politesse du roi. — Suite du conseil de guerre. —

Aveu du duc. — Colère du roi. — Opposition des généraux au conseil royal. — Le roi cède. — Fondation de la république. — Lettre inédite des R... Ce que Monsieur écrit au roi de Prusse. — Réponse désespérante du roi. — Le comte de Provence le voit en secret. — Il ne peut rien en obtenir. — La retraite est décidée. — Les émigrés abandonnés. — Citation. 179

Chap. XIV. — Détails sur les suites de la retraite des coalisés. — Troisième manifeste du duc de Brunswick. — Propos que l'indignation arrache au comte de Provence. — Le château de Hamm en Westphalie sert d'asile aux princes. — Projet hardi de M. de Calonne rejeté par la coalition. — Conférences de Saint-Maximin. — Quelles personnes y prirent part. — M. de Calonne y va de la part du comte de Provence. — Réflexions. — Disposition des puissances. Désappointement du baron de Breteuil. — Noble proposition de Frédéric-Guillaume. — Elle est repoussée par l'Autriche. — Ce qu'il dit dans sa colère. — On le trompe. — Décret romain de la Convention. — Succès des Français en Savoie. — Lettre inédite de Catherine II. — Quelques conventionnels. — Suite des actes de la campagne. — Longwy. — M. de Valence. — Abandon de Verdun. — Duc de Lauzun. — Marquis de Montesquiou. 193

Chap. XV. — Des affaires de la régence. — Le baron de Breteuil persiste à entraver le comte de Provence. — Le marquis de Laqueille. — Le comte du Moustier. — Le comte de Provence lui envoie une lettre diplomatique. — Commencement de négociation, après le 10 août, sur la régence. — Le rideau levé. — Causes des griefs de l'Autriche contre le comte de Provence. — Intrigues du baron de Breteuil. — Pourquoi Monsieur consent à revenir à lui. — Prétentions folles des souverains. — Note du comte de Provence. — Ce qu'en pense le comte du Moustier. 205

Chap. XVI. — Comment Monsieur se débarrasse du baron de Breteuil. — Propos du prince de Reuss. — On refuse de reconnaître ma régence. — Louis XVI est mis en jugement. — Les Girondins. — Les Jacobins. — Quelques hommes du temps. — Propos de Robespierre. — Le Pelletier de Saint-Fargeau. — Le comte de Provence propose au roi de récuser ses juges. — Le roi s'y refuse. — Pourquoi Monsieur se tait sur la mort du roi. — Fin de la campagne de 1792. — Décrets menaçans contre les souverains. — L'armoire de fer. — Révélation curieuse sur ce fait. — Le ministre Roland de la Plâtrière. — Sa femme. — Lettre de Cyrus Valence. — L'Angleterre se propose de rompre avec la Convention. — Le marquis de Chauvelin. 217

Chap. XVII. — Situation de la France et de l'Europe en 1792. — La reconnaissance des Bourbons envers les étrangers doit être médiocre. — Avidité des alliés. — Le comte de Provence écrit au duc d'Orléans. — Motifs de cette démarche. — Conversation de Boissy-d'Anglas et du duc d'Orléans, qui promet de s'abstenir de voter dans le procès du roi. — Acte honorable du duc de Chartres. — Peyre. — Opinion de Boissy-d'Anglas sur Dumouriez. — Le duc d'Orléans vote malgré sa parole. — Réflexions et prophéties. — Le chevalier d'Antibes. — Fidélité à prix. — La messe des morts le 20 janvier 1793. — Idées superstitieuses. — Prédictions singulières du comte de Saint-Germain. 231

Chap. XVIII. — Lettre que Louis XVI écrit au comte de Provence le 20 janvier 1793. — M. de Conzié annonce le régicide à ce prince. — Douleur du comte d'Artois. — Propos de Monsieur sur le crime des conventionnels. — Adresse aux Français sur l'attentat du 21 janvier. — Le comte de Provence prend solennellement possession de la régence. —

DES MATIÈRES. 319

Il investit le comte d'Artois de la lieutenance-générale du royaume. — Formation du ministère de régence. — Les puissances refusent à Monsieur le titre de régent. — La Russie le lui accorde. — Travaux administratifs de ce prince. — Lettre de la reine. — Monsieur annonce le complément de sa justification.. 245

Chap. XIX. — Effet que la mort de Louis XVI produit à l'étranger. — Seconde coalition. — Opinion erronée de Catherine II. — On éloigne de l'armée les comtes de Provence et d'Artois. — Le premier se plaint. — On élude de lui répondre. — Ce prince envoie en Russie le comte d'Artois. — Préparatifs des républicains. — Création des tribunaux révolutionnaires et de salut public. — Ouverture dans le nord de la campagne de 1793. — Succès et revers de Dumouriez. — Sa résolution de suivre une nouvelle voie politique. — Il traite secrètement avec le prince de Saxe-Cobourg. — Arrestation du duc d'Orléans. — Le comte de Beaujolais. — Mort du duc d'Orléans. — Le prince de Conti. — La béate et la discipline, moyen de reconquérir le royaume. — La guerre en Roussillon. — Le comte de Ricardo. 263

Chap. XX. — Affaire de Dumouriez. — Conseils de haute politique. — Dumouriez communique au comte de Provence sa résolution de soutenir le roi son neveu. — Ce prince adhère forcément à ses propositions. — Les jacobins veulent traiter avec Dumouriez. — Ils ne peuvent s'entendre. — Proly. — Dubuisson. — Peyreira. — La Convention presse Dumouriez de se rendre à Paris. — Les républicains tentent de l'assassiner. — Le prince de Cobourg veut qu'il se déclare. — Le ministre de la guerre et quatre commissaires viennent le surprendre. — Il refuse d'obéir. — La Convention. — Ce que lui demande Beurnonville. — Plaisanteries du docteur Menuret.

— Les députés destituent Dumouriez, qui les fait arrêter. 278

Chap. XXI. — Le prince de Cobourg appuie par une déclaration le manifeste de Dumouriez. — L'armée française se révolte contre Dumouriez. — Il fuit. — Qui l'accompagne. — Congrès spoliateur d'Anvers. — Il dément le prince de Cobourg. — La Convention — Les montagnards. — Les girondins. — Leurs chefs. — Prise de possession de la ville de Condé au nom de l'empereur. — Le comte de Provence proteste contre. — Prise de Mayence. — Note du roi de Prusse. — Partage de la Pologne. — Les Polonais offrent leur couronne au comte de Provence. — Mot de Bonaparte. — Deux fois le valet pris pour le maître, anecdote. — Les rois numérotés comme les fiacres. — Charlotte Corday. — Marat et Robespierre. — Apothéose sacrilège de Marat. 289

Chap. XXII. — Les jacobins veulent la mort de Marie-Antoinette. — Décrets conventionnels. — Le comte de Provence propose à l'Autriche un moyen de sauver la reine. — Refus de la cour de Vienne. — Derniers momens de Marie-Antoinette. — Son éloge. — Sa justification. — Lettre du comte de Provence à Madame Royale. — Ses consolations. — Colloque entre le roi de Prusse et le prince de Condé. — Héroïsme de l'armée des émigrés. — Le chevalier de Charbonnel. — Lettre servant de titre de noblesse. — Paroles admirables du duc d'Enghien. . 300

FIN DE LA TABLE DU TOME CINQUIÈME.

www.ingramcontent.com/pod-product-compliance
Lightning Source LLC
Chambersburg PA
CBHW071240160426
43196CB00009B/1134